中国投资发展报告 2024

中国农民创业投资
——来自"千村调查"的发现

应望江　范波文　等著

上海财经大学出版社
SHANGHAI UNIVERSITY OF FINANCE & ECONOMICS PRESS

图书在版编目（CIP）数据

中国投资发展报告.2024:中国农民创业投资:来自"千村调查"的发现/应望江等著. -- 上海:上海财经大学出版社,2024.9. -- ISBN 978-7-5642-4461-3

I.F832.48

中国国家版本馆 CIP 数据核字第 2024XE1355 号

本书由"上海财经大学中央高校双一流引导专项资金"和"中央高校基本科研业务费"资助出版。

□ 责任编辑　姚　玮
□ 封面设计　张克瑶

中国投资发展报告 2024:中国农民创业投资

——来自"千村调查"的发现

应望江　范波文　等著

上海财经大学出版社出版发行

（上海市武东路 321 号乙　邮编 200434）

网　　址:http://www.sufep.com

电子邮箱:webmaster @ sufep.com

全国新华书店经销

上海华业装潢印刷厂有限公司印刷装订

2024 年 9 月第 1 版　2024 年 9 月第 1 次印刷

787mm×1092mm　1/16　15.25 印张(插页:2)　342 千字

定价:88.00 元

课题组

组　　长：应望江

副组长：范波文　马学琳　单　波

成　员：

揭仕军　刘毛桃　金玉萍　唐成业　周　振

夏李莹　应从容　张　静　陈亦沙　孟于超

程红梅　孙阳阳　范　越　胡秋莲

前　言

《中国投资发展报告2024》是由中国投资发展报告课题组自2000年开始组织研究出版的系列年度报告之一。

中国投资发展报告系列中的各年度报告均由三部分组成。第一部分为回顾与展望，是对报告年度的过去一年中国投资运行情况的总体描述评价及未来一段时期内中国投资发展的展望；第二部分为主题报告，以社会各界所普遍关注的投资领域相关主题如"迈向稳定的证券市场""推进成长的风险投资""迈向国际化的投资框架""转轨经济中的政府投资""可持续发展的房地产投资""区域投资环境评价""可持续发展的开发区"等开展深度研究。课题组负责人在2008—2022年作为上海财经大学千村调查项目的主要策划者和组织者之一，一直关注中国农民创业投资问题，基于千村调查所积累的数据资料，选择以"中国农民创业投资"为2024年度的研究主题；第三部分是与年度主题相关的专题研究报告。年度报告努力以学者的视角，面对投资领域的现实提出问题、调查研究、总结经验、凝练观点、形成政策性建议，供政府有关部门、企业界和研究机构在做决策和研究时进行参考。

《中国投资发展报告2024》由上海财经大学浙江学院区域经济研究院院长、上海财经大学图书馆馆长、公共经济与管理学院投资学博士生导师、中国投资协会常务理事、上海市固定资产投资研究会副理事长兼法人代表应望江教授担任组长；上海财经大学经济学博士、上海政法学院经济管理学院范波文，上海财经大学经济学博士、上海城建投资发展有限公司公司马学琳，上海国际投资咨询有限公司董事长单波任副组长，他们主持了报告的写作大纲及初稿审阅和讨论工作。其他撰写人员为：上海财经大学经济学博士、嘉兴南湖学院现代金融学院夏李莹，上海财经大学浙江学院副教授揭仕军，课题研究助理应从容，中国工商银行票据营业部高级经济师张静，上海国际投资咨询有限公司陈亦沙等，上海财经大学公共经济与管理学院投资专业博士生刘毛桃、金玉萍、周振、孟于超，2021级投资学专业唐成业，上海财经大学图书馆馆员程红梅博士、范越博士、孙阳阳、胡秋莲。

报告撰写分工为：第一章刘毛桃、应望江；第二章金玉萍、应望江；第三章唐成业、单波；第四章至第九章范波文；第十章范波文、应望江；第十一章马学琳、夏李莹；第十二章马学琳、张静；第十三章马学琳、揭仕军；第十四章马学琳、陈亦沙、周振、孟于超；附录及参考文献范波文、应从容；千村调查项目相关数据资料整理由应从容、程红梅、范越、孙阳阳、胡秋莲负责。应望江负责总纂和定稿。

本年度报告可以通过微信，扫二维码获得部分电子版表格及彩色图，其中的研究数据得到了上海财经大学千村调查项目组的支持；出版得到了上海财经大学"中央高校双一流引导专项资金""中央高校基本科研业务费"的资助。特此致谢。

课题组

2024 年 5 月

目　录

第一篇　中国投资回顾与展望

第二篇 中国农民创业投资

第三篇　专题研究:普惠金融对农民投资的影响

第一篇

中国投资回顾与展望

2023年，我国固定资产投资比上年增长3.0%，其中制造业投资继续改善，基建投资有所放缓，房地产投资延续下行趋势。股票市场发行与交易有所下滑；基金市场规模保持增长，发行市场整体平淡，结构以债券型为主导；债券市场规模稳定增长，投资者结构保持多元化；期货品种创新加速推进。外商对华直接投资规模略有减少但依旧保持稳健，传统制造业比重下降，服务业和高技术产业流入速度加快，亚洲地区依旧为主要投资来源。对外直接投资规模逐步回升，海外并购持续增长，其中制造业、采矿业和交通运输业实现增长，服务业出现下降，亚洲尤其是中国香港仍是最大投资目的地。

展望2024年，"稳投资"依然是工作重点，固定资产投资增速将呈现稳中有进的态势，投资结构将继续改善，新质生产力将加快布局培育；股票市场全面注册制改革将不断走深走实，保障市场平稳运行；基金市场将通过费率改革，创新业务形式，推动公募基金行业的高质量发展；债券市场发行规模将保持平稳增长，但结构将有所调整；期货市场将实现品种注册制全面落地，多样化期货品种上市。海外资本将持续看好中国的市场规模与活力，实际利用外资有望继续平稳增长。对外直接投资将呈现稳定增长的态势，行业与区域分布更加广泛，投资结构更趋合理。

第一章

结构优化中的固定资产投资

2023年是全面贯彻落实党的二十大精神的开局之年，是3年新冠疫情防控后经济恢复发展的一年，是实施"十四五"规划承前启后的关键一年。回望2023年，中国经济破浪前行：一季度经济回升向好，实现良好开局；二季度总体延续恢复态势，部分指标增速放缓；三季度，主要经济指标企稳回升；进入四季度，宏观调控组合政策发力显效，经济回稳向上态势明显。2023年国内生产总值超过126万亿元，比上年增长5.2%，增速加快2.2个百分点。4个季度GDP同比分别增长4.5%、6.3%、4.9%、5.2%，呈现前低、中高、后稳态势。2023年全国固定资产投资(不含农户)503 036亿元，比上年增长3.0%。因此，2023年，我国经济顶住了外部压力，克服了内部困难，总体上呈现增速较高、就业平稳、物价较低、国际收支平衡的态势。

第一节 2023年固定资产投资回顾

一、2023年宏观经济形势的基本判断

2023年全球货币政策保持紧缩，经济慢速增长。工业生产稳步加快，企业效益持续改善，产能利用率稳步提升，制造业高端化、智能化、绿色化发展不断取得新成效，全年工业经济总体保持回升向好态势。全年居民消费价格比上年上涨0.2%。工业生产者出厂价格下降 3.0％。工业生产者购进价格下降 3.6％。农产品生产者价格下降 2.3％。全年全国居民人均可支配收入 39 218 元,比上年增长 6.3％,扣除价格因素,实际增长 6.1％。按常住地分,城镇居民人均可支配收入 51 821 元,比上年增长 5.1％,扣除价格因素,实际增长 4.8％。农村居民人均可支配收入 21691 元,比上年增长 7.7％,扣除价格因素,实际增长 7.6％。城乡居民人均可支配收入比值为 2.39,比上年缩小 0.06。国内市场销售增长加快,全年社会消费品零售总额超 47 万亿元,达到 471 495 亿元,比上年增长 7.2％。2023 年,最终消费支出拉动经济增长 4.3 个百分点,比上年提高 3.1 个百分点,对经济增长的贡献率是 82.5％,提高 43.1 个百分点,消费的基础性作用更加显著。

随着疫情冲击的退散,在供给侧,服务业全面恢复增长,工业和建筑业保持平稳运行,但值得警惕的是房地产业增加值持续下滑。在需求侧,消费温和复苏,但动力不足,导致价格低位徘徊;固定资产投资增速内部分化,制造业投资继续改善,基建投资有所放缓,房地产投资延续下行趋势;贸易增速下行但结构优化。宏观经济政策方面,受美国加息和国内地方政府债务的影响,货币政策和财政政策受限较多,但依然在有限的空间内发挥了逆周期调节的作用。总体来说,2024 年我国的宏观经济步入了后疫情时代的发展路径,长期基本面向好的形势没有发生改变,但仍旧存在较多积累的风险。

(一)经济结构中各产业保持平稳增长

全年国内生产总值 1 260 582 亿元,比上年增长 5.2％。其中,第一产业增加值 89 755 亿元,比上年增长 4.1％;第二产业增加值 482 589 亿元,增长 4.7％;第三产业增加值 688 238 亿元,增长 5.8％。

2023 年,各地区各部门持续加大农业生产支持力度,有力有效应对不利天气影响,农业经济总体保持良好发展态势。全年粮食产量 69 541 万吨,比上年增加 888 万吨,增产 1.3％。全年棉花产量 562 万吨,比上年减产 6.1％。油料产量 3 864 万吨,增产 5.7％。糖料产量 11 504 万吨,增产 2.4％。茶叶产量 355 万吨,增产 6.1％。全年猪牛羊禽肉产量 9 641 万吨,比上年增长 4.5％。蛋奶产量均实现不同程度的增长。

工业生产持续恢复,四季度增长加快。全年全部工业增加值 399 103 亿元,比上年增长 4.2％。全国规模以上工业增加值比上年增长 4.6％,增速较 2022 年加快 1.0 个百分点。在规模以上工业中,分经济类型看,国有控股企业增加值增长 5.0％;股份制企业增长 5.3％;外商及港澳台商投资企业增长 1.4％;私营企业增长 3.1％。全年规模以上工业企业利润 76 858 亿元,比上年下降 2.3％。分经济类型看,国有控股企业利润 22 623 亿元,比上年下降 3.4％;股份制企业利润 56 773 亿元,下降 1.2％,外商及港澳台商投资企业利润 17 975 亿元,下降 6.7％;私营企业利润 23 438 亿元,增长 2.0％。

(二)外贸出口渐复常态,传统贸易加速转型

2023 年,我国外贸面临世界经济复苏乏力、全球贸易投资放缓、地缘政治风险上升的国际大环境。医药外贸受到外部需求下降、海外客户库存积压、出口产品价格下行等因素的影响以及疫情暴发期间出口高基数,致使 2023 年医药健康产品进出口总额同比下降 11.1％,为

1 953.7 亿美元。其中,出口额 1 020.6 亿美元,同比下降 20.7%;进口额 933.1 亿美元,同比增长 2.4%,贸易顺差 87.5 亿美元。2023 年,我国进出口总值 41.76 万亿元人民币,同比增长 0.2%。其中,出口 23.77 万亿元,增长 0.6%;进口 17.99 万亿元,下降 0.3%。我国货物贸易进出口好于预期,实现了促稳提质目标。全年实际使用外商直接投资额出现下滑。实际使用外商直接投资额 11 339 亿元人民币,下降 8.0%,折合 1 633 亿美元,下降 13.7%。其中,共建"一带一路"国家对华直接投资(含通过部分自由港对华投资)新设立企业 13 649 家,增长 82.7%;对华直接投资额 1 221 亿元人民币,下降 11.4%,折合 176 亿美元,下降 16.7%。

2023 年整体外贸形势如斯,面对海外需求放缓和全球供应链重构压力,虽然以美元计价的中国出口总值下降,但以人民币计价的出口总值仍保持正增长,占全球总出口的份额还是超过了疫情前的 2019 年,展现了较强韧性。一方面,0.6% 的出口增速相比前几年确实有所放缓,但要看到我国的出口是在高基数上再创新高,不仅实现了量的合理增长,也保持了份额的整体稳定,更在增长动能、区域格局等方面实现了质的有效提升。另一方面,2023 年进口值下降是受商品价格水平下行影响,我国进口数量还是增加的,也反映了我国生产持续回升、消费需求旺盛。

(三)居民消费价格温和上涨,生产资料价格稳中有降

2023 年,我国居民消费价格温和上涨,全年居民消费价格指数(CPI)比上年上涨 0.2%。分类别看,食品烟酒价格上涨 0.3%,衣着价格上涨 1.0%,居住价格持平,生活用品及服务价格上涨 0.1%,交通通信价格下降 2.3%,教育文化娱乐价格上涨 2.0%,医疗保健价格上涨 1.1%,其他用品及服务价格上涨 3.2%。在食品烟酒价格中,猪肉价格下降 13.6%,鲜菜价格下降 2.6%,粮食价格上涨 1.0%,鲜果价格上涨 4.9%。我国生产资料价格稳中有降,工业生产者出厂价格下降 3.0%,工业生产者购进价格下降 3.6%。农产品生产者价格下降 2.3%。70 个大中城市中,新建商品住宅销售价格同比上涨的城市为 20 个,持平的为 2 个,下降的为 48 个;二手住宅销售价格同比上涨的城市为 1 个,下降的为 69 个。

(四)金融运行稳步增长,供应量增速回升向好

2023 年中国货币供应量的增长特点表现为波动增长,总体呈现回升态势。年末广义货币供应量(M2)余额 292.3 万亿元,比上年末增长 9.7%。在年初(1 月末),M2 增长迅速,同比增长率达到 12.6%,显示较为强劲的货币投放力度。2 月 M2 增速一度达到 12.9%。随后至 4 月末和 12 月末,M2 增速经历了一定的波动,但仍维持在较高水平,如 4 月末同比增长 12.4%,12 月末同比增长降至 9.7%,说明央行在年内对货币供应进行了灵活调控,确保流动性合理充裕。狭义货币供应量(M1)余额 68.1 万亿元,比上年末增长 1.3%。M1 在年初增长较为稳定,但至年末增速明显放缓,反映出实体经济活跃度和短期流动性状况的变化。流通中货币(M0)余额 11.3 万亿元,比上年末增长 8.3%。M0 则保持了一定的增长速度,反映现金流通和银行体系流动性的状况。全年净投放现金 8 815 亿元。2023 年全年的货币供应量增速虽有所波动,但整体上仍体现了中国政府执行稳健的货币政策,旨在支持经济增长的同时,也注意防范金融风险和通货膨胀的压力。货币供应量的变化动态反映了中

2023 年末,金融机构人民币各项贷款余额 237.59 万亿元,同比增长 10.6%；全年人民币贷款增加 22.75 万亿元,同比多增 1.31 万亿元。企事业单位贷款稳步增长,中长期贷款增速维持高位。2023 年末,本外币企事业单位贷款余额 157.07 万亿元,同比增长 12.7%,增速比上年末低 0.9 个百分点；全年增加 17.72 万亿元,同比多增 9 515 亿元。普惠金融各领域贷款增长较快、绿色贷款高速增长、涉农贷款持续增长、房地产开发贷款增速放缓、贷款支持科创企业力度较大、住户消费贷款增速回升,经营性贷款保持较快增速。工业、服务业和基础设施业中长期贷款保持较高增速。2023 年末,本外币基础设施中长期贷款余额 37.57 万亿元,同比增长 15%,增速比上年末高 2 个百分点；全年增加 4.89 万亿元,同比多增 1.09 万亿元。

二、2023 固定资产投资的态势分析

(一)近十年全社会固定资产投资、房地产开发总额和固定资产投资(不含农户)变化趋势

自 2014 年以来,全社会固定资产投资额、房地产开发总额和固定资产投资(不含农户)直到 2022 年均保持稳步上升态势,但 2023 年却出现下降,其可能存在的原因为：首先,疫情因素。考虑到新冠肺炎疫情对经济的持续影响,不确定性和供应链中断可能会影响企业的投资决策,尤其是在 2023 年前后,全球经济受新冠肺炎疫情影响仍未完全恢复常态。其次,宏观经济周期和调控政策。经济下行压力增大,市场需求疲软,企业对未来的经济预期可能变得更为谨慎,进而减少投资活动。中央和地方政府为了控制债务风险、优化经济结构和防止过度投资,可能调整了财政政策和货币政策,减少了对固定资产投资的直接刺激。最后,全球贸易环境变化和融资环境收紧。国际经济环境不确定性增加,国际贸易摩擦加剧,外部需求不稳定,可能导致企业对投资扩产持保守态度。金融机构可能因风险管理强化,导致企业融资难度加大,特别是民营企业和中小微企业可能面临更大的融资约束,从而影响到其投资固定资产的积极性。具体参见图 1-1、图 1-2 和图 1-3。

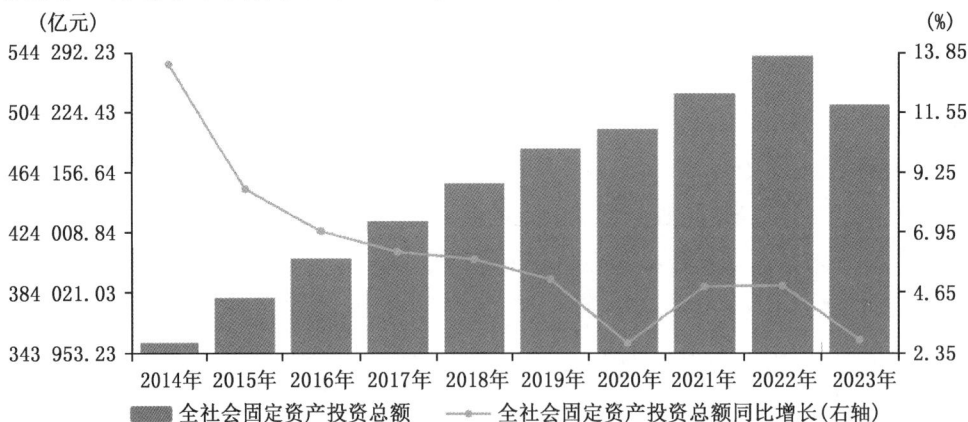

数据来源：根据中国统计年鉴、国家数据等整理。

图 1-1　全社会固定资产投资总额和同比增长

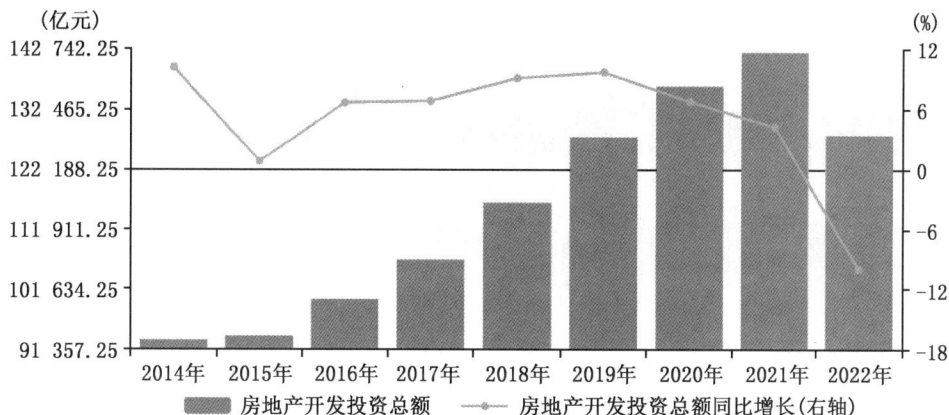

数据来源：根据中国统计年鉴、国家数据等整理。

图 1-2　房地产开发投资总额和同比增长

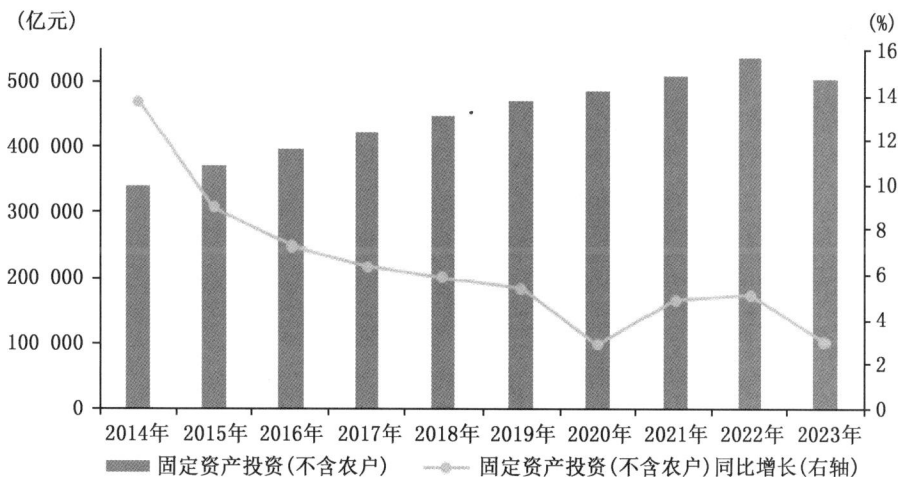

数据来源：根据中国统计年鉴、国家数据等整理。

图 1-3　固定资产投资(不含农户)和同比增长

（二）按月度统计的固定资产投资(不含农户)和增速变化

2023 年全国固定资产投资(不含农户)实现了同比增长 3.0%，虽然增速相对较低，但仍然保持了正增长态势，这表明整体上中国仍在推进经济结构调整和转型升级，同时面对复杂的国内外经济环境，采取了稳健的投资策略。增速放缓的原因可能包括以下几个方面：

首先，投资主体动力不足。民间投资增速较低，反映出民营企业在面临市场不确定性时投资信心和意愿有所减弱，这也会影响整体固定资产投资增速。其次，宏观经济调控政策。政府实施了更为审慎的财政和货币政策，以避免过度投资带来的产能过剩和债务风险，特别是在房地产行业，严格的调控措施导致房地产开发投资出现较大幅度的下降（-9.6%），拖累了整体固定资产投资的增长速度。最后，产业结构调整和市场需求变化。随着经济发展阶段的变化,中国更加重视高质量发展,转向创新驱动,加大了对高技术产业的投资,如数据显示高技术产业投资增长较快(10.3%),而传统行业的投资增速则可能相应放缓;全球经济增长疲软、贸易摩擦等外部因素以及国内市场需求结构优化升级,企业可能因此调整投资方向和节奏,对部分领域的投资持更为谨慎的态度。具体参见表1—1。

表1—1　　　　　　　　　按月度统计的固定资产投资(不含农户)和增速

月　份	固定资产投资（不含农户）累计(亿元)	固定资产投资（不含农户）累计同比增速（%）	固定资产投资（不含农户）累计环比增速（%）	固定资产投资（不含农户）国有控股累计同比增速(%)
2022—01	—	—	0.84	—
2022—02	50 763	12.2	0.62	14.1
2022—03	104 872	9.3	1.89	11.7
2022—04	153 544	6.8	−1.37	9.1
2022—05	205 964	6.2	0.72	8.5
2022—06	271 430	6.1	0.75	9.2
2022—07	319 812	5.7	0.59	9.6
2022—08	367 106	5.8	−0.5	10.1
2022—09	421 412	5.9	0.35	10.6
2022—10	471 459	5.8	−0.09	10.8
2022—11	520 043	5.3	−1.98	10.2
2022—12	572 138	5.1	0.1	10.1
2023—01	—	—	1.54	—
2023—02	53 577	5.5	1.92	10.5
2023—03	107 282	5.1	−0.67	10
2023—04	147 482	4.7	−1.38	9.4
2023—05	188 815	4	0.69	8.4
2023—06	243 113	3.8	−0.23	8.1
2023—07	285 898	3.4	0.01	7.6
2023—08	327 042	3.2	0.18	7.4
2023—09	375 035	3.1	0.13	7.2
2023—10	419 409	2.9	0.1	6.7
2023—11	460 814	2.9	0.21	6.5
2023—12	503 036	3	0.09	6.4

数据来源:根据中国统计年鉴、国家数据等整理。

（三）投资回升，对 GDP 的贡献率处于高位

2023 年，全年全社会固定资产投资 509 708 亿元，比上年增长 2.8%。固定资产投资（不含农户）503 036 亿元，增长 3.0%。黑色金属冶炼和压延加工业增长 7.1%，非金属矿物制品业下降 0.5%。固定资产投资名义增速趋缓，投资结构性改善步伐加快。制造业转型升级态势明显；高技术与智能、绿色等新兴产业以及"新基建"的投资动能强劲；短板领域投资增长较快；大项目投资推动作用显著；房地产投资持续走弱。分地区看，西部地区仍然增长最快，但其增速回落幅度高于东、中部。1—10 月，东部地区完成投资 10 645 亿元，同比增长 16.4%，增幅比 1—9 月回落 0.9 个百分点；中部地区投资 4 124 亿元，增长 20.8%，回落 0.3 个百分点；而西部地区投资 3 141 亿元，增长 22.8%，回落 1.7 个百分点。

改革开放以来，固定资产投资一直是我国经济增长的重要动力和源泉。固定资产投资除了作为构成 GDP 的一部分直接对经济增长产生影响外，还有两方面的作用：一是通过扩大总需求直接拉动经济增长；二是通过增加社会总供给能力间接推动经济增长。2003—2022 年，我国固定资产投资由 4.3 万亿元增长至 57.2 万亿元，年平均增长率约 16.1%，远高于同期 GDP 的年均增长率（8.4%），固定资产投资对经济增长的年均贡献率达到 48.3%，表明固定资产投资对经济增长具有显著的拉动作用。2023 年前三季度，我国的 GDP 中固定资产投资贡献率为 32.4%，低于去年同期的 34.6%，也低于消费和净出口的贡献率。这说明我们国家在经济增长中对投资的依赖程度有所降低，同时消费和外贸也发挥了更大的作用。国际上，一般公认较为合理的固定资产投资贡献率应低于 38%，而美国、日本等工业化国家更是在 20% 以下。低固定资产投资贡献率的经济发展相对稳定。具体参见表 1—2 和表 1—3。

表1-2　　　　　　表1-3

表 1—2　　　　　　　　　　　固定资产投资增速　　　　　　　　　　单位：%

月份 / 地区	12—23	11—23	10—23	9—23	8—23	7—23	6—23	5—23	4—23	3—23	2—23
全国	3	2.9	2.9	3.1	3.2	3.4	3.8	4	4.7	5.1	5.5
北京	4.9	5.3	4.9	5.9	5.6	8.6	13.6	14.5	9.3	9.6	6.4
天津	−16.4	−17.8	−19.1	−20.8	−19.8	−15.7	−16	−12.3	−7.1	−2.6	3.4
河北	6.3	6.2	6.3	6.3	6.2	6.2	8.4	8.6	8.5	8.5	8.1
山西	−6.6	−6.7	−6.9	−6.8	−6.9	−5.7	−4.7	−1.8	−1.9	0.9	6.3
内蒙古	19.8	21.9	23.7	26.2	26.5	31.2	34.5	35.3	37.2	39.2	39.4
辽宁	4	3.5	3	3.9	3.5	3.6	5	5.5	9	11.9	5.1
吉林	0.3	0	−3.2	−2.4	−7.1	−6.2	0.9	−10.5	15.1	28.1	4.2
黑龙江	−14.8	−16.3	−16.5	−16.6	−13.5	−9.9	−3.5	3.8	8.2	8.4	4.4

中国投资发展报告 2024：中国农民创业投资

月份 地区	12—23	11—23	10—23	9—23	8—23	7—23	6—23	5—23	4—23	3—23	2—23
上海	13.8	17	19.9	25	29.5	33.1	37.2	40.5	28.9	13.6	4.3
江苏	5.2	5.4	5.6	5.7	5.7	5.6	5.5	5.2	5.5	5	4.5
浙江	6.1	5.8	7.6	8.5	8.8	8.9	9	9	9.1	9.1	8.7
安徽	4	4	4.6	4.4	4.2	3.9	5	5	6.4	7.9	8.4
福建	2.5	2.5	2.7	3	2.6	2.3	1.8	1.7	—1.6	0.5	6.1
江西	—5.9	—7.6	—9.3	—11.2	—13.2	—15.5	—19.2	—22.3	—20.3	—19.7	3
山东	5.2	5.1	5.3	5.5	5.6	5.6	5.5	5	4.3	6.5	6.3
河南	2.1	2	2	1.8	1.2	0.4	—1.2	—4.1	—0.2	6.3	7.1
湖北	5	5.1	5.8	5.5	5.2	5.9	5.2	4.2	4.4	8.8	8
湖南	—3.1	—3.2	—3.4	—4.9	—6.1	—6.3	—1.4	—0.1	0.2	0.8	7.1
广东	2.5	2.6	2.7	3.1	3.4	3.9	4.4	5.1	6.3	7.4	4.7
广西	—15.5	—14.9	—13.6	—13.2	—15.2	—21.6	—21.1	—15.4	—11.9	—3.7	4.7
海南	1.1	0.9	2.4	4.3	2.7	—1.3	2.4	3.5	7.8	12	1.7
重庆	4.3	4.7	3.9	3.6	3.2	1.7	1.4	0.3	3.5	7.6	6.8
四川	2.4	2.5	2.9	3.2	2.8	2.1	1.6	1.6	1.1	1.1	6.5
贵州	—5.7	—3.7	—3.8	—4.9	—7.5	0.8	3.9	1.3	1.2	1.2	—3.6
云南	—10.6	—10.3	—9.7	—8.8	—7.2	—5.8	—5	—2	0.1	4	8.2
西藏	35.1	47.3	60.6	57.5	42.8	24	28.4	41.9	59.8	66.2	59.4
陕西	0.2	—5.5	—8.9	—8.7	—7.2	—2.8	1.4	5	8.3	9	8.5
甘肃	5.9	5.7	5.8	6.7	8.2	10.6	13.4	13.6	13.8	13.4	12.2
青海	—7.5	—5.6	—4.6	—7.9	—6.3	—5	—5.2	7.9	—0.6	8.6	1.9
宁夏	5.5	4.7	6.9	7.2	6.5	7.5	9	10.4	15.4	19.8	20.8
新疆	12.4	12.6	12.5	9.1	8.4	6.8	10.2	13.6	14.7	18.6	10.7

注：从 2011 年起，城镇固定资产投资数据发布口径改为固定资产投资（不含农户），固定资产投资（不含农户）等于原口径的城镇固定资产投资加上农村企事业组织的项目投资。

资料来源：根据国家发改委、国家统计局、国家信息中心、中经网相关数据整理。

表 1—3　　　　　　　　　　　　　　固定资产投资总额　　　　　　　　　　　　　单位：亿元

月份 地区	12—23	11—23	10—23	9—23	8—23	7—23	6—23	5—23	4—23	3—23	2—23	12—22
全国	110 912.9	104 045.4	95 921.8	87 269.2	76 900.0	67 717.1	58 549.9	45 701.3	35 514.2	25 973.7	13 669.3	132 895.4
北京	4 195.7	4 021.7	3 732.3	3 463.8	3 011.5	2 599.3	2 265.4	1 697.1	1 265.1	924.1	451.8	4 178.5
天津	1 231.6	1 105.0	1 015.1	928.0	812.8	722.0	637.3	510.0	415.9	328.3	186.5	2127.9
河北	3 093.5	2 871.9	2 647.0	2 283.8	1 986.6	1 698.8	1 420.8	1 260.0	1 030.7	676.7	211.3	4 983.0
山西	1 751.5	1 638.9	1 519.3	1 392.7	1 176.2	1 016.5	848.9	561.1	428.1	280.7	93.7	1 764.2
内蒙古	963.4	927.4	867.5	799.3	665.6	548.8	435.8	264.7	164.2	101.2	32.3	978.3
辽宁	1 744.8	1 663.5	1 540.9	1 421.9	1 239.0	1 079.6	955.3	683.5	506.1	352.3	124.7	2 362.0
吉林	823.8	782.1	729.7	663.5	539.9	428.3	349.5	172.9	89.2	55.9	22.9	1 014.8

月份 地区	12—23	11—23	10—23	9—23	8—23	7—23	6—23	5—23	4—23	3—23	2—23	12—22
黑龙江	457.0	430.0	394.3	352.7	290.5	247.6	208.6	123.5	70.0	33.4	3.1	628.6
上海	5 885.8	5 208.2	4 630.8	4 092.0	3 597.2	3 109.0	2 559.5	2 103.8	1671.7	1 250.2	851.5	4 979.5
江苏	11 891.3	11 281.2	10 445.2	9 527.0	8 529.8	7 649.6	6 654.7	5 440.6	4 232.8	3 071.7	1 741.8	12 406.9
浙江	13 197.9	12 325.7	11 192.8	10 071.3	8 759.0	7 571.1	6 466.0	4 934.3	3 760.8	2 691.5	1 539.6	12 939.5
安徽	4 659.4	4 395.8	4 101.0	3 804.6	3 421.3	3 016.7	2 628.8	2 236.5	1 851.0	1 327.6	725.6	6 811.7
福建	4 403.4	4 164.1	3 859.8	3 542.3	3 137.7	2 814.0	2 455.9	1 953.4	1 668.1	1 291.5	702.9	5 515.5
江西	1 580.7	1 524.5	1 446.5	1 357.6	1 214.4	1 122.2	1 025.9	830.6	650.4	469.5	262.4	2 209.3
山东	8 168.9	7 781.1	7 213.3	6 596.6	5 921.2	5 276.1	4 552.6	3 492.3	2 579.8	1 824.7	912.5	9 225.9
河南	4 189.4	3 868.8	3 607.0	3 336.1	2 986.8	2 650.5	2 333.9	1 827.6	1 474.5	1 322.9	591.8	6 793.4
湖北	5 409.1	5 073.5	4 743.6	4 333.2	3 825.8	3 374.4	2 944.6	2 285.4	1 704.1	1 150.3	526.1	6 172.0
湖南	3 833.1	3 516.4	3 185.5	2 847.7	2 450.7	2 132.4	1 852.6	1 432.5	1 181.8	822.0	424.5	5 180.3
广东	13 465.9	12 298.4	11 281.7	10 283.9	9 059.9	7 977.8	6 955.5	5 444.6	4 038.0	2 865.0	1 619.9	14 963.0
广西	1 337.0	1 185.2	1 112.1	1 033.5	904.5	850.2	768.3	641.2	548.5	454.1	229.9	2 307.4
海南	1 170.7	1 046.0	951.8	863.6	773.6	695.3	607.2	491.5	398.7	298.8	140.5	1 158.4
重庆	2 792.4	2 583.6	2 426.4	2 240.0	1 939.6	1 726.8	1 487.0	1 134.3	959.0	763	359.2	3 467.6
四川	5 320.6	4 998.1	4 611.0	4 181.9	3 743.2	3 296.4	2 827.9	2 277.4	1 783.9	1 323.6	919.2	7 500.0
贵州	1 188.3	1 100.5	1 011.0	914.0	812.9	728.2	661.3	531.5	659.9	711.1	341.2	2 403.7
云南	2 066.6	1 876.8	1 729.0	1 587.3	1 421.7	1 278.5	1 134.9	910.4	726.9	573.1	294.1	3 152.0
西藏	79.2	77.1	73.7	67.1	59.6	51.5	42.0	25.0	16.3	9.2	1.5	60.7
陕西	2 943.3	3 338.7	3 091.3	2 769.4	2 473.0	2 235.7	1 989.1	1 473.1	1 060.1	706.8	285.9	4 254.8
甘肃	1 263.1	1 209.2	1 111.2	1 008.0	864.2	739.8	613.5	412.2	261.0	143.3	41.3	1 481.7
青海	201.4	199.7	194.6	179.8	161.7	139.8	114.8	81.8	53.3	29.7	0.4	296.2
宁夏	436.1	414.3	383.1	351	290.1	251.6	217.8	144.6	101.7	61.4	15.9	420.0
新疆	1 168.5	1 138.3	1 074.0	976.5	831.1	688.7	535.4	324.2	163.0	60.1	14.8	1 158.9

注:从2011年起,城镇固定资产投资数据发布口径改为固定资产投资(不含农户),固定资产投资(不含农户)等于原口径的城镇固定资产投资加上农村企事业组织的项目投资。2023年1月和2月数据合并。

资料来源:根据国家发改委、国家统计局、国家信息中心、中经网相关数据整理。保留小数点后一位。

(四)第二、三产业投资保持平稳增长,第一产业投资相对回落

分产业看,第一产业投资 10 085 亿元,比上年下降 0.1%;第二产业投资 162 136 亿元,增长 9.0%;第三产业投资 330 815 亿元,增长 0.4%。基础设施投资增长 5.9%。社会领域投资增长 0.5%。民间固定资产投资 253 544 亿元,下降 0.4%,其中,制造业民间投资增长 9.4%,基础设施民间投资增长 14.2%。第二产业中,工业投资比上年增长 9.0%。其中,采矿业投资增长 2.1%;电力、热力、燃气及水生产和供应业投资增长 23.0%。第三产业中,交通运输、仓储和邮政业投资比上年增长 10.5%;水利管理业投资增长 5.2%;文化、体育和娱乐业投资增长 2.6%。第一产业投资在 2023 年上半年增速均是正增长,但下半年增速均负增长,这表明加大对第一产业的投资仍然是一个有待解决的难题。第二产业投资的增速较为平稳,保持在 9% 左右的增长,只出现了小幅的波动。第二产业投资的增速呈现"高开低走"的态势。且分月份固定资产投资完成额情况为:第三产业＞第二产业＞第一产业。三大产业内部投资分化特征明显,第二产业投资继续保持较快的稳定增长,对稳定全社会投资增长起到关键作用。具体参见表 1—4。

表 1—4 　　　　　　　　　　　　　　按产业分固定资产投资完成额　　　　　　　　　　单位：亿元

月份	第一产业		第二产业		第三产业	
	自年初累计	同比（%）	自年初累计	同比（%）	自年初累计	同比（%）
2022—12	14 293	0.2	184 004	10.3	373 842	3
2023—01	—	—	—	—	—	—
2023—02	1 146	1.5	16 058	10.1	36 373	3.8
2023—03	2 425	0.5	33 964	8.7	70 894	3.6
2023—04	3 199	0.3	45 675	8.4	98 609	3.1
2023—05	4 108	0.1	58 347	8.8	126 360	2
2023—06	5 152	0.1	74 839	8.9	163 123	1.6
2023—07	6 066	−0.9	89 385	8.5	190 446	1.2
2023—08	6 928	−1.3	102 520	8.8	217 593	0.9
2023—09	7 951	−1	116 808	9	250 276	0.7
2023—10	8 882	−1.3	132 454	9	278 074	0.4
2023—11	9 647	−0.2	146 959	9	304 207	0.3
2023—12	10 085	−0.1	162 136	9	330 815	0.4

　　注：统计范围为城镇固定资产投资，包括城镇（城关镇以上）范围内各种经济类型所有 50 万元以上项目投资。

　　资料来源：根据国家发改委、国家统计局、国家信息中心、中经网相关数据整理。

　　（五）中央项目增长平稳，地方项目负向增长

　　中央项目的固定资产投资完成额增长平稳，说明是中国宏观经济管理科学化、精细化的表现，体现了国家对经济发展的有力把控和对未来发展方向的清晰把握。稳定的固定资产投资增速有助于宏观经济的稳定发展，因为它能够持续支撑经济增长，特别是在基础设施建设、公共服务改善等领域，投资的稳定性对于防止经济大起大落具有重要作用。中央项目往往集中在基础产业、支柱产业以及战略性新兴产业，稳定的固定资产投资增速反映出产业结构调整的有序进行，有利于国家的战略布局和经济转型。中央项目投资的稳定增长，也说明在中央层面对于有限的公共资源进行了合理有效的配置，确保了重点项目得以顺利推进，避免了资源浪费和无效投资。

　　地方项目固定资产投资完成额增速为负值，意味着地方投资动力不足，可能预示着地区经济活力相对减弱，同时也反映了政策调整、市场环境变化以及地方政府面临的现实挑战等多种复杂因素叠加的结果。为了扭转这一局面，地方政府可能需要寻求新的增长点，优化投资结构，同时加强与中央政策协调，提升投资效率和质量。具体参见表 1—5。

表 1—5 按隶属关系分固定资产投资完成额同比增速 单位:%

月份	中央项目	地方项目
2022—12	10.1	0.9
2023—01	—	—
2023—02	10.5	0.8
2023—03	10	0.6
2023—04	9.4	0.4
2023—05	8.4	−0.1
2023—06	8.1	−0.2
2023—07	7.6	−0.5
2023—08	7.4	−0.7
2023—09	7.2	−0.6
2023—10	6.7	−0.5
2023—11	6.5	−0.5
2023—12	6.4	−0.4

注:统计范围为城镇固定资产投资,包括城镇(城关镇以上)范围内各种经济类型所有 50 万元以上项目投资。

资料来源:根据国家发改委、国家统计局、国家信息中心、中经网相关数据整理。

(六)国内贷款增速平稳,利用外资增速大幅回落

固定资产投资的资金来源是根据固定资产投资项目所取得的资金来源不同,分为国家预算资金、国内贷款、债券、利用外资、自筹资金和其他资金。国家预算内资金的增速变化均是正增长,且增速呈递减趋势,说明在稳增长、促投资的政策背景下,政府对基础设施建设和战略性新兴产业的支持力度加强,预算内资金投入可能会有所增加。国内贷款增速较为平稳,债券和自筹资金的增速是逐步增加的,而利用外资和其他资金的增速负增长逐渐加大,这表明资金已从国内流向了海外,外商撤资和业务缩减高于新投资,如果货币政策较为宽松,银行信贷政策支持实体经济,那么国内贷款作为固定资产投资的一个重要渠道,其增速可能会有所提升。其他资金来源,例如民间投资、PPP(公私合作模式)项目等非传统渠道,也会受到政策环境和市场信心的影响,增速波动取决于多种因素。具体参见表 1—6。

表 1—6 固定资产投资资金来源同比增速 单位:%

月份	资金来源小计	国家预算内资金	国内贷款	债券	利用外资	自筹资金	其他资金
2022—12	0.5	39.3	−6	8.4	−19.8	9	−19.8
2023—01	—	—	—	—	—	—	—
2023—02	−1.2	59.1	−3.9	−33	−23.9	1.3	−13.7

月份	资金来源小计	国家预算内资金	国内贷款	债券	利用外资	自筹资金	其他资金
2023—03	1.2	49.8	1.4	−44.1	13.2	0.1	−7.9
2023—04	2.7	43.4	3.6	−34	−5.4	−0.1	−2.3
2023—05	2.5	33.7	6.3	−26.5	−6.9	−0.9	−0.7
2023—06	0.8	24.9	5.6	−19.4	14.4	−1.1	−5
2023—07	−0.1	20.3	4.6	−28.7	−5.9	−0.6	−7.5
2023—08	−0.9	17.5	4.1	−5	−2.2	−0.7	−9.6
2023—09	−1.2	16.5	4.4	−5.5	−5.9	−0.1	−11.7
2023—10	−1.3	13.9	4.3	2.1	−5	0.1	−12.2
2023—11	−1.3	12.3	5.2	18	−13.5	0.3	−12.2
2023—12	−1.4	9	5.1	4.3	−17.5	1.1	−13.4

注：统计范围为城镇固定资产投资，包括城镇（城关镇以上）范围内各种经济类型所有 50 万元以上项目投资。

资料来源：根据国家发改委、国家统计局、国家信息中心、中经网相关数据整理。

第二节 2024 年固定资产投资发展展望

一、2024 年宏观经济发展态势与政策取向

（一）2024 年宏观经济发展趋势

从稳信心的角度，基于 2023 年我国经济稳增长取得的成绩，2024 年保持 5% 经济增速目标，有利于进一步巩固经济企稳回升的预期。从可实现性看，随着一系列扩内需、提信心政策效应逐步显现，2024 年设立 5% 左右的经济增速目标具备可实现性。此外，2024 年美联储大概率将开启降息周期，随着人民币兑美元汇率走强，人民币资产吸引力也将上升，这也为 5% 左右经济增速目标的实现提供了外部的支撑。因此，2024 年我国的 GDP 增长目标预计仍将为 5% 或以上。一方面，地方两会各省加权平均 GDP 目标增速为 5.4%，全国 GDP 目标增速与各省加权平均较接近；另一方面，5% 的 GDP 增速，也是我国攻坚"稳增长、稳就业"的重要保障。

1. 消费需求仍有望保持较好的增长

2024 年消费将继续成为经济增长的主要动力，在 2023 年的基础上将继续稳步修复。预计 2024 年我国最终消费名义增速为 4.2%～5.1%，继续成为拉动经济增长的主要动力。2024 年我国经济将平稳运行。预计 2024 年我国经济增长将呈现前低后高的态势。全年 GDP 增速为 5.3% 左右。预计 2024 年第一产业增加值增速为 4.5%；第二产业增速为

4.5%;第三产业增速为6%。消费、投资和净出口对GDP增速的拉动分别为3.7、1.9和－0.3个百分点。在全球经济缓中趋稳、国内经济企稳回升的基准情景下,预计2024年规模以上工业增加值累计同比增速为4.9%。2024年我国PPI将温和下降,CPI将温和上涨。在基准情景下,CPI全年上涨0.7%左右;PPI全年为－0.6%。预计2024年我国农村居民人均可支配收入将达到23 337元,实际增长速度为6.8%左右。

随着疫情影响消退,企业营收、居民收入逐步恢复,消费意愿持续回升。2024年消费需求快速增长会受到四大因素的影响:一是消费潜力仍然巨大。我国有14亿多的人口,超大规模市场的优势依然明显,加之城乡融合发展、城镇化进程推进、消费结构持续升级,这些都为消费增长提供了广阔空间,特别是医疗、健康等消费潜力有望进一步释放。另外,随着经济持续恢复,就业形势总体改善,居民收入有望保持稳定增长,将有力支撑居民消费能力的提升。二是消费基础不断巩固。随着数字化时代的发展,数字原生代消费群体将成为主要的消费力量,他们对数字娱乐、虚拟现实体验和在线文化内容的需求将大幅增长。与此同时,随着人口老龄化趋势的加剧,银发群体的消费潜力也将成为释放新活力的引擎。他们可能会对传统文化、艺术品和文化教育等领域表现出更多的兴趣和需求。不仅如此,随着乡村振兴战略的推进,乡村地区的消费者可能成为新的消费增长点。社群文化消费者也更偏向于以社交平台为导向,通过分享文化产品和体验来影响消费者的选择、评价和体验。三是消费亮点不断涌现。数字消费、绿色消费、健康消费、文娱消费等都快速发展,智能家居、文娱旅游、体育赛事、国货潮品等消费热点也在不断升温,不断为消费市场提质扩容增添动力。同时,各地区各部门坚持把恢复扩大消费摆在优先位置,相继出台一系列促消费政策,着力稳定和扩大传统消费、培育壮大新型消费、持续优化消费环境,将继续对稳定消费市场、促进消费恢复起到积极作用。四是促消费政策持续发力。扩内需、促消费政策继续发力显效,将为消费恢复创造良好条件。新能源汽车免征车辆购置税等减免政策延续,将推动新能源汽车消费保持较高增速。房地产政策有望进一步优化调整,房地产销售将低位企稳,叠加上年低基数作用,将推动家具家电、建筑装潢等与住房相关的消费边际回暖。但房地产市场预期较难根本性扭转,或将制约住房相关商品消费的改善程度。此外,在全国范围发放1万亿元消费券,设定门槛来补贴一定比例的消费。一方面,补贴消费比补贴收入更能直接拉动经济;另一方面,由于提升的消费在中国独有的税收制度下会带来财政收入,整体来看不会显著增加中央财政负担。

2.进出口贸易量稳步增长,结构不断改善

世界贸易组织预测,2024年贸易增速将达到3.3%,高于2023年增速2.5个百分点;国际货币基金组织预测,2024年贸易增速为3.7%,高于2023年1.7个百分点;世界银行预测,2024年贸易增速为2.8%,高于2023年1.1个百分点。平均而言,三大国际组织预测的2024年贸易增速为3.3%,高于2023年1.4个百分点。2024年中国出口小幅正增长,全年3%(美元计价)。具体来看,2024年的基准情形是欧洲央行、美联储分别于第三季度开启降息步伐,全球经济增速有望企稳,推动全球商品贸易增速回升至3%水平。在此基础上,随着价格结束负增长趋势,中国出口份额稳定在 14.2％水平,人民币汇率稳中有升。

影响贸易增长的重要因素有以下两个方面:一方面,从周期性或需求因素来看,2024 年世界经济对贸易的拉动力依然较弱,与 2023 年基本相当。鉴于核心通胀居高不下,各主要央行为抗击通胀可能进一步采取加息政策,将继续拖累经济活动。根据世界贸易组织、国际货币基金组织和世界银行的预测,2024 年世界经济增速分别为 2.5％、3.0％和 2.4％,远低于 2000—2019 年的年均水平 3.8％。另一方面,2023 年的结构性因素将延续到 2024 年。乌克兰危机、巴以冲突短期内难以解决,中美关系缓和也非一蹴而就的事,可能出现风险加剧从而导致全球通胀再次反弹。还有,尽管世界卫生组织于 2023 年 5 月不再将新冠疫情视为"全球卫生突发事件",但疫情对全球产业链和贸易的影响更为长期。此外,产业链供应链本土化、区域化和联盟化趋势将继续拖累全球贸易增长。基期因素作为结构性因素之一也不可忽视——2024 年贸易增速之所以回升,是因为 2023 年世界贸易增速的超预期回落导致 2023 年基数较低。如果乌克兰危机、巴以冲突等地缘政治局势继续恶化,世界经济和贸易碎片化风险的可能性将上升,将对资本、技术和人员的流动造成更多阻碍,加剧大宗商品价格的波动,阻碍贸易增长。因此,如果核心通胀下降速度快于预期,全球产出和贸易可能出现更快的增长。若核心通胀长期持续,则将继续拖累世界贸易。

3.物价继续保持平稳

随着中央经济工作会议多项政策的出台和落实,有效需求不足的问题会得到逐步缓解,居民消费价格有望随之企稳回升。预计 2024 年价格会温和上涨。多家机构预计物价低迷的状况有望得到改善,2024 年 CPI、PPI 回升的可能性较大,其中,CPI 温和上涨、PPI 或缓步回正。广开首席产业研究院院长兼首席经济学家连平撰文指出,据测算,2024 年全年 CPI 同比增速可能在 1.3％左右。

猪肉价格是影响 CPI 食品价格变动的重要因素。2024 年上半年猪肉价格仍有下跌风险,下半年将会逐渐回暖。2023 年三季度开始仔猪供给量增长,预示 2024 年上半年尤其是一季度生猪出栏量仍然较高,猪肉价格仍然可能有过快下跌风险,但 2024 年下半年随着产能的调减,供需关系改善,预计猪肉价格将开始反弹,生猪养殖有望实现盈亏平衡至微幅盈利。

低于核心 CPI 走势,中国民生银行首席经济学家温彬认为,2024 年,预计服务需求难有爆发式上涨,服务价格同比涨幅或将回落,但核心商品价格增速有望随着边际消费倾向改善而有所回升。整体看,预计核心 CPI 有望保持平稳回升势头。

2023 年国际大宗商品价格先跌后涨,输入型通胀压力并不显著。展望 2024 年,随着美联储转向降息,主要经济体进入补库存阶段,大宗商品价格有上升可能。EIA 能源市场分析报告也指出,由于原油供需处于紧平衡状态,2024 年国际油价或将小幅上行。近期 IMF 将 2024 年全球 CPI 预测由 5.2％上调至 5.8％,预计输入型通胀会小幅抬升。

2024 年,在粮食安全方面,将实施新一轮千亿斤粮食产能提升行动,深入推进全国粮油等主要农作物大面积单产提升行动,着重稳口粮、稳玉米、稳大豆,继续扩大油菜种植面积,着力提高单产,确保粮食产量保持在 1.3 万亿斤以上。

4.就业形势依然严峻

2023 年底召开的中央经济工作会议定调 2024 年经济工作。会议要求,2024 年要坚持稳中求进、以进促稳、先立后破,多出有利于稳预期、稳增长、稳就业的政策。会议部署了九大重点任务,其中包括"切实保障和改善民生"。扩大就业将会是 2024 年的施策重点,就业是家庭收入的主要来源,也是社会稳定的关键。落实就业优先政策、帮助重点群体就业,是亟待解决的问题。一是强化岗位挖掘,加力落实好优化调整的稳就业政策,持续推行"直补快办"模式,加大对吸纳就业能力强的行业企业扩岗支持,加快释放政策红利。二是强化创业创新,放宽市场准入,落实创业担保贷款和贴息政策,强化场地支持、创业培训、资源对接等服务。三是强化供需匹配,接续开展好金秋招聘月等活动,开辟行业企业专场,引导各方参与,加强零工市场规范化建设。四是强化青年支持,积极拓宽市场化就业渠道,稳定政策性岗位招录,加快事业单位招聘和"三支一扶"等基层项目招聘;持续推进就业服务攻坚行动,加强困难毕业生就业帮扶;深入实施百万见习岗位募集计划,提升毕业生就业能力。五是强化兜底帮扶,实施防止返贫就业攻坚行动,稳定农民工,特别是脱贫人口务工规模。加强失业人员和困难人员就业帮扶,及时足额发放失业保险金,保障好困难群众基本生活。

(二)2024 年宏观经济政策取向

从货币政策上看,2024 年应是以低利率环境为目标,在强调灵活适度、精准有效的导向下,降息、降准、降低存量债务的利率水平都是可以使用的政策工具。2024 年结构性货币政策将成为重点,特别是支持经济薄弱环节(如支持小微企业)和重点领域(如科技创新、先进制造、绿色发展等)方面,或将有新创设的工具出台。

1.拉动投资和提振消费双管齐下

恢复和扩大消费是去年宏观政策的主线之一,2023 年前 11 个月,全国社会消费品零售总额达 42.8 万亿元,同比增长 7.2%,消费对经济增长的拉动作用显著增强。推动消费从疫后恢复转向持续扩大仍将是 2024 年宏观政策的主要着力点。相较以往部署,中央经济工作会议更加强调消费与投资相互促进的良性循环。统筹协调二者关系,将是 2024 年消费政策发力的关键。

在拉动投资、刺激消费方面要解决一些堵点,主要还是资金来源的问题。比如在投资方面,部分地方政府出现了债务负担较重的问题,需要中央出台更有力的措施进行化债来处置风险。未来在投资方面可能没有太多的资金来源。近期相关部门也在讨论推动政府和社会资本合作模式(PPP 模式)来加大基建投资的力度,中央在财政预算方面也可能会给予一定的资金支持。2025 年投资增速不足的时候,政府投资加大力度,这也是撬动社会资本的重要方面。打通消费的堵点主要是要提高居民的收入。因为消费不是靠文件刺激起来的,而是需要切切实实地创造更多的就业机会,支持民营企业发展,从而提高居民的收入水平,提高居民对未来的收入预期。这样消费信心和消费能力就会相应提升,消费能够起来,经济也就稳了。因为现在消费已经成为推动经济增长最重要的引擎,特别是在 2023 年表现得特别突出。2024 年消费对于 GDP 增长的贡献依然是最大的,所以想方设法提高居民的工资收入和财产性收入是提振消费的最根本的方式。

过去一年,餐饮、文娱等线下接触型消费的强势复苏展现了服务消费的增长潜力,在进一步扩大消费的过程中,仍然存在供给与需求层面的结构性矛盾,2024 年仍需疏通现代服务业领域的市场准入堵点、着力推进服务业提质增效,从而激发消费潜能。在传统消费领域,同样要结合当前家电、汽车制造业转型升级的趋势,通过新型电子数码产品等新消费热点,稳定大宗商品消费。推动消费持续扩大,既需要增强消费意愿,还需要加强居民消费能力。因此,除了疏通各类消费体制机制的难点堵点,还需要从稳定就业、全面落实带薪休假政策、优化收入分配政策等层面发力。

2.在稳定出口增长与调整出口政策上寻求平衡

2024 年的全球经济复苏依然存在较大的不确定性,外需改善程度有限,更应着重观察"价"的变化。外需改善的逻辑在于,美欧等发达经济体的紧缩周期结束,制造业景气度在长期处于收缩区间后,有望随着降息步伐逐步改善,提振工业品需求。此外,美欧的消费品进口同比增速已经见底反弹。但外需大幅改善的可性能较低。美欧通胀虽有缓解,但仍高于合意水平,信贷条件难以大幅宽松,美国补库周期可能较弱,叠加地缘摩擦加剧与"超级大选年"来临。但是价格改善仍有可能,关键在于中国内需恢复扭转"降价抢订单"局面,叠加国际大宗商品价格改善,有望缓解价格对出口的压制。

以新能源汽车、锂电池、光伏发电等产业为主的"新三样"将有望维持高增;汽车出口有望延续量价齐升的趋势,成为中国出口的重要增量。俄罗斯的中国汽车市场占有率从 2022 年的 10% 大幅上升至 2023 年的 49%。对欧洲出口的新能源汽车渗透率将有进一步上行的空间。当前对欧洲汽车出口都以燃油车为主,一方面是受到气候条件的限制;另一方面也是海外新能源车相关基础设施相对不完善,预计未来基础设施将进一步完善。量升的同时,新能源车的出口价格也在持续上涨。我国出口新能源汽车的均价不断提高,从中低端向中高端转变。

3.金融:政策稳定、体制创新

2024 年将从稳健的货币政策灵活适度、精准有效,聚焦五篇大文章支持重点领域和薄弱环节,稳妥推进重点领域金融风险防范化解等方面发力,全力推动金融高质量发展。

首先,在货币政策方面,中国人民银行强调"注重新增信贷均衡投放,提高存量资金使用效率",并明确"促进社会综合融资成本稳中有降"的目标。落实好加大力度支持科技型企业融资行动方案,延续实施碳减排支持工具和普惠养老专项再贷款政策,抓好落实金融支持民营经济 25 条举措,聚焦五篇大文章支持重点领域和薄弱环节。其次,在防范化解金融风险方面,中国人民银行将指导金融机构按照市场化、法治化原则,合理运用债务重组、置换等手段,支持融资平台债务风险化解。因城施策,精准实施好差别化住房信贷政策,满足各类房地产企业合理融资需求,抓好房地产"金融十六条"及金融支持保障性住房建设、"平急两用"公共基础设施建设、城中村改造等政策落实。推动化解中小金融机构风险,推动重点机构风险处置。最后,在金融市场建设方面,要建设规范、透明、开放、有活力、有韧性的金融市场,进一步优化融资结构、市场体系、产品体系,为实体经济发展提供更高质量、更有效率的融资服务。推动金融业高水平开放、稳慎扎实推进人民币国际化、持续深化金融改革、持续提升金融服务和管理水平等。

4.运用结构性政策工具扩大就业

"结构性货币政策工具"指中央银行依据客观经济需要和自身政策原则向金融机构和符合条件的非金融机构提供不同期限和利率条件的信贷或流动性支持。在中国,广义的"结构性货币政策工具"由来已久,但其重要性的显著上升始于2020年疫情暴发以后。截至2023年末,中国人民银行已推出十多种不同名目并在全国范围内适用的结构性货币政策工具,数额巨大。

就业是最大的民生工程、民心工程、根基工程,是社会稳定的重要保障。我国的就业问题是十分复杂的,既包括需求因素,也包括体制、结构等因素。政府不能简单地采取扩大需求的办法来解决就业问题,而应该采取灵活多样的政策,根据各地的实际情况,实行结构性的、差别性的政策措施。一方面,在加大对就业吸纳行业和部门(如服务业)的宏观政策支持力度的同时,需要适度扩大结构性政策工具的应用范围,引导更多资金进入消费以及服务业领域;另一方面,需要加强货币政策、财政政策以及产业政策的协同,通过政策的一致性和稳定性,进一步夯实企业和居民的信心,激发经济发展的长期活力。

二、2024年固定资产投资发展趋势与政策取向

(一)2024年固定资产发展趋势

1.投资增速将呈现稳中有进的态势

投资从当前看是需求,能够促进和带动消费、对冲经济下行压力;从长期看是供给,可以增加供给能力和提升供给水平,对于扩大内需、稳定宏观经济具有重要意义。特别是在加快构建以国内大循环为主体、国内国际双循环相互促进的新格局背景下,想要进一步提升供给体系对国内需求的适配性,形成需求牵引供给、供给创造需求的更高水平动态平衡,更需要充分发挥投资的关键作用。预测2024年固定资产投资(不含农户)在较大概率的基准情景下增长4.7%左右,较小概率的乐观情景和悲观情景下分别为增长6.0%左右和3.5%左右。投资结构将继续改善,高新技术产业投资有望保持高位运行,重点领域补短板投资和重大工程、重大项目建设将继续加快推进。

制造业投资可能维持较快的增长趋势,预测2023年全年增长6.3%左右,2024年在基准情景下增长7.5%左右,乐观情景和悲观情景下分别为增长8.3%左右和6.8%左右;基础设施建设投资(不含电力等)有望保持高速增长,预测2023年全年增长6.0%左右,2024年在基准情景下增长7.5%左右,乐观情景和悲观情景下分别为增长8.5%左右和6.5%左右;房地产开发投资增速可能在2023年第四季度或2024年第一季度再次触底企稳,预测2023年全年增速为-9.5%左右,2024年在基准情景下增速回升至-6.0%左右,乐观情景和悲

观情景下增速分别为－3.0%左右和－9.0%左右。

"稳投资"依然应该是2024年政府的工作重点,需继续实施扩张性的财政政策与货币政策,有力提振实体经济的信心。具体包括:持续加力优化房地产政策,稳定房地产市场发展;多措并举鼓励民间投资,提高民间投资信心;精准扩大制造业有效投资,保障基础设施建设投资的可持续性。

2.基础设施建设领域的投资有望扩大

投资是拉动经济增长的"三驾马车"之一,为了托底投资,今年政府投资的结构或发生变化,重点可能从传统基建转向房地产"三大工程"(保障性住房规划建设、城中村改造和"平急两用"公共基础设施建设)等领域。2024年各省市普遍下调主要经济指标增速目标,地方政府财政发力的力度和空间或较有限,基建对地产下行风险的对冲效应或进一步减弱。但是,"三大工程"作为中央资金直接支持的项目,不受化债影响,或成为带动总需求上行的潜在增量政策。基建投资是固定资产投资的重要组成,且其资金来源和地方财政高度相关,更易受到地方政府化债的影响。2023年,基础设施投资(不含电力、热力、燃气及水生产和供应业)较上年增长5.9%,较上年放缓3.5个百分点。根据基建资金来源测算,2024年基建投资预计同比增长9%。

财政加杠杆发力、专项债发行前置,2024年一季度基建景气有望显著提升,促板块估值修复。近期发改、财政等部委陆续开展项目报送、审批工作,要求加快组织实施万亿特别国债项目建设,推动年初实物工作量落地;同时财政部表示将提前下发2024年专项债额度,参考往年专项债提前批规模,60%～80%提前批额度将于次年一季度发行完毕,预计2024年一季度基建资金面将显著改善。当前建筑板块整体估值处历史低位,后续随着基建资金面改善、景气上行,板块估值有望迎来修复,同时考虑明年财政预计偏扩张,专项贷款、中央加杠杆等资金支持有望进一步落地,全年基建投资预计将维持较快增长。

3.推进布局优化结构调整,加快推动新型工业化

优化产业布局的主要目的是发展新质生产力,要增强危机感,紧迫感,以创新为第一动力、智能为重要手段、生态为主要载体、绿色为关键要素,塑造竞争优势,助力建设现代化产业体系。

加强基础研究,担当创新主体地位。中央经济工作会议指出,要以科技创新推动产业创新,特别是以颠覆性技术和前沿技术催生新产业、新模式、新动能。作为国家科技力量的重要组成部分,国资央企要进一步加强基础研究,深度融入国家创新体系,突出打造原始创新能力,解决关键领域"卡脖子"问题;全力构建"政产学研金服用"一体化创新生态链,增强需求牵引、源头供给、资源配置、转化应用的能力,提高创新效能,抢占产业竞争制高点。

加速数字化转型,促进产业智能化转型。大数据、云计算、人工智能、智能机器人、3D打印等数字技术加速成熟并开始产业转化,成为重组要素资源、重塑经济结构、改变竞争格局的关键力量。作为国民经济的中坚力量,国资央企应进一步把握数字经济快速发展的重大战略机遇,深化数字技术与生产经营融合,挖掘数据作为生产要素的关键价值,加快传统产

业转型升级和新兴产业培育,加快产业数字化转型和数字产业化发展,培育企业发展新动能。

加强生态建设,带动产业高级化发展。在百年未有之大变局和国内国际双循环新发展格局下,我国产业链从"市场导向"逐步转向"战略导向"。作为产业链发展的核心环节,国资央企应主动发挥现代产业链链长的主体支撑作用及融通带动作用,以服务国家战略、支撑行业高质量发展为主线,优化产业生态,推动创新链、产业链、资金链、人才链四链融合,加快提高供应链、产业链安全和韧性,积极推动与民营企业等上下游联动,带动产业链上中下游、大中小企业协同发展。

加快绿色发展,推进产业低碳化发展。在生态环境约束加剧、发展理念重大转变的情况下,绿色成为产业发展的重要约束和关键变量,低碳发展成为推动经济发展的必由之路。作为国民经济的顶梁柱,国资央企要将低碳深刻融入企业发展中,一方面推动产业加快绿色低碳转型,减少污染物和温室气体排放,发挥产业低碳发展的引领作用;另一方面要大力拓展赋能低碳的技术、产品及解决方案等,优化业务布局,将绿色低碳"关键变量"转化为高质量发展"最大增量"。

(二)2024年固定资产投资的政策取向

1.推动投资规模和效益平稳提升,加快布局培育新质生产力

2024年投资工作要坚持以进促稳,推动投资规模和效益平稳提升。深入分析国内外宏观经济形势和产业发展趋势,科学编制投资计划,合理安排投资规模,优化投资结构,提高投资效益。加快推进新型工业化,聚焦产业链强基补短、基础设施建设、能源资源保障,积极布局实施一批强牵引、利长远的重大项目,提升有效投资的科学性和经济性。

大力推进央企产业焕新行动和未来产业启航行动,围绕新产业、新模式、新动能,坚持长期主义、加大布局力度。具体来说,是要坚持投新、投早,通过股权投资、基金投资等方式,在战略性新兴产业领域布局一批潜力大、成长性好的专精特新和独角兽企业。公开信息显示,当前中央企业承担的国家"十四五"规划重大工程、有关部委下达的投资项目、央企产业焕新行动和未来产业启航行动等1 000余项重点项目正在有序推进,2023年完成投资2万亿元,投资计划完成率达95.3%。

2.政府投资将精准发力,聚焦高质量发展

近年来,随着经济社会的快速发展,中国正迈向高质量发展的新阶段。在这一背景下,政府投资作为推动经济发展的核心力量之一,扮演着举足轻重的角色。政府投资的精准发力意味着将在投资领域更加注重精细化管理和精细化配置。这将有助于提高资源利用效率,避免重复投资,同时还将更好地支持和推动高质量发展。政府投资精准发力的具体措施有:第一,优化投资结构。政府将进一步优化投资结构,加大对科技创新、绿色发展和新兴产业的支持力度。通过优化投资结构,政府将促进科技创新的发展,推动绿色发展的转型,培育新兴产业的壮大。这一举措将有助于推动经济结构的升级和优化,实现经济发展的高质量。第二,精细化管理。政府将加强对投资项目的管理,通过精细化管理来避免资源的浪费

和资金的滥用。此举将通过加强投资决策的科学性和准确性,提高投资项目的成功率,有效避免投资过程中的问题和风险。第三,强化绩效评价。政府将进一步完善绩效评价体系,以确保政府投资的有效性。通过加强绩效评价,政府可以更好地了解投资项目的效果,并及时调整投资策略,以提高投资的效益和可持续性。第四,拓宽投资渠道。政府将鼓励社会资本参与投资,拓宽投资渠道,增加投资来源。通过引导社会资本参与投资,政府可以进一步发挥市场的作用,有效提升资源配置的效率和经济的活力。

通过政府投资和政策激励有效带动全社会投资,加快实施"十四五"重大工程,全年拟安排地方政府专项债券 3.8 万亿元,各地区各部门也拿出实招,从土地、资金、用工需求等方面做好保障,营造良好的投资环境。中央预算内投资、地方政府专项债券等政府投资接下来将进一步优化结构,聚焦高质量发展这个首要任务,围绕推动区域协调发展、乡村振兴、新型城镇化、科教兴国、现代化产业体系等战略实施。项目的决策、项目的实施、项目的运行,也都要围绕着扩大有效率的投资这么一个决策部署来安排、来推动。

3.提升科技创新能力推进现代化产业体系建设

工业是国民经济的主体和增长引擎。发挥好工业"压舱石"作用,要着力提升产业发展质量,构建以先进制造业为骨干的现代化产业体系。这其中,提升科技创新能力至关重要。2024 年,在全力促进工业经济平稳增长的同时,要着重以科技创新推动产业创新。例如,全面实施制造业重点产业链高质量发展行动,深入推进产业基础再造工程和重大技术装备攻关工程,在重点领域再新建一批国家制造业创新中心,启动创建国家新型工业化示范区等。创新的主体是企业。工业和信息化部明确,2024 年将支持龙头企业优化整合产业链、创新链、价值链,促进中小企业向专精特新发展,并将着力引导大企业向中小企业开放各类创新资源要素,鼓励先试、首用中小企业创新产品。创新的落点在产业。针对在制造业中占比超80%的传统产业,将加大改造提升力度,通过实施制造业技术改造升级工程等让"老树发新芽"。聚焦新能源汽车、轨道交通装备等优势产业,要加快强链、延链、补链,扩大规模优势。积极培育新兴产业和未来产业,以人工智能和制造业深度融合为主线,大力发展智能产品和装备、智能工厂、智慧供应链,加快数字技术赋能。因此,全面提升产业基础高级化和产业链现代化水平,不断推动新型工业化取得新突破。

4.坚持市场规范和结构改善并举,进一步完善房地产市场调控

2024 年对于中国的房地产市场而言,是一个既注重市场调控又不断推进改革的年份。房地产市场的政策环境将继续优化,例如,首付比例调低、房贷利率加点调整,以及限购政策的松动。尽管如此,政策的核心精神"房住不炒"和风险防范依旧稳如磐石,表明政府对楼市稳定发展的坚定决心。2024 年将通过以下三个方面完善房地产调控政策:

第一,首先,从土地供给来看,应该更加注意因城施策和因地施策。对于一些新房销售压力较大的城市,应该减缓土地供给速度。对于一些新房供给存在结构性错配的城市,应该挖掘土地供给潜能,尽可能朝着"满足人民群众日益增长的美好生活需求"的方向供给优质地块。其次,从规划建设看,越是在房地产市场下行的时候,越是要密切关注项目烂尾、新房

建筑质量问题,通过降低预售比例等措施,使开发商提高开发质量,提升市场信心。最后,在金融方面,除了满足房地产企业的正常融资需求外,还应切实降低购房的资金成本,建立更加灵活的房地产按揭、抵押贷款市场。

第二,2024 年,房地产政策的调整优化应该着重于供给侧。一是要在落实"三支箭"、白名单、"三个不低于"等方面有根本性措施。增进银企之间的信息透明度和互相信任,规范房地产企业财务行为和信息披露,杜绝企业违规挪用预售资金,杜绝项目之间资金流交叉,让金融机构能清晰地分析出项目实际债务和可控现金流。对于新增融资支持的房地产开发项目,要确保债务和债权独立,确保销售资金完全用于该项目交付和债务偿还,资金闭环运行,杜绝资产或资金被冻结、被划扣。二是要在配售型保障性住房、公租房、城中村改造等方面获得增量效果,将其与新市民、年轻人、外来人口、户籍无房户、新引入的人才、工薪阶层等中等收入、中低收入人群的住房需求对接起来,包括增量建设,尤其是存量盘活。

第三,在楼市进一步分化的背景下,2024 年的楼市调控更需要差异化的精细政策。首先,在房价整体较高的一线城市,可以进一步突出保障性住房,面向低收入人群或特定职业的人群提供床位性质的保障性宿舍类住房。对于置换类的改善型置业,可以从信贷、交易等多方面提供便利。不断完善和规范二手房的交易流程,保障人民群众的合法权益,维护二手房交易的正常市场秩序。其次,二线城市的楼市更需要因地制宜、灵活的调控政策。最后,三线、四线城市的楼市存在进一步下行的压力,可以通过发放补贴和税费优惠等措施,促进当地市场回暖。也可以结合春节假期做好返乡置业的配套服务,承接一线、二线城市楼市购买力的外溢。

第二章

规范发展中的金融投资

第一节 2023年金融投资回顾

一、2023年股票市场回顾

（一）股票市场总体情况概述

图2—1展示了2014—2023年股票市场成交量和成交额的变化趋势。本报告分析了上证主板、深证主板、创业板、科创板和北交所的成交量和成交额的变化趋势。上证主板在2015年的成交量是最大的，深圳主板和创业板成交量呈增长趋势，科创板2019年才有成交量和成交额，北交所2020年才有成交量和成交额。

2015年是中国股市的一个重要时间节点，这一年A股市场经历了由宽松货币政策、改革预期和市场乐观情绪推动的一轮大牛市，大量增量资金涌入市场，尤其是上证主板中的大盘蓝筹股受到追捧，使得成交量急剧攀升。2015年前后，融资融券业务规模快速扩大，杠杆资金大量流入股市，尤其是在主板市场，杠杆资金的使用极大地提高了市场交易活跃度，助推了成交量的大幅增长。科创板在2019年正式开板，北交所在2020年设立并开始交易，这两个板块作为新生力量，初期上市企业较少但关注度极高，吸引了大量投资者开户和交易，形成较高的成交量。科创板主要定位于服务符合国家战略、突破关键核心技术、市场认可度高的科技创新企业,北交所则服务于创新型中小企业,它们的设立体现了国家对于新兴战略产业和中小企业发展的高度重视,相关政策扶持力度大,激发了市场的热情。综上所述,各板块成交量和成交额的变化与市场整体环境、政策改革、市场参与主体行为以及新设板块的特殊属性等因素密切相关。随着中国资本市场的不断完善和发展,未来各板块成交量和成交额的变化也将继续反映出市场结构的变迁和经济转型的步伐。

图2-1

图2-1 股票市场成交量和成交额变化

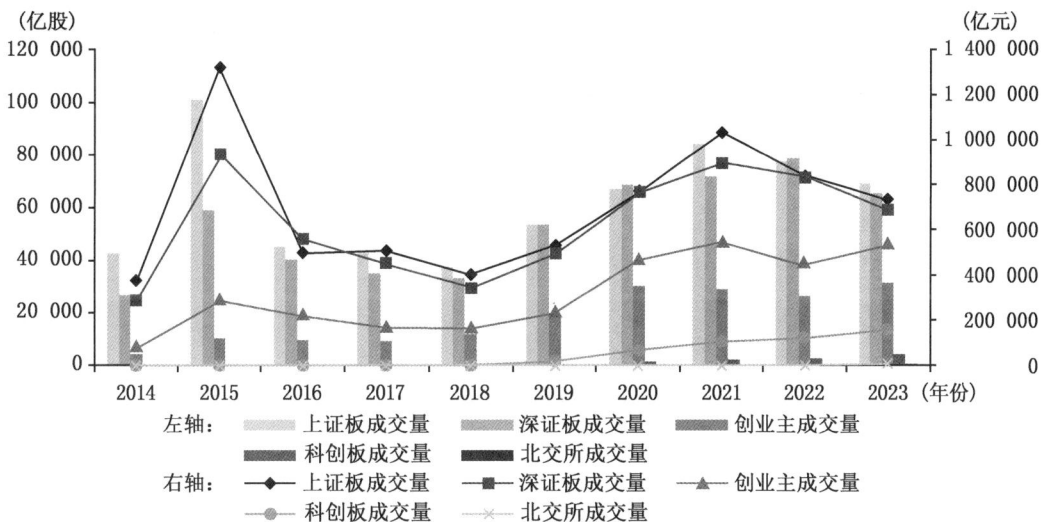

资料来源:Wind。

(二)2023年股票市场发行与交易有所下滑

自新冠疫情在全球肆虐以来,各国经济均受到严重影响,而2023年是中国解除新冠疫情管控的第一个年度,国内外各方均对中国2023年经济数据保持高度关注,期待中国能为疫情后的经济复苏贡献中国经验。当前,世界百年未有之大变局加速演进,世界进入新的动荡变革期,全球经济环境充满不确定性,我国发展进入战略机遇和风险挑战并存、不确定难预料因素增多的时期。面对严峻复杂的内外部经济环境,2023年两会谨慎乐观地确定了2023年GDP增长5%的目标,这个数字虽然略低于市场普遍的预期,但传递出了我国政府对经济增长保持稳步前进、不急不躁的态度。从实际情况来看,2023年以习近平同志为核心的党中央团结带领全党全国各族人民,顶住外部压力、克服内部困难,全面深化改革开放,加大宏观调控力度,着力扩大内需、优化结构、提振信心、防范化解风险,我国经济回升向好,高质量发展扎实推进。

在股票市场中,截至2023年年末,中国境内共有上市公司5 346家,较年初增加257家,增长率5.05%;上市股票5 420只,较年初增加257只,增长率4.98%,其中上市A股有5 335只,较年初增加258只,增长率5.08%;上市B股有85只,与年初基本持平。总股本为75 807.44亿股,较年初增加2 132.52亿股,增长率2.89%;总市值77 7627.11亿元,较年初减少 67 651.31 亿元，下降 8%；流通股本为 68 311.55 亿股，较年初增加 3 406.23 亿股，增长率 5.25%；流通市值 676 604.79 亿元，较年初减少 36 802.19 亿元，下降 5.16%。

2023 年国股市情况如表 2—1 所示。

表2-1

表 2—1　　　　　　　　　　　　　　**2023 年股票市场规模**

日期	上市公司总数（家）	上市股票总数（只）	上市A股总数（只）	上市B股总数（只）	总股本（亿股）	总市值（亿元）	流通股本（亿股）	流通市值（亿元）
2023—12	5 346	5 420	5 335	85	75 807.44	777 627.11	68 311.55	676 604.79
2023—11	5 325	5 399	5 314	85	75 418.14	790 372.19	67 964.75	686 979.44
2023—10	5 308	5 382	5 297	85	75 329.40	784 992.70	67 819.73	681 930.99
2023—09	5 298	5 372	5 287	85	75 274.36	804 272.08	67 670.51	697 318.92
2023—08	5 277	5 351	5 266	85	75 164.97	811 216.84	67 400.34	699 087.11
2023—07	5 251	5 325	5 240	85	75 171.89	853 337.10	67 308.97	735 424.73
2023—06	5 235	5 309	5 223	86	75 105.17	835 282.56	66 851.46	714 149.03
2023—05	5 205	5 279	5 193	86	74 810.90	827 855.36	65 879.71	701 705.16
2023—04	5 176	5 250	5 164	86	74 435.15	852 063.15	65 563.06	722 890.95
2023—03	5 143	5 217	5 131	86	74 096.96	851 314.97	65 308.24	721 097.13
2023—02	5 112	5 186	5 100	86	73 841.23	852 039.71	65 075.73	720 350.23
2023—01	5 089	5 163	5 077	86	73 674.92	845 278.42	64 905.32	713 406.98

资料来源：Wind。

境内股票市场的 5 346 家上市公司中，沪、深、北证券交易所分别为 2 263、2 844、239 家。分股份类型统计，仅发 A 股公司 5 113 家，仅发 B 股公司 11 家，A＋B、A＋H 等多股份类型的公司 222 家。分控股类型，国有控股和非国有控股公司数量分别占比 26%、74%；制造业，信息传输、软件和信息技术服务业，批发和零售业为上市公司数量前三位；江苏、浙江（不含宁波）、北京三辖区上市公司分别为 690、582、475 家，为辖区公司数量前三位。按省域划分，则广东、浙江、江苏上市公司家数分别为 872、702、690 家，汇集超 40% 上市公司。

一级市场方面，2023 年通过证券市场进行股权融资的企业共有 818 家，筹集资金 11 344.30 亿元。企业数量比上年增加 165 家，筹集资金减少 5 537.58 亿元。其中，IPO 首发 313 家，首发募集资金 3 565.39 亿元，分别比上年减少 26.87% 与 39.25%；增发 331 家，增发募集资金 5 789.51 亿元，分别比上年减少 6.76% 与 19.92%；配股 5 家，配股募集资金 150.49 亿元，分别比上年减少 44.44% 与 75.54%；优先股 3 家，优先股募集资金 100 亿元；可转债 331 家，可转债募集资金 1 405.75 亿元，分别比上年减少 9.80% 与 48.61%；可交换债 28 家，可交换债募集资金 333.16

表2-2

亿元,分别比上年减少 26.32％与 23.05％；再融资 505 家,再融资募集资金 7 778.91 亿元,分别比上年减少 9.01％与 29.37％。2023 年股权融资情况参见表 2—2。

表 2—2　　　　　　　　　　　　　　2023 年股权融资规模

日期	集资金额合计		IPO 统计		增发统计				配股统计	
	募集家数	募集资金(亿元)	首发家数	首发募集资金(亿元)	增发家数	增发募集资金(亿元)	定增家数	定增募资(亿元)	配股家数	配股募集资金(亿元)
2023—12	63	625.38	21	150.022	28	333.394	28	333.39	1	18.039
2023—11	49	483.02	17	94.352	17	318.826	17	318.83		
2023—10	47	403.94	11	84.686	25	264.412	25	264.41		
2023—09	57	550.78	21	181.186	23	226.927	23	226.93		
2023—08	109	1 545.02	33	576.437	40	579.811	40	579.81	1	12.569
2023—07	86	1 108.91	37	381.937	35	546.734	35	546.73	1	97.561
2023—06	59	670.96	39	469.258	19	191.706	19	191.71		
2023—05	58	929.77	31	476.367	14	200.650	14	200.65		
2023—04	97	1 471.49	35	500.356	36	634.553	36	634.55		
2023—03	73	1 270.08	34	330.780	26	693.348	26	693.35	1	3.783
2023—02	62	1 113.72	24	250.811	31	799.593	31	799.59		
2023—01	58	1 171.22	10	69.198	37	999.559	37	999.56	1	18.537
全年总计	818	11 344.30	313	3 565.39	331	5 789.51	331	5 789.51	5	150.49

日期	优先股统计		可转债统计		可交换债统计		再融资统计	
	优先股家数	优先股募集资金(亿元)	可转债家数	可转债募集资金(亿元)	可交换债家数	可交换债募集资金(亿元)	再融资家数	再融资募集资金(亿元)
2023—12	1	20.000	8	41.925	4	62.000	42	475.358
2023—11			12	62.845	3	7.000	32	388.671
2023—10			7	41.820	4	13.022	36	319.254
2023—09	1	30.000	11	110.663	1	2.000	36	369.589
2023—08			32	338.201	3	38.000	76	968.581
2023—07			12	81.780	1	0.900	49	726.975
2023—06					1	10.000	20	201.706
2023—05	1	50.000	11	182.248	1	20.500	27	453.398
2023—04			21	261.985	5	74.600	62	971.138
2023—03			9	164.174	3	78.000	39	939.305
2023—02			6	56.178	1	7.140	38	862.911
2023—01			9	63.925	1	20.000	48	1 102.021
全年总计	3	100.00	138	1 405.74	28	333.16	505	7 778.91

资料来源:Wind。

退出方面,2023 年中国股权投资市场共发生 3 946 笔退出,同比下降 9.6％。在沪深两市新股发行阶段性放缓背景下,被投企业 A 股 IPO 案例数共计 1 348 笔,同比下降 38.3％。全年回报方面,中企境内外市场的平均发行回报倍数同步下调,超额回报案例明显减少。

二级市场方面,2023 年全年上证主板、深证主板、科创板和北交所总成交量为 17.02 万亿股,成交额为 212.69 万亿元,分别比去年减少 8.03％与 5.27％。分板块看,上证主板成交 68 779.81 亿股,成交额 735 516.30 亿元,分别比上年减少 11.25％与 12.62％;深证主板成交 65 533.91 亿股,成交额 691 850.48 亿元,分别比上年减少 16.68％与 16.77％;创业板成交 31 268.21 亿股,成交额 534 992.21 亿元,分别比上年增长 19.35％与 18.77％;科创板成交 4 029.11 亿股,成交额 157 305.90 亿元,分别比上年增长 56.13％与 31.26％;北交所成交 615.51 亿股,成交额 7 273.59 亿元,分别比上年增长 285.98％与 264.94％。2023 年市场成交情况参见表 2—3。

表2-3

表 2—3　　　　　　　　　　　**2023 年市场板块成交情况**

日期	上证主板		深证主板		创业板		科创板		北交所	
	成交量(亿股)	成交额(亿元)	成交量(亿股)	成交额(亿元)	成交量(亿股)	成交额(亿元)	成交量(亿股)	成交额(亿元)	成交量(亿股)	成交额(亿元)
2023—12	5 736.28	57 817.79	5 382.02	52 157.15	2 487.46	40 029.72	318.61	11 136.97	271.51	3 248.43
2023—11	6 087.12	63 959.66	6 381.63	62 290.47	3 349.81	52 882.91	402.67	13 726.86	157.52	1 739.98
2023—10	4 603.13	47 397.62	4 613.31	45 011.16	2 428.33	38 466.81	283.02	9 550.89	13.24	138.17
2023—09	4 945.85	49 861.05	4 665.17	43 856.07	2 333.50	39 264.64	311.47	10 568.84	23.68	243.95
2023—08	7 361.71	70 982.78	6 324.08	57 383.06	2 773.17	48 682.40	348.35	12 177.43	19.72	242.05
2023—07	5 571.67	60 486.05	5 815.68	59 757.39	2 499.39	44 688.02	314.06	12 455.35	23.89	317.79
2023—06	5 497.32	62 168.28	5 218.86	61 490.31	2 873.00	52 128.95	394.49	15 772.69	19.45	324.11
2023—05	6 686.24	68 352.30	4 935.77	54 717.29	2 783.23	48 127.17	360.14	13 894.88	27.13	402.55
2023—04	6 273.95	72 531.26	5 471.26	66 991.96	3 025.59	55 711.95	437.64	21 114.40	12.93	164.94
2023—03	6 844.77	74 754.93	6 186.35	70 961.62	3 051.26	50 847.97	396.61	16 644.52	15.11	147.62
2023—02	5 347.94	60 441.76	6 190.51	67 211.64	2 504.71	39 698.61	271.48	11 590.90	19.45	194.02
2023—01	3 958.04	45 095.35	4 677.23	49 406.59	1 311.54	23 660.81	171.50	7 719.21	8.86	82.37
全年总计	68 779.81	735 516.30	65 533.91	691 850.48	31 268.21	534 992.21	4 029.11	157 305.90	615.51	7 273.59

资料来源:Wind。

(三)全面注册制落地

自党的十八届三中全会提出"推进股票发行注册制改革"以来,我国注册制改革逐步推进。党的二十大报告提出:"健全资本市场功能,提高直接融资比重。"注册制改革作为提高直接融资比重的重要举措,对贯彻落实党的二十大精神具有重要意义。2023 年 2 月 17 日,中国证券监督管理委员会发布了全面实行股票发行注册制的相关制度规则,这标志着资本市场的重大改革。证券交易所、全国股转公司、中国结算、中证金融、证券业协会配套制度规则同步发布实施。相关制度规则的正式落地,标志着覆盖全国性证券交易场所、涵盖各项制度规则、涉及各类公开发行股票行为的全面注册制制度框架基本定型,A 股市场正式迈入全面注册制时代。此次改革的实施,不仅意味着注册制的制度安排已基本定型,也象征着注册制已推广至全市场及各类公开发行股票行为,对中国资本市场改革发展具有里程碑式的意义。

注册制改革的本质在于将选择权交予市场,加强市场和法律的约束力。在核准制向注册制的转变中,最关键的变化是充分实施以信息披露为核心的理念,将核准制下的价值判断尽可能转化为信息披露要求,使得发行上市的整个过程更加规范、透明和可预期。

全面实行注册制的改革是对资本市场基础制度的重大调整,它将引发资本市场生态的全面重构。在发行制度方面,新股定价将更趋向市场化,促使投资者提高防范风险意识,谨慎参与新股申购。对于企业而言,全面实行注册制将进一步提升资本市场在直接融资中的作用,落实党的二十大报告提出的"健全资本市场功能,提高直接融资比重"的重要任务,推动行业快速发展,促进资本市场更好地支持实体经济发展。此外,全面注册制使科技创新企业的融资渠道得到进一步畅通,尤其是对盈利要求的放宽,使更多科创企业能够通过IPO获得充足资金支持研发,有效缓解了企业融资难问题,降低了融资成本,从而有效推动了我国科研创新实力的提升,促进了高新技术产业发展,实现产业链自主可控,助力我国制造业实现高端化发展。

(四)政策组合拳协同发力活跃资本市场

自2023年以来,A股市场整体呈现震荡下行的态势,市场表现承压。面对市场下行压力,2023年下半年,A股市场迎来了一系列政策暖风,旨在活跃资本市场并提振投资者信心。

7月24日,中共中央政治局召开会议,明确提出要活跃资本市场,提振投资者信心。随后,政策层面相继推出一系列综合措施,包括印花税、投资端、融资端、交易端等方面的政策调整,从投资端到交易端,一大批政策先后落地,以协同发力稳定市场,向市场传递了积极的信号。

8月18日,中国证券监督管理委员会(证监会)宣布,指导上海证券交易所、深圳证券交易所、北京证券交易所自8月28日起进一步降低证券交易经手费,以降低投资者交易成本。沪深交易所将A股、B股证券交易经手费从按成交金额的0.004 87%双向收取下调为按成交金额的0.003 41%双向收取,降幅达30%;北交所在2022年12月调降证券交易经手费50%的基础上,再次将证券交易经手费标准降低50%,由按成交金额的0.025%双边收取下调至按成交金额的0.012 5%双边收取。同时,将引导证券公司稳妥做好与客户合同变更及相关交易参数的调整,依法降低经纪业务佣金费率,切实将此次证券交易经手费下降的政策效果传导至广大投资者。

8月27日,财政部和国家税务总局联合发布公告,决定减半征收证券交易印花税。这是自2008年9月以来,A股市场时隔15年后再次下调印花税。同日,上海证券交易所、深圳证券交易所、北京证券交易所发布通知,经证监会批准,对融资融券(两融)交易实施细则进行修改,将投资者融资买入证券时的保证金最高比例由100%下调至80%,并于2023年9月8日收市后实施,旨在进一步提升市场流动性。

与此同时,证券监管部门还积极回应市场关切,对投资者特别关心的量化交易、上市公司分红等问题进行了改革。9月1日,证监会指导证券交易所出台加强程序化交易监管系列举措,标志着我国股票市场正式建立起程序化交易报告制度和相应的监管安排。9月18日,证监会拟对上市公司现金分红规则进行修改,拟进一步对不分红或分红少的公司加强制度约束督促分红,推动进一步优化分红方式和节奏,让分红好的公司得到更多激励,同时也加强对超出能力分红企业的约束等。

除此之外,证监会还推出了一系列政策组合拳,以活跃资本市场。具体措施包括:在一二级市场中统筹平衡优化首次公开募股(IPO)和再融资监管安排,阶段性收紧 IPO 节奏以促进投融资两端的动态平衡;对于金融行业或其他行业的大市值上市公司的大额再融资实施预沟通机制;放宽对房地产上市公司再融资的限制,不受破发、破净值和亏损的限制;进一步规范股份减持行为,以维护市场稳定。

二、2023 年基金市场回顾

(一)基金市场总体情况概述

图 2—2 展示了 2014—2023 年基金市场规模的变化趋势。基金包括开放式基金、封闭式基金、股票型基金、混合型基金、债券型基金、货币市场型基金、另类投资基金、QDII 基金、FOF 基金和 REITs。基金截止日份额呈逐年上涨的趋势,除 2022 年截止日资产净值有所下降外,整体呈逐年上涨态势,基金总数稳步上升。因此,这可以看出基金市场份额和总数的上涨反映的是市场成熟度提高、投资者结构变化和资产管理行业发展的积极信号,而 2022 年资产净值的下降则很可能与当年特殊的市场条件和投资环境有关。

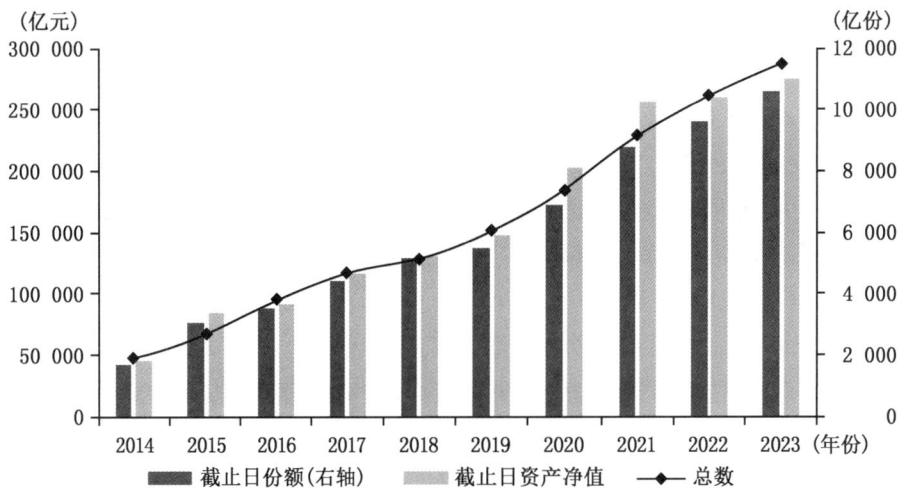

资料来源:Wind。

图 2—2　基金市场规模变化

(二)基金市场总体规模保持增长

截至 2023 年年末,基金市场共计存续 11 514 只基金产品。其中,股票型基金 2 281 只,规模 26 554.91 亿份;混合型基金 4 542 只,规模 34 510.03 亿份;债券型基金 3 469 只,规模 83 644.08 亿份;货币市场基金 370 只,规模 112 766.63 亿份;另类投资基金 58 只,规模 281.29 亿份;QDII 基金 277 只,规模 5 240.94 亿份;FOF 基金 486 只,规模 1 604.96 亿份;REITs 基金 30 只,规模 201.73 亿份。2023 年基金市场概况见表 2—4。

表2-4

表 2—4　　　　　　　　　　　　　　　2023 年基金市场概况

基金类型	数量合计（只）	同比增长（%）	份额合计（亿份）	同比增长（%）	资产净值合计（亿元）	同比增长（%）
股票型基金	2 281	14.34	26 554.914 73	31.30	28 439.912 25	13.91
普通股票型基金	553	4.93	4 471.135 417	1.67	5 813.169 622	−13.14
被动指数型基金	1 465	16.45	20 433.590 76	40.83	20 679.263 82	25.05
增强指数型基金	263	25.24	1 650.188 549	25.30	1 947.478 806	12.16
混合型基金	4 542	5.24	34 510.027 27	−11.15	37 147.066 74	−22.34
偏股混合型基金	2 361	13.18	23 165.178 56	−5.98	22 541.181 13	−20.58
平衡混合型基金	25	0.00	277.434 621 8	−14.90	350.795 528 1	−19.88
偏债混合型基金	747	2.89	3 414.332 829	−34.81	3 629.030 448	−35.30
灵活配置型基金	1 409	−4.73	7 653.081 262	−11.41	10 626.059 64	−20.73
债券型基金	3 469	11.04	83 644.076 7	17.71	90 415.728 76	18.07
中长期纯债型基金	1 891	11.83	54 065.133 77	15.98	56 589.615 58	16.96
短期纯债型基金	337	3.69	9 288.961 027	53.82	10 067.281 18	57.45
混合债券型一级基金	408	5.15	5 994.597 486	13.25	6 851.991 549	12.62
混合债券型二级基金	541	14.86	7 258.818 836	−4.82	8 636.388 59	−8.10
可转换债券型基金	38	0.00	329.093 308 8	28.36	462.201 432 3	23.71
被动指数型债券基金	253	20.48	6 694.960 188	28.26	7 788.629 571	31.38
增强指数型债券基金	1	0.00	12.512 084 33	24.48	19.620 861 43	29.52
货币市场型基金	370	−0.27	112 766.628	7.87	112 780.373 6	7.87
另类投资基金	58	−1.69	281.293 861 3	−3.38	601.086 223 8	17.09
股票多空	23	−4.17	70.623 588 14	−32.01	82.635 062 32	−33.59
商品型基金	35	0.00	210.670 273 1	12.49	518.451 161 4	33.30
QDII 基金	277	24.77	5 240.939 861	39.94	4 184.816 05	27.30
国际（QDII）股票型基金	180	36.36	4 751.834 28	42.65	3 552.829 678	31.62
国际（QDII）混合型基金	54	14.89	291.021 080 6	−0.31	416.810 304 9	−10.78
国际（QDII）债券型基金	25	0.00	165.138 974 3	99.45	184.738 190 4	106.26
国际（QDII）另类投资基金	18	0.00	32.945 525 93	−16.02	30.437 876 95	−3.22
FOF 基金	486	28.23	1 604.955 911	−15.09	1 554.734 476	−19.32
股票型 FOF 基金	8	0.00	12.428 504 59	−27.42	9.764 940 658	−34.91
混合型 FOF 基金	461	28.06	1 546.052 123	−15.61	1 497.779 601	−19.94
债券型 FOF 基金	17	54.55	46.475 283 95	12.92	47.189 934 21	14.60
REITs	30	25.00	201.733 553	34.49	977.336 407	27.28
其他	1	0.00	0.299 959 154	0.00	30.785 222 21	1.15
全部基金	11 514	9.75	264 804.869 8	9.99	276 131.839 8	6.02

资料来源：Wind。

（三）基金发行市场整体平淡,结构以债券型为主导

在规模稳步增长的背后,公募基金在 2023 年也经历了许多结构性变化。特别是由于市场持续震荡,赚钱效应偏弱,基金新发市场整体出现平淡态势。截至 2023 年年末,全年共有 1 269 只新基金产品发行成立,合计募集资金 1.15 万亿元。较 2022 年 1 510 只的发行数量和 1.48 万亿元的发行规模相比,2023 年新成立基金数量和规模分别缩水 15％和 22％。2023 年新发行基金份额见图 2-3。

图2-3

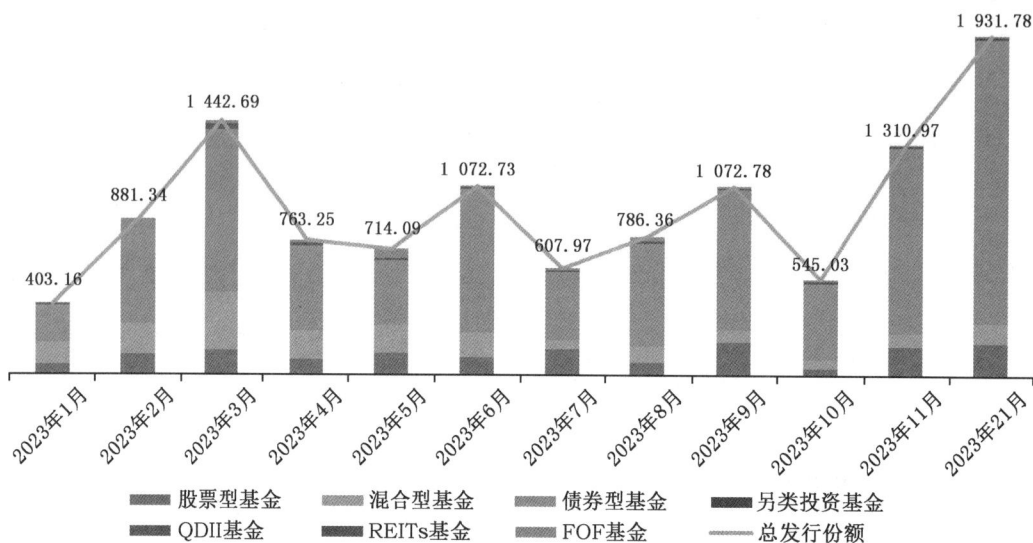

资料来源:Wind。

图 2-3　2023 年新发行基金份额(亿份)

从产品结构来看,新发基金呈现出显著的"债强股弱"特征。按照发行份额占比计算,在 2023 年以来新发行的基金中,权益类基金(股票型基金和混合型基金)的占比仅为 25.94％,债券型基金占比则高达 70.84％。

从发行机构来看,公募行业分化趋势也日益凸显。头部基金公司在新基金发行市场占据重要地位,其中易方达、广发、华夏等管理规模居前的 20 个大基金公司合计发行 578 只产品,占比达 49％;这些基金公司总发行总份额 4 818.58 亿份,占比 47％。同时,也有部分中小型基金公司今年以来发行极少或并未发行任何基金产品。

分类型看,2023 年内新发股票型基金 346 只,新发规模 1 426.35 亿元;混合型基金 360 只,新发规模 1 530.57 亿元;债券型基金 377 只,新发规模 8 198.63 亿元;另类投资基金 2 只,新发规模 0.28 亿;QDII 基金 60 只,新发规模 106.08 亿元;REITs 基金 6 只,新发规模 36 亿元;FOF 基金 118 只,新发规模 234.24 亿元。整体来看,债券型基金的新发规模最大,占比 71.09％。

在基金发行遇冷的背景下,2023 年以来,越来越多的基金公司和销售渠道开始重视存量基金的持续营销,"重首发轻持营"的问题得到一定程度缓解。

（四）ETF 成为亮点

虽然股市低迷、权益类基金发行遇冷，但投资者"越跌越买"和基金公司发力布局形成合力，共同推动了 ETF 市场爆发式增长。2023 年指数类产品，尤其是 ETF 基金逆市突出重围，Wind 数据显示，截至 12 月 31 日，全市场 ETF 数量增加到 897 只，总份额突破 2 万亿份，创下历史新纪录。截至 12 月末，全部 ETF 数量同比增长 17.56%，份额同比增长 39.63%，资产净值同比增长 27.18%。同时，2023 年 ETF 申报发行聚焦先进制造、数字经济、绿色低碳等支持国家战略发展的重点领域，旨在为金融支持实体经济高质量发展提供长期驱动，形成科技、资本与实体经济高水平循环的生态圈。2023 年 ETF 市场概况参见表 2－5。

表 2－5　　　　　　　　　　　　　2023 年 ETF 市场概况

基金类型	数量合计（只）	同比增长（%）	份额合计（亿份）	同比增长（%）	资产净值合计（亿元）	同比增长（%）
股票型 ETF	725	21.04	13 713.47	52.77	14 547.455 0	35.83
规模指数 ETF	209	29.81	5 735.27	73.62	8 424.120 5	47.80
行业指数 ETF	82	22.39	2 738.11	26.21	2 101.780 2	11.91
策略指数 ETF	38	31.03	263.19	118.28	402.898 2	81.56
风格指数 ETF	9	50.00	20.59	－42.47	16.073 6	－52.50
主题指数 ETF	387	15.18	4 956.31	48.08	3 602.582 6	25.24
债券型 ETF	19	11.76	20.73	78.86	801.521 7	51.43
商品型 ETF	17	0.00	71.34	20.05	305.642 1	39.12
货币型 ETF	27	0.00	2 054.88	－24.68	2 069.703 1	－24.92
跨境 ETF	108	36.71	4 306.71	61.82	2 797.172 3	46.33
其他	1	－95.83	0.79	－89.13	0.432 8	－94.88
全部 ETF	897	17.56	20 167.92	39.63	20 521.927 0	27.18

资料来源：Wind。

新发基金市场也被 ETF 抢尽风头。科创 100、中证 2000 以及深证 50 等宽基指数 ETF 的擂台赛，吸引了多家头部基金公司同台竞技，在发行冰点期依旧销售火爆，华夏上证科创板 100ETF 首募规模达到 38.95 亿元，博时上证科创板 100ETF、易方达深证 50ETF、富国深证 50ETF 等首募规模均超过 20 亿元。

整体来看，全市场 ETF 的基金份额较 2023 年年初增长了约 40%。需要指出的是，ETF 呈现出的"风向标"特征，并不在于份额持续增加本身，更多是份额在行情低迷之下的逆势增长，呈现出资金"越跌越买"的特征。

（五）外资布局公募基金提速

8 月 24 日，安联基金拿到中国公募牌照，成为第 9 家获准在中国开展公募基金管理业务的外商独资基金管理公司。今年年初，施罗德基金和联博基金也获批。此外，贝莱德基金、摩根士丹利基金、富达基金、路博迈基金等多家外资基金近期纷纷扩充了中国公募公司的注册资本金，并发行新基金。目前，我国的外商独资基金公司已达 9 家，分别为贝莱德、宏利、富达、路博迈、施罗德、联博、摩根、摩根士丹利基金、安联基金，其中有 6 家为外资新设公募基金，宏利、摩根、摩根士丹利基金原为中外合资公募，通过股权转让方式，成为外商独资基金公司。

自 2020 年 4 月 1 日取消外资股比限制政策落地以来，国际知名资管机构加速布局中国公募市场。2020 年，贝莱德率先斩获首张国内外资公募牌照；2021 年，富达基金和路博迈基金先后获批，并在 2022 年拿到了证监会颁发的公募基金业务许可证。短短三年的时间，海外资管巨头通过新设或股权变更两种方式"跑步"布局中国公募市场。

三、2023 年债券市场回顾

（一）债券市场总体情况概述

图 2—4 展示的是 2014—2023 年债券发行规模和债券发行只数的变化趋势。债券发行规模和发行只数的变化趋势反映了资本市场动态平衡的过程，既有宏观经济周期和政策导向的作用，也有市场参与者行为和风险偏好的影响。债券发行规模整体呈稳步上升态势，债券发行只数在 2022 年有所下降，整体呈增长趋势。2022 年债券发行只数出现的下降可能与全球经济形势、金融市场监管收紧、信用风险担忧加剧等因素有关，企业在面临不确定性和风险管理压力时可能会减少发债只数。

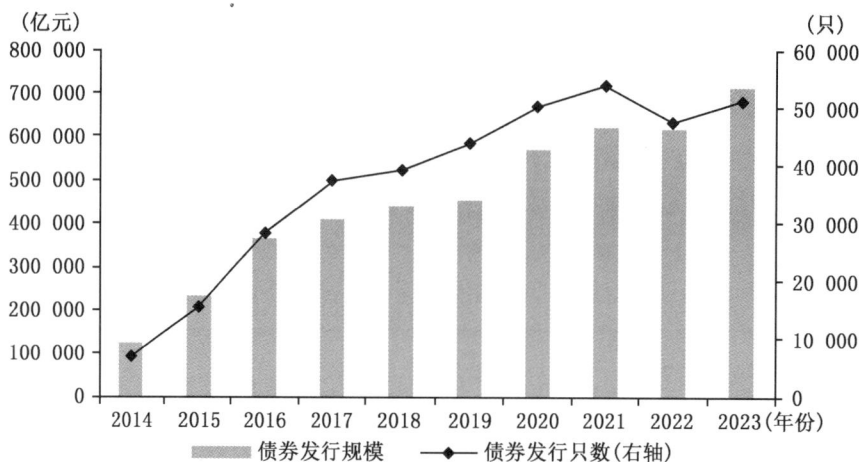

资料来源：Wind。

图 2—4 债券发行规模和只数

（二）债券市场规模稳定增长

2023 年，我国宏观政策坚持"稳字当头、稳中求进"的总基调，面对需求不足的挑战，适时加大调控力度，推动经济运行持续回升向好，高质量发展扎实推进，债券市场整体运行稳定，发行增速由负转正，发行规模创历年新高。多数券种发行规模超过上年，其中利率债发行持续稳步增长，同业存单、金融债和传统信用债券的发行规模均较上年有不同程度的增长,资产支持证券则继续下滑但降幅收窄。债券市场改革进一步深化,统一监管迈出重要一步,相关政策陆续发布,优化民企融资,聚焦乡村振兴、区域协调发展等重点领域,加大科技、绿色产品等创新支持力度;在高水平双向开放持续推进,政策配套与制度安排继续完善的背景下,熊猫债发行热度显著提升。

2023 年,我国债券市场运行平稳,发行量呈现增长趋势。债券市场共发行各类债券 71.0 万亿元,同比增长 15.45%。从具体类别来看,国债、地方政府债、政策性银行债、商业银行债券是发行量较大的四类券种,占比分别为 41%、35%、19% 和 3%,合计达 97%。其中,国债发行 11.1 万亿元,同比增长 14.18%;地方政府债发行 9.33 万亿元,同比增长 26.78%;政策性银行债发行 5.88 万亿元,同比增长 0.66%;商业银行债发行 1.32 万亿元,同比增长 9.39%。

其他券种发行量占比较小,发行增速均有不同程度下降。政府支持机构债券发行 0.19 万亿元,同比下降 30.07%;企业债券发行 0.20 万亿元,同比下降 45.61%。

截至 2023 年末,债券市场托管余额 157.9 万亿元,同比增长 9.1%,其中银行间债券市场托管余额 137.0 万亿元,交易所市场托管余额 20.9 万亿元。商业银行柜台债券托管余额 577.5 亿元。具体数据参见表 2—6。

表 2-6 表2-6

类别	2023 年发行只数(只)	2022 年发行只数(只)	同比增长(%)	2023 年发行额(亿元)	2022 年发行额(亿元)	同比增长(%)
国债	190	183	3.83	111 010.4	97 222.7	14.18
地方政府债	2174	2 145	1.35	93 253.684 6	73 555.790 5	26.78
央行票据	12	12	0.00	600	600	0.00
同业存单	26 892	25 761	4.39	256 936	204 913.8	25.39
金融债	2026	1 792	13.06	99 891.48	94 410.06	5.81
政策银行债	881	896	−1.67	58 790.3	58 404.8	0.66
商业银行债	183	159	15.09	13 195	12 062.17	9.39
商业银行次级债券	124	139	−10.79	11 157.9	11 941.55	−6.56
保险公司债	23	11	109.09	1 121.7	224.5	399.64
证券公司债	501	347	44.38	10 466.63	7 109.74	47.22
证券公司短期融资券	285	223	27.80	4 529.7	3 988.3	13.57
其他金融机构债	29	17	70.59	630.25	679	−7.18
企业债	269	484	−44.42	2 007.8	3 681.3	−45.46
一般企业债	269	484	−44.42	2 007.8	3 681.3	−45.46
集合企业债	0	0	—	0	0	—
公司债	4 863	3 646	33.38	38 553.947 8	30 984.844 75	24.43
一般公司债	1347	2 247	−40.05	14 497.36	16 163.754 75	−10.31

类别	2023年发行只数（只）	2022年发行只数（只）	同比增长（％）	2023年发行额（亿元）	2022年发行额（亿元）	同比增长（％）
私募债	3 516	1 399	151.32	24 056.587 8	14 821.09	62.31
中期票据	3 191	2 654	20.23	29 666.47	27 994.3	5.97
一般中期票据	3 191	2 654	20.23	29 666.47	27 994.3	5.97
集合票据	0	0	—	0	0	—
短期融资券	5 217	4 985	4.65	48 390.156	49 560.38	−2.36
一般短期融资券	702	557	26.03	5 290.705	5 123.3	3.27
超短期融资债券	4 515	4 428	1.96	43 099.451	44 437.08	−3.01
定向工具	1 224	1 099	11.37	7 513.777	6 766.455	11.04
国际机构债	9	5	80.00	210	165	27.27
政府支持机构债	21	25	−16.00	1 930	2 760	−30.07
资产支持证券	4 782	4 499	6.29	18 755.343 45	20 133.970 78	−6.85
交易商协会 ABN	628	381	64.83	3 212.153 249	3 567.337 804	−9.96
证监会主管 ABS	3667	832	340.75	12 057.999 96	4 685.919 207	157.32
银保监会主管 ABS	487	3286	−85.18	3 485.190 246	11 880.713 77	−70.67
可转债	141	149	−5.37	1 411.602 287	2 200.929 96	−35.86
可分离转债存债	0	0	—	0	0	—
可交换债	29	36	−19.44	334.062	422.94	−21.01
合计	51 040	47 475	7.51	710 464.723 1	615 372.471	15.45

资料来源：Wind。

（三）债券收益率整体震荡下行

2023年末，1年、3年、5年、7年、10年期国债收益率分别为2.08％、2.29％、2.40％、2.53％、2.56％，分别较2022年末下行2个、11个、24个、29个、28个基点。2023年末，中债国债总指数收盘价为224.5，较2022年末上涨10.8；中债新综合全价指数收盘价为124.6，较2022年末上涨2.5。

从年内走势看，债券收益率可分为四个阶段。

1—2月，债券收益率上升。主要原因：一是国内疫情积压需求释放，经济数据好于预期，制造业投资边际增强，消费明显回升。1月新增信贷创历史新高，显示企业融资需求旺盛，投资者对国内经济复苏的预期较强，压制债市做多情绪。二是1月MLF增量平价续作，市场降息预期落空。三是资金利率中枢抬升，投资者情绪趋于谨慎。四是市场风险偏好回升，A股表现较好，施压债市。10年期国债收益率最高升至1月28日的2.93％附近，创2021年11月15日以来新高。

3—8月,债券收益率趋势性下行。主要原因:一是经济内生动能不足,基本面弱于预期。包括PMI、CPI、工业生产、投资和消费等数据多数时间全面不及预期,加之房地产行业对经济的拖累日益加重,投资者对未来经济预期悲观。二是银行持续下调存款利率。4月上旬多家中小银行跟着国有行下调存款挂牌利率,5月市场利率定价自律机制下调银行协定存款及通知存款利率自律上限:四大行下调30BPs,其他金融机构降50BPs,6月六大国有银行集体宣布再度下调存款挂牌利率,活期存款利率下调5BPs,2年期定期存款利率下调10BPs,3年期、5年期定存利率均下调15BPs。三是央行6月和8月两次超预期降息,7天逆回购操作利率和1年期MLF分别累计降息20BPs、25BPs至1.80%、2.50%,市场宽货币预期升温,刺激债市做多情绪。四是资金面较为宽松,市场加杠杆购债力量较强。5—8月DR007均值降至1.80%~1.90%,质押式回购日均成交量多数时间在7.3~8.0万亿元,刷新历史新高。其中,隔夜回购成交占比5—8月多数时间在90%附近,说明机构大量通过"滚隔夜加杠杆"购债,支撑债市牛市行情。10年期国债收益率最低在8月21日下行至2.54%,创2020年5月以来新低,处在2002年以来的1.1%分位数。

9—11月,债券收益率低位反弹,主要原因:一是经济基本面预期有所改善。我国三季度GDP同比增长4.9%,高于预期4.5%,加之工业增加值、社会消费品零售总额数据高于预期,经济有所回升,压制债市做多情绪。二是地方政府特殊再融资债券密集发行,累计规模达1.4万亿元。加之十四届全国人大常委会第六次会议批准四季度增发1万亿元国债,引发市场对债券供给压力的担忧。三是11月17日金融机构座谈会要求加强信贷均衡投放,加之深圳松绑二套房贷政策、银行地产贷款"三个不低于"、扩围房企白名单等多项地产金融放松政策的消息流传,市场宽信用预期增强。四是全国人大审议金融工作报告提到金融空转问题,央行增量平价续作MLF,市场降息预期落空。五是资金面趋紧,资金利率中枢上移,同业存单1年期利率11月20日升破2.60%关口,最高升至11月27日的2.66%,市场担忧银行未来的中长期资金缺口拉大,对后市流动性预期不乐观,促使投资者抛售债券。

12月,债券收益率回落。随着国股行1年期存单利率冲高回落,加之公布的11月经济数据多弱于预期,12月22日银行1年及以内、2年、3年、5年期的定期存款挂牌利率分别下调10BPs、20BPs、25BPs、25BPs。债市情绪明显回暖,债券收益率回落,10年期国债收益率最低降至12月25日的2.57%,创2023年9月以来新低。

(四)债券市场投资者结构保持多元化

2023年末,按法人机构(管理人维度)统计,非金融企业债务融资工具持有人共计2 162家。从持债规模看,前50名投资者持债占比50.6%,主要集中在公募基金、国有大型商业银行、股份制商业银行等;前200名投资者持债占比82.1%。单只非金融企业债务融资工具持有人数量最大值、最小值、平均值和中位值分别为57、1、13、12家,持有人20家以内的非金融企业债务融资工具只数占比为88%。从交易规模看,2023年,非金融企业债务融资工具前50名投资者交易占比62.4%,主要集中在证券公司、基金公司和股份制商业银行;前200名投资者交易占比89.8%。交易所债券市场上没有明显的投资主导者,投资者主体的分散性与多元化,能够反映投资者不同的利益需求,形成真实定价。同时,多元化的投资者结构有利于构筑更加完善的收益率曲线结构,助推债券市场长期健康发展。

四、2023 年期货市场回顾

(一)期货市场总体情况概述

图 2—5 展示了 2002—2022 年期货市场成交量和成交额的变化趋势。期货市场成交额在 2015 年出现大幅度增长后又下降,2017 年起又呈稳步上升趋势。期货市场成交量在 2017 年下降,从 2019 年起骤然呈上升趋势。2015 年,中国期货市场经历了一系列重大改革,包括新品种上市、保证金制度改革、交易规则改进等,这些都可能导致市场交易活跃度短期内大幅提升,从而推高成交额。然而,同年中国股市出现了较大波动,政府为稳定金融市场采取了严格的调控措施,这可能波及期货市场,使成交额在后期出现回落。随着全球经济逐渐企稳,特别是某些商品期货的价格波动重新变得活跃,投资者信心回升,投机和套利交易活跃度提高,从而带来了成交量的快速增长。

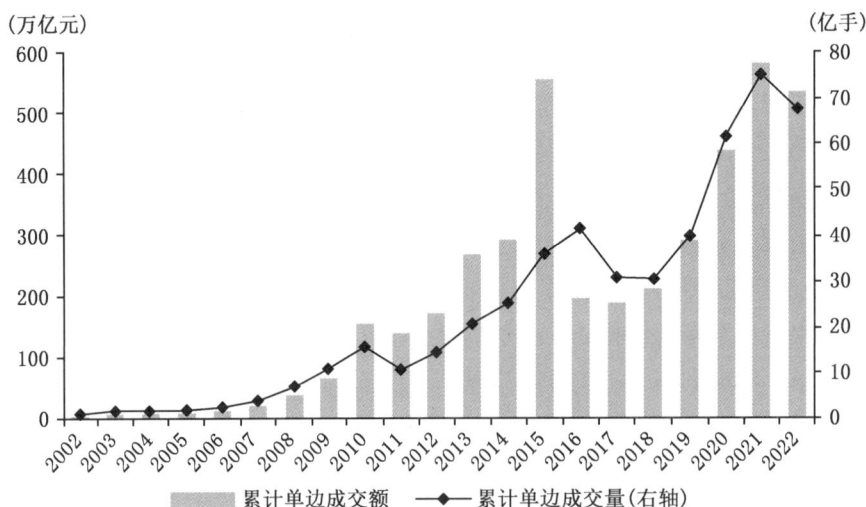

资料来源:Wind。

图 2—5 中国期货市场成交量和成交额

(二)期货市场规模稳步增长

2023 年,国内期货市场成交 85.01 亿手(单边,下同)和 568.5 万亿元,同比分别上升 25.60％和 6.28％。分交易所来看,上海期货交易所成交 20.6 亿手和 151.3 万亿元,同比分别上升 13.02％和 7.11％,市场占比分别为 24.24％和 26.61％。上海国际能源交易中心成交 1.66 亿手和 35.91 万亿元,同比分别增长 38.36％和－10.32％,分别占全国市场的 1.96％和 6.32％。郑州商品交易所成交 35.33 亿手和 128.41 万亿元,同比分别上升 47.35％和 32.58％,分别占全国市场 41.56％和 22.59％。大连商品交易所成交 25.08 亿手和 113.62 万亿元,同比分别上升 10.25％和－8.17％,分别占全国市场的 29.51％和

19.99%。中国金融期货交易所成交1.68亿手和133.17万亿元,同比分别增长10.85%和0.10%,分别占全国市场的1.98%和23.42%。广州期货交易所成交6 473.18万手和6.09万亿元,同比分别增长33 329.62%和38 360.14%。具体数据参见表2-7。

表2-7 2023年期货交易情况

交易所名称	今年累计成交总量(手)	同比增减(%)	今年累计成交总量占全国份额(%)	今年累计成交总额(亿元)	同比增减(%)	今年累计成交总额占全国份额(%)
上海期货交易所	2 060 693 705	13.02	24.24	1 513 012.21	7.11	26.61
上海国际能源交易中心	166 264 138	38.36	1.96	359 131.26	-10.32	6.32
郑州商品交易所	3 532 952 087	47.35	41.56	1 284 087.19	32.58	22.59
大连商品交易所	2 508 333 822	10.25	29.51	1 136 246.93	-8.17	19.99
中国金融期货交易所	168 340 048	10.85	1.98	1 331 698.71	0.10	23.42
广州期货交易所	64 731 782	33 329.62	0.76	60 920.41	38 360.14	1.07
全国期货市场总计	8 501 315 582	25.60	100.00	5 685 096.72	6.28	100.00

资料来源:Wind。

(三)期货品种创新加速推进

自2022年8月《期货和衍生品法》正式施行以来,期货市场迎来了显著的发展和变化。该法律的实施标志着期货品种上市实行注册制,使得新品种上市的时间和流程明显缩短,期货市场的创新步伐大幅加快。到2023年,期货市场累计上市了21个新的期货期权品种,上市节奏明显提速,总品种数量达到131个,涵盖了农产品、金属、能源、化工、航运、金融等国民经济的主要领域,大大增强了期货市场服务实体经济的能力。

2023年上市的新品种中,有几个值得特别关注的亮点。例如,7月在广东期货交易所上市的碳酸锂期货和碳酸锂期权,这是全球首个以实物交割的碳酸锂期货品种,不仅服务于新能源产业链,助力绿色产业的健康发展,还是我国争取锂资源国际定价权的重要突破口。上海期货交易所成功推出的低硫燃料油期货,则助力船供油市场从高硫向低硫转换,践行了"双碳"战略。此外,集运指数(欧线)期货是我国首个服务类期货品种,也是我国首个在商品期货交易所上市的指数类、现金交割的期货品种,因其创新性而备受瞩目。

在衍生品领域,30年期国债期货和科创50ETF期权等新品种的上市,为投资者提供了更高效的风险管理工具。权益类产品已覆盖了四大类宽基指数和1 800只股票。随着30年期国债期货的上市,市场已经覆盖了从短端到超长端的各关键期限国债,形成了完整的国债收益率曲线。

总的来说,品种上市的提速和创新步伐的加快,不仅丰富了市场的品种,建立了更加完备的产品体系,也促进了交易、交割等相关环节制度的持续优化,为产业上下游提供了更加丰富全面的风险管理工具,推动了期货市场的健康发展。

(四)行业监管进一步完善

期货市场的高质量发展离不开健全的期货交易所制度。2023年5月1日起施行的《期货交易所管理办法》进一步压实了期货交易所的职责,成为期货市场重要的发展里程碑。这一管理办法的实施,标志着我国期货市场监管体系的进一步完善,为期货市场的健康发展提供了更加坚实的制度保障。

近年来,期货交易所通过不断探索和完善中国特色的期货监管制度和业务模式,有效保障了市场的平稳运行。期货市场的核心功能,如价格发现、风险管理和资源配置,得到了进一步的发挥。通过丰富产品体系、优化产品规则,期货市场吸引了更多的经营主体参与,提升了市场的运行质量。

特别是在 2023 年,各家期货交易所通过优化交割布局和创新交割规则,进一步提升了服务实体经济的能力。例如,上海期货交易所将 15 个重点品种的资金和货物流转时间缩短,由连续 3 个工作日缩短至 2 个工作日;大连商品交易所在东北等产销区增设了玉米交割库,引导产业资源集聚;郑州商品交易所推出了可以在多个交割库使用的通用仓单,降低了精对苯二甲酸(PTA)等商品跨地区运输的时间和资金成本;红枣期货在全国共设置了 13 个交割仓库,其中新疆 10 个、河北 2 个、河南 1 个。这些措施都有助于提高市场效率,更好地服务实体经济。

此外,为了规范衍生品交易及相关活动,提高市场透明度,防范和化解市场风险,中国证监会在 2023 年 3 月发布了《衍生品交易监督管理办法(征求意见稿)》,并于 11 月 17 日发布了第二次征求意见稿。同时,证监会还修订了《期货从业人员管理办法》等相关规定,积极保障参与各方的合法权益,为期货市场的健康发展提供了更加完善的法律和监管框架。

第二节 2024 年金融投资展望

一、2024 年股票市场展望

(一)全面注册制改革不断走深走实,完善市场自身平衡调节机制

2024 年是全面实行股票发行注册制改革的第二年,面临着如何更好地实现市场供需平衡及一、二级市场之间的均衡发展这一重要问题。在持续提升市场包容性的基础上,全面注册制改革预计将从以下三个方面进一步深化和实施。

首先,引导市场参与主体全面认识上市和退市行为。需要综合施策,改变目前一些地方政府过分注重上市公司数量而忽视上市公司持续发展的现象。同时,消除社会对上市公司的盲目崇拜和对退市企业的歧视,推动企业更多地从自身发展需要出发,合理选择资本运作行为。

其次,持续加大退市制度改革力度。自注册制改革以来,我国已相继完善了与强制退市相关的制度安排,但主动退市和市场化退市仍明显不足。预计 2024 年将进一步推动退市常态化发展,在退市指标的设计上,有望根据不同板块、不同上市条件的差异设定与上市标准相呼应的退市指标标准。在退市方式上,除被动退市外,与并购重组等主动退市相关的制度

安排有望进一步完善。在退市过程中的投资者保护上,示范判决机制和先行赔付制度有望进一步推广和细化。

最后,深化不同市场、不同板块之间的差异,引导交易所错位差异化发展。在强化科创板服务硬科技、创业板服务"三创四新",以及北交所服务"专精特新"的差异化定位基础上,引导上市公司合理选择上市板块和上市市场,在确保常态化发行上市的基础上,根据资本市场运行情况动态调节上市发行节奏。

通过以上措施,预计能够进一步促进股票发行注册制改革的深化,实现市场供需平衡,促进一、二级市场之间的均衡发展,为资本市场的健康发展提供有力支撑。

(二)持续提升上市公司质量

优质上市公司是资本市场价值创造的重要源泉。2024年证监会系统工作会议明确提出,"大力推动提升上市公司的可投性",也列举了一些举措,包括更加积极开展回购注销、现金分红,强化上市公司回报投资者意识,研究从信息披露角度加大对低估值上市公司的约束等。前期,减持新规、再融资新政与破发、破净指标挂钩,也一定程度表明监管的引导之意。2024年,作为深化新一轮提高上市公司质量三年行动方案(2022—2025年)的关键年,将重点聚焦于上市公司治理、信息披露和上市公司结构三个方面的改革。

在公司治理方面,继前期健全独立董事规则的基础上,预计将进一步加大推进党的领导与现代企业制度的融合。同时,引导社保基金、养老基金等中长期机构投资者积极参与上市公司重大事项的决策,践行积极股东主义。此外,推进上市公司业绩说明会常态化,特别是督促国有大型上市公司加强与投资者的沟通,以提高公司治理水平。

在信息披露方面,持续引导上市公司提高信息披露的及时性和有效性,重点是加大关键信息的披露力度,减少冗余信息的披露,提升信息披露的易得性和易解性。同时,加强首发与持续信息披露之间的衔接,以提高市场透明度和效率。

在上市公司结构方面,资本市场将持续加大对科技创新、绿色转型和数字化等领域优质企业的支持力度。鼓励国有企业将更多优质资产注入上市公司,利用资本市场进行业务整合,同时给予民营企业平等的机会获取资本市场服务,以优化上市公司结构,提升整体质量。

总体而言,通过这些改革措施,预计能够进一步提升上市公司的质量,促进资本市场的健康发展,为实体经济提供更加有效的资本支持。

(三)综合发力,保障市场平稳运行

为快速提振投资者信心,2024年资本市场改革发展将以维护资本市场平稳运行为前提基础。在前期优化融资融券制度、动态调节发行节奏及优化量化基金交易机制的基础上,预计将从以下三个方面综合施策。

首先,持续优化完善分红、回购、增持等制度安排。进一步引导上市公司合理稳健分红,引导有条件的上市公司加大股份回购注销的力度,鼓励有条件的上市公司在二级市场持续增持。这些措施旨在切实提升上市公司每股盈利水平,提升上市公司投资价值,从而增强投资者对市场的信心。

其次,加强非金融政策与金融政策之间的协调性。防止个别行业的政策调整引发市场剧烈波动,对可能导致市场预期不稳的政策及时进行纠偏。这一措施有助于维护市场的稳定性和预测性,从而增强投资者的信心。

最后,持续加大国有资本权益投资的比重。鼓励引导国有金融资本投资运营平台、社保基金等持续加大申购主要股指 ETF,放宽社保基金、养老金等中长期资金投资权益资产的比重。这些措施旨在持续向市场注入流动性,从而提振投资者信心。

二、2024 年基金市场展望

自 2023 年 7 月起,中国证监会陆续发布了公募基金费率改革的详细工作计划,标志着公募基金费率改革正式启动。改革分为两个阶段:第一阶段主要针对主动权益类基金,规定新注册的产品管理费率和托管费率不得高于 1.2% 和 0.2%。这一举措旨在降低投资者的投资成本,提升投资者的收益。第二阶段的改革内容更为全面,包括四个方面:一是合理调降公募基金的证券交易佣金费率;二是降低证券交易佣金分配比例上限;三是强化公募基金证券交易佣金分配行为监管;四是明确公募基金管理人证券交易佣金年度汇总支出情况的披露要求。这些措施旨在进一步降低投资者的交易成本,增加投资者的透明度。

与此同时,在公募基金费率改革的大背景下,新的业务形式也陆续登场。8 月 26 日,证监会官网显示,首批与基金规模挂钩、与基金业绩挂钩、与投资者持有时间挂钩的浮动费率产品获批。这些新产品的出现,进一步丰富了公募产品谱系,为投资者提供了更多元的选择。

一方面来看,费率改革让公募基金的盈利空间受到一定挤压,基金公司面临着优化经营效率,持续改进产品及服务,满足投资者需求的新课题。我国基金公司"马太效应"显著,大型基金公司由于规模效应,固定成本率下降,本次降费对其影响较小。而对于中小基金公司,本次降费加大了中小基金公司的营收压力,或将挤压其存活空间。但同时也提高了行业竞争力度,倒逼中小规模的基金公司,发展特色的、差异化的基金产品结构。这些都将有利于提升基金行业产品和业务创新力度,从而构建中国公募基金行业优胜劣汰、进退有序的行业生态。

另一方面,从中长期来看,全面优化公募基金费率改革,让利于投资者,有利于持续推动公募基金行业的高质量发展。公募基金行业收入增长远高于成本的增长,相对基金投资者,当前基金管理人和托管人在行业的收益分配中占有明显的优势。行业的收益分配机制已经无法足够公平体现各核心参与者的利益公平。市场对行业费率结构的讨论不断深化,对费率改革的诉求不断增强。当前行业下调费率正当其时,也是落实基金行业高质量发展关于提高居民获得感的重要举措。基金公司需要做好新产品的发行准备,设计多样性的费率,满足不同投资者的不同需求,更好地提升投资者的持有体验。

三、2024 年债券市场展望

在一系列政策举措的推动下,我国房地产市场和地方债务风险压力有所缓解。然而,考虑到历史因素的影响,房地产和地方债务风险的化解将是一个持续过程,很难在短期内彻底解决。

2024年,资本市场将继续发挥其资源配置效应,以资产质量为衡量标准,一视同仁地满足不同所有制房地产企业的合理融资需求。市场将充分运用股权融资、债券融资、资产证券化及REITs等多种工具,满足优质房地产企业及项目的合理需求。同时,在规范引导下,基于信用评级为地方融资平台提供合理的融资支持,确保城投债市场平稳运行,防止信用风险在二级市场持续发酵,进而引发不同金融市场之间的风险交叉传染。

中央金融工作会议提出要促进债券市场的高质量发展。预计2024年债券市场情绪与价格都有望呈现正常化趋势。在经济增速回升基础尚未稳固的背景下,预计货币政策中性偏宽松的定调不会改变。未来将更加注重跨周期与逆周期调节,更加强调与财政政策的配合。财政收入是顺周期变量,财政支出作为逆周期调节工具的可能性较大,中央加杠杆的操作也暗示2024年"宽财政"或将提前发力,但仍需持续关注财政政策控制新增债务和化解隐性债务的实际效果。

2023年三季度货币政策报告提出要"统筹衔接年末年初的信贷工作",表明资金压力仍然存在,不排除提前扩张信贷的可能性。短期来看,尽管增发1万亿国债对于需求提振作用有限,但稳地产、宽信用预期的不断强化,仍旧对债市情绪形成扰动,且叠加平滑信贷要求以及跨年资金需求,资金波动预期可能升温,给债市带来一定压力,债市收益率或将维持窄幅波动,但上行风险可控。

在稳中求进、以进促稳的宏观政策基调下,我国将不断巩固稳中向好的经济基础,稳健的货币政策灵活适度、精准有效,为实体经济融资和发展提供支持,债券市场发行规模将保持平稳增长,但结构将有所调整。具体来看,多省份相继披露一季度新增地方政府债发行计划,地方政府债券发行于年初拉开帷幕,"一揽子化债方案"下特殊再融资债券有望继续发行;做好"五篇大文章"为推进金融高质量发展指明方向,科技创新、绿色发展等相关创新品种将进一步深化以服务国家重大战略;坚持不懈抓好"三农"工作,乡村振兴债券将继续助力农业强国建设;从稳定供给端到提振需求端,支持房地产行业平稳健康发展政策频出,房企合理融资需求将得到有效满足;地方政府债务风险化解持续推进,城投企业融资监管审核趋严,市场化转型要求下,城投债发行将受到一定影响。

四、2024年期货市场展望

我国经济发展在"稳中求进"的基础上,强调"以进促稳""先立后破",首次提出"金融强国"的建设目标,坚定不移走中国特色金融发展之路。随着监管政策和法规的完善,我国期货市场的创新发展正在加速。展望2024年,期货行业的发展机会将主要来源于服务实体经济的深度、广度以及服务能力的提升,期货市场发展势头向好,业务创新步伐或迎提速;品种注册制全面落地,多样化期货品种上市成为业内共同期许;坚持完善监管体制机制,稳慎发展期货和衍生品市场;加快期货行业数字化转型,以科技创新引领现代化产业体系建设成为必然趋势；创新服务绿色发展、多元化业务服务实体经济功能纵深推进，期货行业高质量发展成为未来主题。期货公司的专业化、特色化和信息化将更加突出，未来期货公司将继续演绎强者恒强的规则，其衍生品综合服务提供商的发展内涵将越来越丰富。

期货公司需要立足于服务实体经济，聚焦主责主业，围绕期货市场功能性的有效发挥，进一步支持国家重大战略、重点领域和薄弱环节的发展。《期货和衍生品法》的正式实施将衍生品交易纳入法律调整范围，为期货市场的健康发展提供了法律基础。但目前具体实施细则方面还未明确，《期货公司监督管理办法》的修订也尚未正式落地，这涉及场外业务、做市业务回归母公司，期货公司的跨境业务开展等行业重点关注问题。

2024 年，随着相关业务的实施细则逐步出台，期货公司将迎来新的发展方向和机遇。期货经营范围的拓展、做市业务和场外衍生品业务回归母公司、自营交易、期货保证金融资业务的试点开启，这些都将为期货公司锻造实打实的衍生品交易能力、提供一对一的风险管理服务奠定法律基础，加速发挥期货行业在金融生态中独特的价格发现、风险管理和资源配置功能。期货公司的服务能力也将进一步增强，为实体经济的发展提供更加有效的支持。

第三章

平稳发展中的国际投资

2023 年中国实际使用外资 1.1 万亿元,为历史第三高,规模稳居全球前列。引资结构持续优化,高技术产业、制造业引资占比都有提升;新设外资企业近 5.4 万家,增长 39.7%。对外直接投资平稳发展,已连续 11 年位居全球第三。2023 年对外直接投资 9 169.9 亿元,增长 16.7%。

第一节 2023—2024 年中国外商直接投资回顾与展望

一、2023 年中国对外直接投资态势分析

(一)总体情况概述:规模略有减少但依旧保持稳健

2023 年是全面贯彻党的二十大精神的开局之年。面对复杂严峻的国际环境和艰巨繁重的国内改革发展稳定任务,党中央、国务院决策部署,坚持稳中求进工作总基调,完整、准确、全面贯彻新发展理念,加快构建新发展格局,着力推动高质量发展,全面深化改革开放,加大宏观调控力度,着力扩大内需、优化结构、提振信心、防范化解风险,国民经济回升向好,高质量发展扎实推进。

全年外商直接投资新设立企业 53 766 家,比上年增长 39.7%。实际使用外商直接投资额 11 339 亿元,下降 8.0%,折 1 633 亿美元,下降 13.7%,规模仍处历史高位。其中,共建

"一带一路"国家对华直接投资(含通过部分自由港对华投资)新设立企业 13 649 家,增长 82.7%;对华直接投资额 1 221 亿元,下降 11.4%,折合 176 亿美元,下降 16.7%。高技术产业实际使用外资额 4 233 亿元,下降 4.9%,折合 610 亿美元,下降 10.8%。

2023 年中国吸收外资情况与往年的比较见图 3-1。

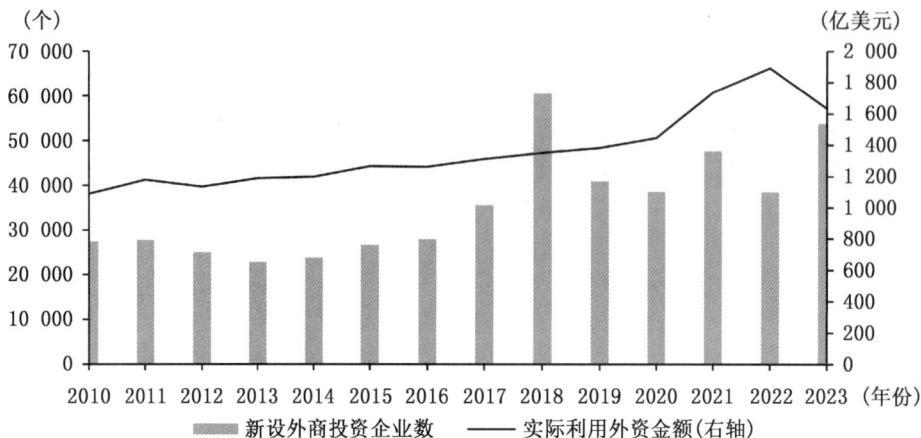

资料来源:根据中华人民共和国商务部公布的数据整理。

图 3-1 2010—2023 年中国吸收外资情况

从 2023 年 1—12 月的实际利用外资金额可以看出,2023 年上半年的外商直接投资大量增加,并于 2 月达到投资峰值 1 407.5 亿元。下半年,中国的外商直接投资开始锐减,之后逐渐平稳,并于 12 月出现上升趋势。究其原因,在疫情对全球经济产生的重大影响下,中国于 2023 年开展"投资中国年"系列活动,建立健全工作机制,指导服务地方开展外商投资促进工作。便利境外投资促进工作,拓展外商投资促进渠道,优化外商投资促进评价,促进国内经济的恢复和增长。比如,落实国务院印发的《关于进一步优化外商投资环境加大吸引外商投资力度的意见》,推动 59 项政策措施中的 38 项已落地或取得阶段性进展。通过这些活动,中国向国际社会展示其持续扩大开放的决心,增强国际投资者对中国市场的信心。因此,上半年的外商直接投资激增。但随着市场适应新政策,投资活动也随着经济周期的变化而波动,投资调整。2023 年度吸收外资情况见图 3-2。

(二)外商投资行业分布:传统制造业比重下降,服务业和高技术产业流入速度加快

从 2018—2022 年的产业吸收外资情况(见图 3-3)可知,第一产业的外商直接投资基本维持稳定,实际利用外商投资金额在 5 亿美元左右,规模占比为 0.3%。第三产业的外商直接投资在 2021 年后开始下降;与之相反,第二产业的外商直接投资于 2022 年开始上升。尽管如此,第三产业依旧是外商直接投资的重点产业,规模占比在 70% 左右,第二产业的规模占比也开始向 30% 靠近,对于第二产业的外商直接投资依旧不可忽视。

国家市场监督管理总局统计,2023 年一季度,跨国商务活动加速恢复,中国新设外商投资企业等指标出现向好势头。全国第一、二、三产业新设外商投资企业分别为 56 户、841 户、

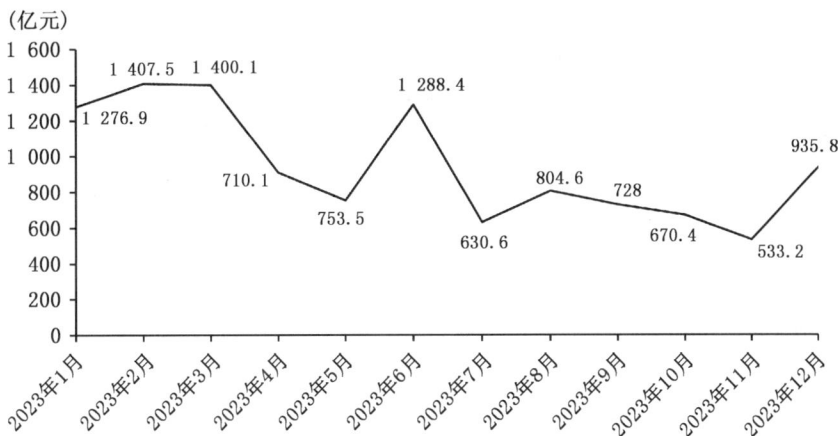

资料来源：根据中华人民共和国商务部公布的数据整理。

图3-2 2023年月度中国吸收外资情况

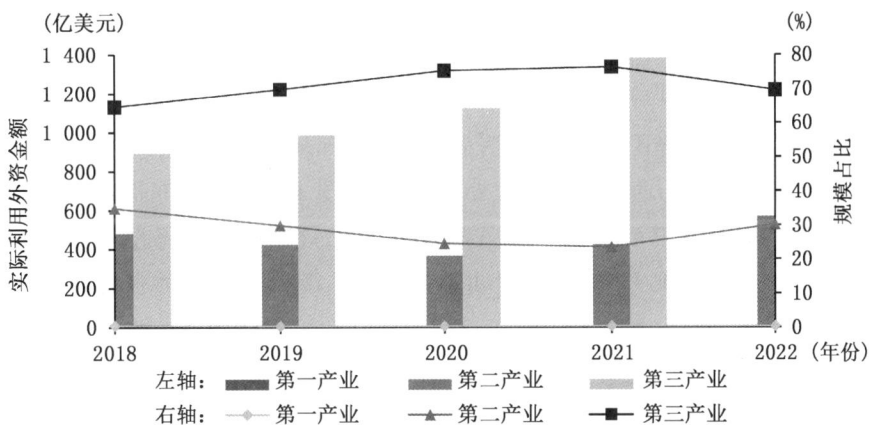

资料来源：根据《中国外资统计公报》整理。

图3-3 2018—2022年第一、二、三产业吸收外资情况

10 192户,新设外商投资企业91.9%集中在服务业。住宿餐饮、商务租赁、运输仓储、批发零售等行业新设外商投资企业恢复较快,同比分别增长22.0%、13.9%、12.8%、12.4%。之后,商务部的数据显示,2023年1—12月,制造业实际使用外资金额3 179.2亿元,下降1.8%,其中高技术制造业实际使用外资增长6.5%。医疗仪器设备及仪器仪表制造业、电子及通信设备制造业分别增长32.1%、12.2%。服务业实际使用外资金额7 760.8亿元人民币,下降13.4%。建筑业、科技成果转化服务、研发与设计服务领域实际使用外资分别增长43.7%、8.9%和4.1%。高技术产业引资4 233.4亿元人民币,占实际使用外资金额比重为37.3%,较2022年全年提升1.2个百分点,创历史新高。从具体行业的外商直接投资数据可知,交通运输、仓储和邮政业、信息传输、软件和信息技术服务业、批发和零售业、房地产业、租赁和商务服务业以及居民服务、修理和其他服务业都是投资的重点行业。2023年外

商直接投资情况参见表 3—1。

表 3—1   2023 年外商直接投资额及其增长速度

行　业	企业数（家）	比上年增长（%）	实际使用金额（亿元）	比上年增长（%）
总计	53 766	39.7	11 339	−8.0
农、林、牧、渔业	418	−0.5	51	−36.8
制造业	3 624	1.5	3 179	−1.8
电力、热力、燃气及水生产和供应业	568	8.6	319	15.6
交通运输、仓储和邮政业	867	44.0	149	−57.2
信息传输、软件和信息技术服务业	3 764	23.0	1 134	−26.7
批发和零售业	18 010	65.3	690	−28.2
房地产业	684	17.7	810	−11.4
租赁和商务服务业	10 673	42.8	1 819	−15.4
居民服务、修理和其他服务业	726	76.6	34	77.7

资料来源：中华人民共和国 2023 年国民经济和社会发展统计公报整理。

（三）外商投资区域分布：东部地区规模、增速明显高于中西部地区

从 2018—2022 年东部、中部、西部地区吸收外资情况（见图 3—4）可知，东部地区的外商直接投资远远高于中西部地区，于 2022 年超过 1 600 亿美元，规模占比达到近 87%。中西部地区的实际使用外资金额在 100 亿美元左右，占比不超过 10%。从全国外资省市的实际利用外资情况来看，江苏、广东、上海、山东、浙江一直为实际利用外资的前五省市。2020—2022 年前五省市的实际利用外资金额不断上升，其新设企业数呈现波动态势。2023 年，前五省市的实际利用外资呈现不同的态势。

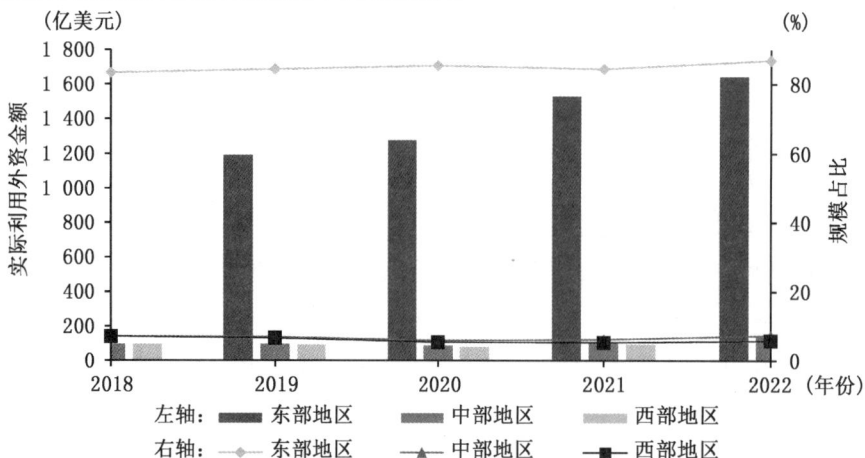

图3-4

资料来源：根据《中国外资统计公报》整理。

图 3—4　2018—2022 年东部、中部、西部地区吸收外资情况

2023年，全国利用外资的区域和结构正在迎来新一轮重组。具体从全国外资前五省市看（见表3-2），上海和浙江却保持正向增长，尤其是浙江。其实际利用外资达到202.3亿美元，同比增长4.8%，增速在外资前5省市中高居第一。更为亮眼的是在制造业利用外资方面，2023年1—11月，浙江制造业利用外资87.1亿美元，增长90.9%，占全省比重达到46%，较往年提升了20多个百分点。不仅如此，长三角区域的杭州、宁波、无锡、南京等重点城市也都逆势增长。杭州利用外资额达到88.3亿美元，增幅13.1%，全国排位超过深圳与广州，跃至第3位。宁波和无锡全年利用外资分别为46.9亿美元和41.2亿美元，同比增长25.7%和7.7%。具体来看，杭州、宁波、无锡三市制造业利用外资额都实现了快速增长。2023年1—11月，杭州制造业利用外资44.5亿美元，增长302.8%，占比达53.5%，招引50亿元以上制造业大项目5个，其中超百亿项目2个。宁波制造业利用外资17亿美元，增长130%，有10个外资项目增资扩产。无锡制造业利用外资18.8亿美元，增长8.5%，占比达45.6%，集成电路、生物医药等高技术制造业，以及以威埃姆和阿法拉伐为代表的机械制造业、以鑫宝利和贝卡尔特为代表的金属制品业等制造领域吸收外资增势明显。

表3-2 全国外资前五省市2020—2023年实际利用外资情况

前五省市	2020		2021		2022		2023	
	①	②	①	②	①	②	①	②
江苏	235.2	3 572	288.5	4 237	305	3 303	253.4	3 481
广东	234.4	12 864	276.6	16 155	278.9	13 365	225.86	21 685
上海	190.1	5 751	233.3	6 717	239.6	4 359	240.87	6 017
山东	176.5	3 060	215.2	3 064	228.7	2 329	228.7	2 329
浙江	157.8	2 821	183.4	3 547	193	2 910	202.3	4 451

注：①为实际利用外资金额（亿美元），②为新设外资企业数（家）。

资料来源：各省市商务局、统计局网站及公开报道等整理。广东省2023年实际利用外资金额按当年平均汇率换算。

而作为外资大省的江苏、广东、山东的实际利用外资都在下降，其中，山东实际利用外资额下降23.4%。具体来看，山东外资下滑跟青岛的低迷有很大关系。2023年，青岛实际利用外资37.5亿美元，同比下降31.9%，全国排名跌出前十。除了青岛，北京、深圳、广州、苏州等外资强市，2023年外资规模也在下降。虽然利用外资整体规模出现下降，但各省市在利用外资的结构上都有积极的变化。山东电子信息、医药制造等新兴产业领域利用外资额迅速增长。2023年1—10月，山东计算机、通信和其他电子设备制造业利用外资额在制造业行业中位列第一，达到13.2亿美元，增长159.4%；医药制造业实际利用外资4.6亿美元，增长31.3%。北京、深圳、广州、苏州等外资强市近年来更加注重研发型、总部型等高质量外资项目的引进。比如深圳的英特尔旗舰级大湾区科技创新中心、亚马逊智能硬件中心、星巴克中国创新科技中心、赛诺菲疫苗创新中心、西门子能源创新中心，北京的挪宝能源控股中国总部、GE 医疗全球最大生产研发基地,苏州空客中国研发中心、博世新能源汽车核心部件及自动驾驶研发制造基地等。2023 年部分城市实际利用外资情况见表 3—3。

表 3—3   部分城市 2023 年实际利用外资情况

排序城市	2023 年实际利用外资额(亿美元)	2022 年实际利用外资额(亿美元)	增幅(%)
上海	240.9	239.6	0.6
北京	137.1	174.1	—21.3
杭州	88.3	78.1	13.1
深圳	626.2(亿元人民币)	110.0	—20.8
苏州	69.1	74.2	—6.9
广州	483.0(亿元人民币)	574.1(亿元人民币)	—15.9
天津	57.7	59.5	—3.0
南京	49.4	48.5	1.9
宁波	46.9	37.3	25.7
无锡	41.2	38.3	7.7
青岛	37.5	55.1	—31.9
成都	22.9	25.9	—11.6
武汉	20.9	21.1	—1.2

资料来源:根据中华人民共和国商务部公布的数据整理。

(四)外商投资来源分布:亚洲地区依旧为主要投资来源,部分美欧国家对华投资激增,中东地区保持活跃

2022 年和 2021 年的实际利用外资来源地相比(见图 3—5),亚洲国家和地区的投资占比增大,高达 86.5%。这就导致除拉丁美洲之外的其他地区国家投资占比减少,欧洲和北美洲投资占比分别下降约 2% 和 5%。但是欧洲和北美洲也是来华投资的重要的地区。

2018—2022 年的实际利用外资主要来源经济组织概况显示,"一带一路"沿线国家和东盟国家对华投资持续增加,发展势头强劲,年均增长率分别为 22.5% 和 20.1%。欧盟和金砖国家的对华实际投资金额逐年下降,但在 2022 年开始上升。且 2022 年欧盟对华实际投资金额增长率高达 96.7%,即欧盟某些经济体有增加对华投资的趋势。2018—2022 年中国实际利用外资主要来源经济组织概况,见图 3—6。

从来源地看,2023 年,法国、英国、荷兰、瑞士、澳大利亚实际对华投资同比分别增长 84.1%、81.0%、31.5%、21.4%、17.1%(含通过自由港投资数据)。

2023 年,海外资本投资热情持续升高。投资中国活跃的国外投资方包括新加坡、日本、德国、美国等国。新加坡是投资中国十分活跃的海外投资方之一。IT 桔子的数据显示,2023 年 1—8 月新加坡资本投资中国事件超 20 起,投融资事件涉及金额超 260 亿元人民币。新加坡资本投资聚焦机器人、集成电路以及汽车交通行业,投资的中国企业多偏向初创型企业。不同于新加坡投资中国的主力为国有资本,日本投资中国的主力为日本企业。日本投资厅参与投资中国企业的事件数量超 20 起,投融资事件涉及金额超 20 亿元人民币。但是,2023 年 1—8 月,日本在中国的投资数量仅为 4 起,与去年同期相比,投资活跃度明显下降。

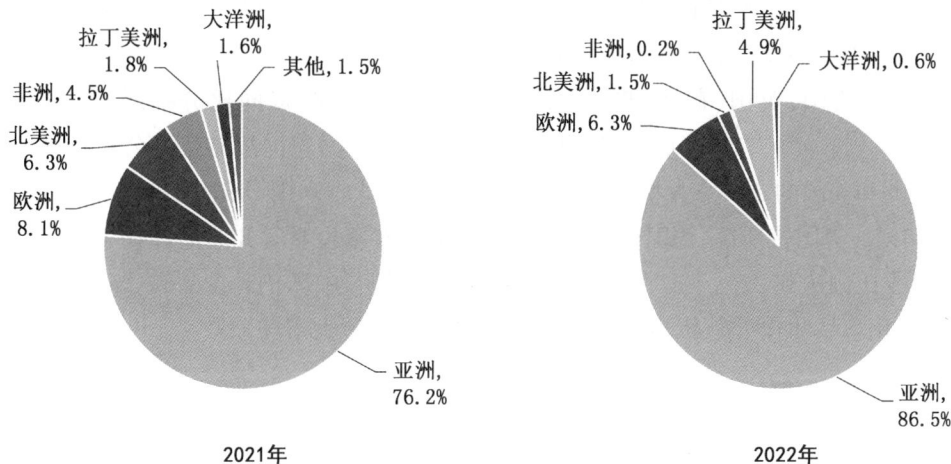

2021年

2022年

资料来源:根据《中国外资统计公报》整理。

图 3—5 2021 年、2022 年中国实际利用外资来源地概况

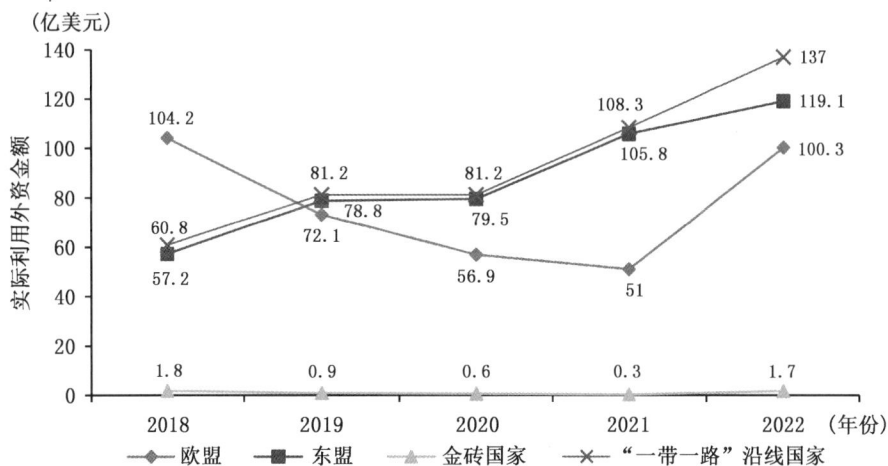

资料来源:根据《中国外资统计公报》整理。

图 3—6 2018—2022 年中国实际利用外资主要来源经济组织概况

其主要投资于电商零售、金融、医疗健康、汽车交通、先进制造行业。根据德国央行的数据显示,2023 年德国对中国的直接投资同比增长 4.3%,总额达 119 亿欧元,创下历史新高。同时,德国去年对华投资占德国对外投资总额的比例扩大至 10.3%,为 2014 年以来的最高水平。而德国在亚洲其他地区的直接投资则停留在 8% 左右。从投资行业来看,德国资本当前在中国的投资聚焦医疗健康、前沿技术等领域。2023 年,以阿拉伯联合酋长国、沙特阿拉伯等为代表的中东资本,在中国的投资也相对较为活跃。据全球主权基金投资平台 Global SWF 的数据,海湾地区基金对华并购和投资价值 2023 年已攀升至 23 亿美元,而 2022 年仅约 1 亿美元。中东主权基金多次出手布局中国资产,格外关注新能源、生物科技、人工智能和新消费领域,其中新能源产业链是中东基金的投资重点。此前,中东资本投资多聚焦欧美地区,近年来在中国的投资活跃度有所提升。

除此之外,法国、英国、荷兰、瑞士、澳大利亚实际对华投资同比分别增长 84.1%、81.0%、31.5%、21.4%、17.1%(含通过自由港投资数据)。据美国战略咨询公司贝恩的数据,日本、欧洲和美国的 200 家大型跨国公司 2022 年的全球收入中,从中国市场获得的收入占到大约 15%。美国特斯拉、德国梅赛德斯—奔驰和日本资生堂等知名品牌在中国市场的营收占总营收比例达到 22%~37%。贝恩公司的数据表明,中国仍是食品和饮料、汽车、纺织品和服装、化学品和化工产品、钢铁以及消费电器产品的最大市场。

二、2024 年中国对外直接投资的发展趋势

(一)中国实际利用外资有望继续平稳增长

尽管 2023 年全国实际利用外商直接投资出现小幅下降趋势,但是规模仍然居历史高位,而且全国新设立外商投资企业同比增长 39.7%,这充分体现了外资分享中国市场机遇的热情。因此,我们有理由相信,今后中国实际利用外商直接投资将继续保持长期以来的平稳增长势头。首先,2023 年是新中国成立 75 周年,是实现"十四五"规划目标的关键一年。商务部将推动消费从疫后恢复转向持续扩大,巩固外贸外资基本盘,扩大高水平对外开放,以商务高质量发展的实际行动和成效,为推动经济回升向好、推进中国式现代化建设做出积极贡献。其次,2023 年,中国顺利完成全年 5% 的 GDP 增长目标,基本面长期向好的趋势没有改变。而且我国经济结构转型升级持续推进,经济发展韧性强,对外资仍然具有较强吸引力。再次,中国贸促会发布的《2023 年第四季度中国外资营商环境调研报告》显示,从市场预期看,近 70% 受访外资企业仍看好未来五年的中国市场情况,环比上升约 1.8 个百分点;从经营情况看,超 90% 的受访外资企业预期未来五年在华投资利润率将持平或有所提高,环比上升约 5.8 个百分点,有在华增资意向的企业环比上升约 4.5 个百分点。最后,2023 年 8月,国务院发布《关于进一步优化外商投资环境 加大吸引外商投资力度的意见》,一系列开放政策及支持措施相继落地,为外商提供更多的市场准入机会和优惠政策,进一步优化外商投资环境,提高投资促进工作水平,这也是我国持续吸引外商投资的重要原因。

(二)新兴产业和高技术产业引资稳步增长

疫情暴发后,数字经济的对冲器和稳定器作用受到各国关注,世界各国纷纷制定发布数字经济发展相关战略。中国的数字经济发展进入加速轨道,2016—2022 年,中国数字经济年均复合增长 14.2%,是同期美中德日韩 5 国数字经济总体年均复合增速的 1.6 倍,中国的电子商务、云计算、大数据、人工智能等领域也将继续吸引外资。与此同时,中国政府在"十四五"规划和 2035 年远景目标纲要中明确提出,要加快构建新发展格局,推动高质量发展。这包括对高技术制造业、现代服务业、新能源、生物医药等领域的政策支持和鼓励外商投资。具体来看,随着中国政府对高技术产业的持续支持和鼓励,对可持续发展和绿色经济的重视,以及外资准入限制的全面放开,预计高新技术产业将继续吸引大量外资。这包括电子及

通信设备制造、计算机及办公设备制造业、研发和创新产业、新能源(如电动汽车、太阳能、风能)和环保产业等领域。再加上服务业一直是外商投资的重点领域,预计这一趋势将继续保持。特别是金融服务、信息服务、研发设计等生产性服务业,以及教育、医疗、养老等现代服务业将吸引更多外资。不仅如此,中国在基础设施建设方面仍有较大需求,尤其是在交通、能源、水利等领域,这些项目通常需要大量资金投入,预计将吸引更多外资参与。

(三)区域转移打开投资新空间

东部沿海地区如广东、江苏、上海、浙江等地由于其发达的经济、完善的基础设施、丰富的人才资源和成熟的市场体系,一直是外商投资的热点。这些地区对外开放程度高,政策环境稳定,具有强大的产业集聚效应和辐射能力,预计将继续吸引大量外资,尤其是在高技术产业、现代服务业等领域。至于中西部地区,中国政府近年来大力推动区域协调发展战略,通过一系列政策措施,如设立自由贸易试验区、提供税收优惠、改善基础设施等,加大对中西部地区的支持力度。这些政策的实施有助于提升中西部地区的投资吸引力,预计外资将更多地流向这些地区,尤其是资源丰富、劳动力成本较低的省份,如四川、重庆、湖北等。从国际合作方面来看,中国良好的经贸关系也为外资企业提供了投资机会,如"一带一路"倡议的推进为沿线省份带来了新的投资机遇。这些省份通过改善交通基础设施、优化投资环境、加强与沿线国家的经贸合作,提升了自身的对外开放水平。预计外资将更多地投资于这些省份的基础设施建设、能源资源开发、文化旅游等领域。而产业投资也会带来地区投资倾向,如中国政府鼓励外商投资高新技术产业,许多城市设立了高新技术产业园区和经济技术开发区,提供优惠政策和良好的创新环境。像北京中关村、上海张江高科技园区等,预计将继续吸引外资进入高科技、生物医药、新能源等前沿产业。

(四)海外资本看好中国市场规模与活力

中国充满韧性的产业链体系和庞大市场需求,对外商具有充分的吸引力。中国拥有世界上最大的消费市场,随着中产阶级的壮大和消费升级,外资企业看到了巨大的市场潜力。此外,中国在高技术产业、现代服务业等领域的快速发展,为外资企业提供了新的投资机遇。多家跨国公司业务数据显示,中国市场表现亮眼。中国美国商会发布年度《中国商务环境调查报告》称,2023 年在华美企财务表现、企业对中国发展前景预期、来华投资意向均有改善,大多数受访企业仍将保持在中国的布局。不少跨国公司会加大对中国市场的投资力度,意在扩大市场份额。例如,2023 年 11 月,麦当劳美国总部达成协议,回购凯雷集团 2017 年买下的中国业务 28% 的股份,从而使其在包括香港和澳门在内的中国业务中拥有 48% 的股份。报道称,包括星巴克、苹果、泰佩思琦、耐克等在内的多家美国企业,都同样致力于开拓中国市场。即发达国家跨国公司对华投资仍成倍增长,使得中国与发达国家产业链供应链融合水平进一步提高。除此之外,随着区域经济一体化的推进,如 RCEP 等自贸协定的签署,亚洲国家之间的经济联系更加紧密,促进了相互投资。亚洲其他国家如泰国、马来西亚、越南等也在积极寻求与中国的合作机会,这些国家的企业可能会在基础设施建设、农业、旅游等领域增加对华投资。

三、2024 年中国外商直接投资的政策取向

2024 年,我国外贸发展面临的外部形势将会更加复杂严峻。一方面,需求不振,世界经济仍然低迷,国际货币基金组织预测,全球经济增速将降至 2.9％;另一方面,贸易保护主义抬头,地缘冲突加剧,外溢风险显著上升。但是中国外贸发展仍具备诸多有利条件,如外贸产业竞争力不断提升、新业态新模式蓬勃发展、数字化绿色化进程加快推进等。而我们需要做的,就是如何进一步改善投资环境、提高对国际直接投资的吸引力。

（一）加强国际合作,改善外贸外资发展预期

一是维护好与美欧等发达国家的经贸关系,保持与欧美发达国家强劲对外投资的连接。同时,（因为亚洲地区是中国吸引外资的主要来源地,发展中国家的对外投资是在华外资的原动力）,所以需要继续推进"一带一路"等区域一体化合作,加强与发展中国家的合作,保持中国在国际市场的地位。

二是助力开拓新市场。各地政府和相关机构组织继续办好广交会、服贸会等重要展会,积极支持企业参加境外展会。同时,政府组织提供一站式服务,包括展位搭建、展品运输、签证办理等,降低企业参展成本和复杂度,持续推动跨境商务人员往来便利,帮助企业更好对接市场和客户,争取更多订单。

三是继续推进自贸试验区高质量发展。各地政府深化货物贸易自由化,并逐步推广自贸区。在自贸试验区内设立国际合作园区,吸引外资企业参与园区建设,促进国际技术交流和产业合作。同时,支持自贸试验区探索贸易新模式新业态,如跨境电商、市场采购贸易等,以适应全球贸易发展趋势。

（二）深化制度型开放,提高利用外资质量

一是鼓励外资参与重点产业集群建设,投资区域协同发展。首先,政府提供政策支持,对符合条件的外商投资企业实施配套奖励措施,支持其在华创新研发全球领先产品。比如在税收、用地、环保、物流、人员出入境等方面为外资项目提供政策支持,推动项目加快落地和建设。其次,政策引导外资投向,通过《鼓励外商投资产业目录》引导外资投向先进制造、节能环保等领域,以及中西部和东北地区,提升吸引外资质量,优化外资布局。在自贸试验区、自由贸易港等开放平台,推进相关产业链、供应链开放发展,吸引外资参与。再次,培育内外贸融合发展产业集群,在重点领域培育壮大一批内外贸融合发展产业集群,推动商业科技创新中心建设,促进互联网、大数据、人工智能和内外贸相关产业深度融合。最后,优化投资环境,深入实施外资准入负面清单,确保新开放措施及时落地,将开放政策转化为实际的外资项目。落实外商投资法及其实施条例要求,对于外资准入负面清单之外的领域,按照内外资一致原则管理,继续清理负面清单之外的限制性措施。

二是提升现代服务业开放水平,拓展利用外资方式。一方面,推进服务业扩大开放综合试点,围绕科技服务、专业服务、商务服务、金融服务、健康医疗服务等重点领域开展先行先试。鼓励各地加大服务业引资力度,提升服务业利用外资质量水平。培育一批具有地方特

色的先进制造业和现代服务业融合发展示范企业和示范区域。另一方面,鼓励符合条件的外国投资者设立投资性公司,相关投资性公司投资设立的企业,可按国家有关规定享受外商投资企业待遇。加快落实合格境外有限合伙人境内投资试点工作,支持以所募集的境外人民币直接开展境内相关投资,鼓励各地制定试点专项激励政策。鼓励存量外商投资企业增资扩股,支持外资以股权并购、资产并购等方式并购国内企业。

(三)保障外商投资企业国民待遇,加强外商投资保护

一方面,依法保障外商投资企业公平参与政府采购,支持外商投资企业依法平等参与标准制定,确保外商投资企业平等享受支持政策。第一,政府采购的采购人、采购代理机构不得对外商投资企业实行差别待遇或者歧视待遇,不得因各类不正当理由限定外商投资企业,对其区别对待。开展保障经营主体公平参与政府采购活动专项检查,依法查处对外商投资企业实行差别待遇等违法违规行为,适时通报典型案例。第二,推进地方标准制定、修订全过程信息公开,制定、修订与外商投资企业生产经营密切相关的地方标准,应当充分听取外商投资企业的意见,为外商投资企业参与地方标准制定、修订以及国际化合作等提供便利和指导。第三,各地政府以及有关部门应当依法平等对待市场主体,不得针对外商投资企业制定、实施或者变相实施歧视性政策措施,确保外商投资企业在要素获取、资质许可、经营运行、知识产权保护、招标投标、税费减免等方面享受平等待遇。

另一方面,健全外商投资权益保护机制,强化知识产权行政保护,加大知识产权行政执法力度。第一,全面落实外商投资准入前国民待遇加负面清单管理制度,全面加强外商合法权益保护。将优化外商投资网络环境纳入"清朗"系列专项行动,坚决依法打击侵害外商投资合法权益的网络平台和账号,并公布一批典型案例。第二,推进实施专利侵权纠纷行政裁决庭审规范地方标准,指导各地加大专利侵权纠纷行政裁决力度,推动专利侵权行政裁决规范化建设。设立展会知识产权举报投诉和维权援助工作站,对重要展会进行现场巡查监管,支持各地区版权主管部门依托展会知识产权工作站,为展商提供参展产品的作品自愿登记服务。第三,坚决打击侵犯外商投资企业知识产权行为,严厉查处商标、专利、地理标志、商业秘密、知识产权代理服务等领域的违法行为。进一步完善知识产权执法机制,加大对重点产品、重点领域、重点市场的执法力度,关注互联网知识产权保护,强化线上线下一体化执法。

(四)提高投资运营便利化水平

第一,提高外商投资企业外籍员工停居留便利度。优化"高精尖缺"外国人才工作许可及居留便利化政策措施,为外籍高层次专业服务人才来华执业及学术交流合作等提供签证、长期居留、永久居留等便利。第二,提高融资便利化水平。支持金融机构运用知识产权质押融资、知识产权证券化等金融产品为符合条件的外商投资企业提供专业服务。推动金融机构加大投放规模和惠及面,指导各地建立健全知识产权金融政策体系,对开展知识产权质押融资、保险、证券化和其他金融创新模式的企业给予贴息、贴费。第三,探索便利化的数据跨境流动安全管理机制。落实网络安全法、数据安全法、个人信息保护法等要求,完善工作机制、优化管理流程,提升数据出境安全评估、个人信息出境标准合同备案工作质效。支持有

条件的自贸片区建设数据跨境安全公共服务平台,为外商投资企业提供便捷高效的安全合规服务。第四,提升外商投资企业服务水平。健全常态化政企沟通交流机制,举办外商投资企业政企沟通圆桌会议和"外企与部门面对面"等系列活动,采取多种形式加强与外商投资企业交流沟通。做好自由贸易协定原产地证书签证工作。第五,统筹优化涉外商投资企业执法检查。依据安全生产法、重大事故隐患判定标准等规定,编制重点行业领域重点和通用执法事项指导清单,围绕清单开展针对性执法检查。落实生态环境监督执法正面清单制度,对清单内的外商投资企业减少检查频次。持续优化完善企业信用风险分类指标体系,开展差异化、精准化监管。开展多部门联合双随机检查,减少重复检查。

第二节　2023—2024 年中国对外直接投资回顾与展望

一、2023 年中国对外直接投资的态势分析

（一）总体情况概述：投资规模逐步回升,海外并购持续增长

后疫情时期,全球经济复苏步履蹒跚且有失均衡,而 2023 年被视一个转折点。据联合国贸发会议《全球投资趋势观察》显示,2023 年全球外国直接投资流量约为 1.37 万亿美元,较 2022 年略有增长（＋3%）。然而,增长的主要原因是少数导管经济体（Conduit Economies）的价值较高;不包括这些导管经济体,全球外国直接投资流量减少了 18%。

2023 年,中国全行业对外直接投资 10 418.5 亿元人民币,比上年（下同）增长 5.7%（以美元计为 1 478.5 亿美元,增长 0.9%）。其中,中国境内投资者共对全球 155 个国家和地区的 7 913 家境外企业进行了非金融类直接投资,累计投资 9 169.9 亿元人民币,增长 16.7%（以美元计为 1 301.3 亿美元,增长 11.4%）。但是相较于全球对外直接投资情况,中国对外直接投资呈现持续上升的态势,如图 3—7 所示。

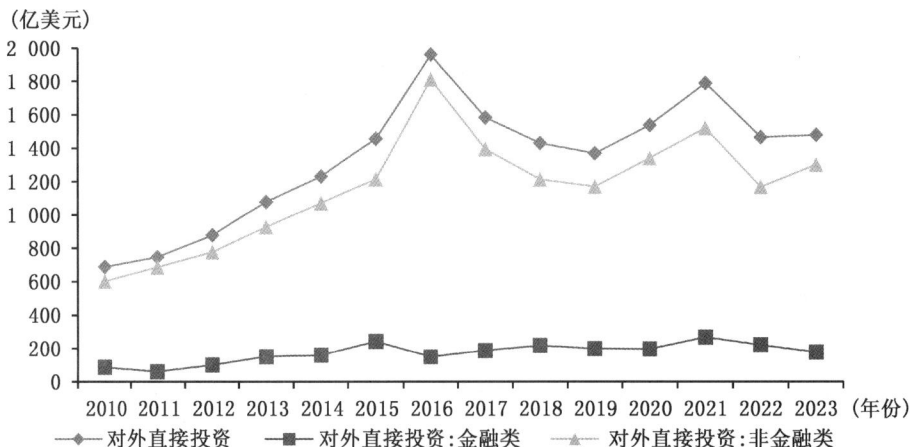

资料来源：根据中华人民共和国商务部公布的数据整理。

图 3—7　2010—2023 年中国对外直接投资概况

海外并购金额连续三季度环比实现增长,大额交易较上年明显增多,见图3-8。2023年,中企宣布的海外并购总额为398.3亿美元,同比增长20.3%,已连续三个季度实现环比增长。中企宣布的交易数量为467宗,同比下降16.3%。但是2023年大额交易较上年明显增多,2023年交易金额超过5亿美元的海外并购达21笔,比2022年多13笔。中企在"一带一路"共建国家宣布的并购总额为173.4亿美元,同比增长32.4%,高于整体增速;宣布的并购数量为185宗,同比下降2.6%,降幅低于整体降幅。中企在"一带一路"共建国家并购的占比较上年同期增长四个百分点,达44%。

图3-8

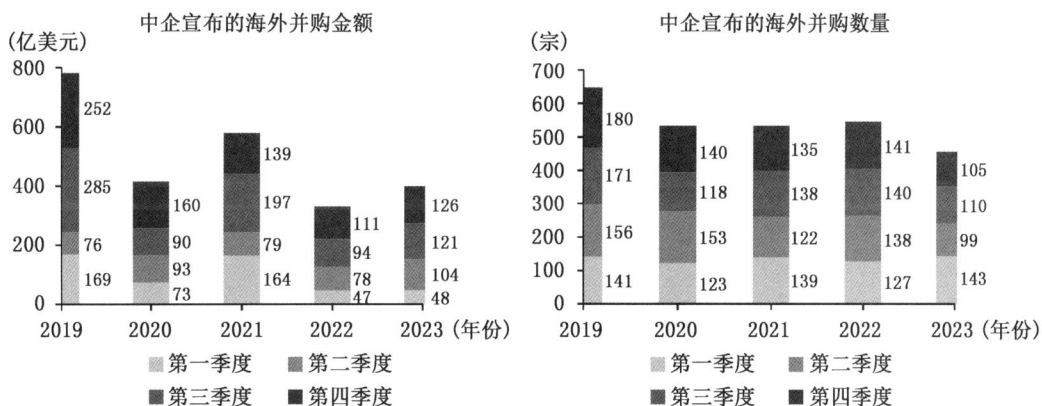

资料来源:Refinitiv、Mergermarket,包括中国香港、中国澳门和中国台湾的对外并购交易,数据包括已宣布但尚未完成的交易,安永分析。

图3-8 2019—2023年中国企业海外并购概况

(二)对外直接投资行业分布:制造业、采矿业和交通运输业等实现增长,服务业出现下降

根据2019—2023年分行业对外直接投资额可知,制造业和采矿业的对外直接投资额从2019年后开始减少,但在2021年及之后逐渐攀升。与其相反,电力、热力、燃气及水的生产和供应业以及信息传输、软件和信息技术服务业在2021年之后持续下降。农、林、牧、渔业和房地产业的对外直接投资额一直在减少,而批发和零售业的对外直接投资额在逐年增长。建筑业、批发和零售业、金融业以及租赁和商务服务业的对外直接投资额则一直在上下波动,前两者在近年呈现上升态势,反之,后两者为下降态势。就2023年来说,建筑业与交通运输、仓储和邮政业对外直接投资额分别为67.0亿美元与65.0亿美元,较上年分别增长5.1%和42.3%,金融业以及租赁和商务服务业较上年分别减少19.9%和13.1%。而减幅最大的还是房地产业,由2022年的24.2亿美元减至10.0亿美元,下降57.4%,其次是租赁和商务服务业、电力、热力、燃气及水生产和供应业和信息传输、软件和信息技术服务业,后两者分别减少12.5%和10.9%。而增幅大的产业除交通运输、仓储和邮政业外,还有采矿业、批发和零售业、制造业,增幅分别为39.7%、38.6%和29.2%。2019—2023年分行业对外直接投资见表3-4。

表 3—4   **2019—2023 年中国分行业对外直接投资额**   （亿美元）

	2019 年	2020 年	2021 年	2022 年	2023 年
制造业	200.8	199.7	184.0	216.0	279.0
农、林、牧、渔业	15.4	13.9	11.3	8.3	8.0
采矿业	75.2	50.9	49.8	50.1	70.0
电力、热力、燃气及水的生产和供应业	25.5	27.8	48.9	35.2	31.0
建筑业	85.1	51.6	55.7	64.0	67.0
交通运输、仓储和邮政业	55.5	26.5	51.0	45.6	65.0
信息传输、软件和信息技术服务业	61.2	67.1	75.3	54.9	49.0
批发和零售业	125.7	160.7	176.5	211.7	292.0
金融业	199.5	196.6	268.0	221.2	177.2
房地产业	45.2	27.3	24.9	24.2	10.0
租赁和商务服务业	355.6	417.9	366.2	387.6	337.0

资料来源：根据中华人民共和国国民经济和社会发展统计公报整理。

    表 3—5 和图 3—9 反映了 2023 年的中企海外并购情况。从并购金额来看，前五大行业分别为 TMT[①]、先进制造与运输、医疗与生命科学、房地产、酒店与建造与采矿与金属，这些行业的并购金额都较上年有不同程度的增长。其中，增幅最大为采矿和金属业，增长率为 31%。前三大热门行业的交易金额就占了总交易额的 52%，前五热门行业占比高达 74%。总的来说，除金融服务业外，其他行业宣布的并购额均有不同程度的增长，其中油气和消费品行业增幅较大。从并购数量来看，前五大行业分别为 TMT、先进制造与运输、金融服务、消费品和医疗与生命科学。除金融服务的并购数量较上年增长 8% 外，四大行业的并购数量均有不同程度的降低。其中，医疗与生命科学和消费品行的降幅达到 38% 和 26%。尽管如此，前三大热门行业的交易数量占总交易数量的比重仍然达到 55%。总的来看，电力与公用事业为本期唯一录得金额、数量双增长的行业。在"一带一路"共建国家中，中企并购则主要聚焦先进制造与运输、电力与公用事业以及 TMT 行业，合计占中企在"一带一路"区建国家并购总额的 62%。仓储和邮政业外，还有采矿业、批发和零售业、制造业，增幅分别为 39.7%、38.6% 和 29.2%。

---

    ①   TMT 是电信、媒体和科技（Telecommunications，Media，Technology）三个英文单词的首字母，是以互联网等媒体为基础将高科技公司和电信业等行业链接起来的新兴产业，主要包括电子、通信、计算机、传媒四大行业。

表 3—5   2023 年中企海外行业并购情况

按交易金额			按交易数量		
前五大行业	金额(亿美元)	同比增长率(%)	前五大行业	宗数	同比增长率(%)
TMT	87.7	14	TMT	129	—7
先进制造与运输	76.4	10	先进制造与运输	67	—11
医疗与生命科学	45.5	10	金融服务	55	8
房地产、酒店与建造	44.8	7	消费品	48	—26
采矿与金属	43.8	31	医疗与生命科学	40	—38

资料来源:Refinitiv、Mergermarket,包括中国香港、中国澳门和中国台湾的对外并购交易,数据包括已宣布但尚未完成的交易,安永分析。

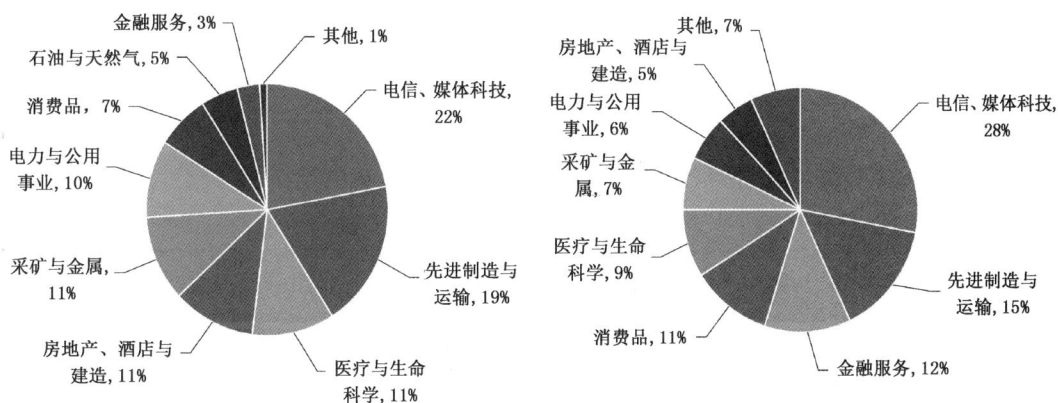

资料来源:Refinitiv、Mergermarket,包括中国香港、中国澳门和中国台湾的对外并购交易,数据包括已宣布但尚未完成的交易,安永分析。

图 3—9   2023 中企海外并购情况

(三)地方对外直接投资分布:东部地区依然是主要投资来源地,西部地区投资增长显著

根据 2018—2022 年地方对外直接投资按区域分布情况(见图 3—10)来看,尽管东部地区的对外直接投资金额和占比都在降低,但是东部地区依旧是对外直接投资的主要地区,其投资额是中、西部地区的 7 倍多,投资占比超过 75%。与其相反的是西部地区,其投资额由 2021 年的 45.1 增长至 2022 年的 93.5,比上年增长 107.3%,投资占比也翻了一番,达到 10%。中部地区和东北三省的对外直接投资呈现较为平稳的态势,其投资占比分别在 10% 和 1% 左右。

如表 3—6 所示,2018—2022 年地方对外直接投资流量前十位的省市表明近年来的地区对外直接投资省市较为稳定,主要是广东、浙江、上海、山东、北京、江苏、天津。首先,广东和上海一直居于前三,近年来对外直接投资呈现下降趋势,但是其投资规模依旧保持高水平,在 100 亿美元以上。其次,表现较好的是浙江,一直位居前五,而且其对外直接投资额持续上升,并于 2022 年成为地方对外直接投资省市的首位。再次,江西和四川这些中、西部地区

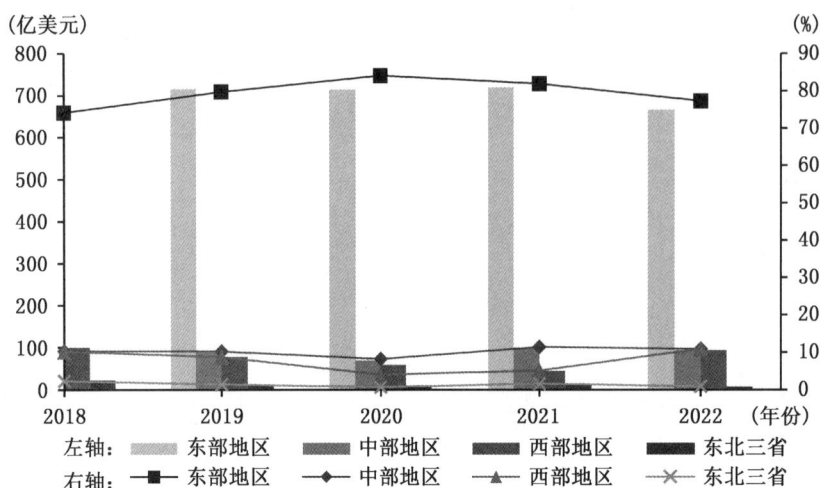

资料来源：根据中国对外直接投资统计公报整理。

图 3－10　2018—2022 年地方对外直接投资按区域分布情况

开始增加对外投资。最后，山东、北京、江苏、福建等东部地区开始逐步减少对外投资。

表 3－6　　　　　　　　　　2018—2022 年对外直接投资流量前十位的省市　　　　　　　　　　（亿美元）

年份	2018 年		2019 年		2020 年		2021 年		2022 年	
排名	省市	投资流量	省市	投资流量	省市	投资流量	省市	投资流量	省市	投资流量
1	广东	160.6	广东	167.0	广东	235.3	广东	141.7	浙江	152.8
2	上海	153.3	上海	104.9	上海	125.5	浙江	133.7	广东	116.7
3	浙江	122.8	山东	102.4	浙江	104.4	上海	132.2	上海	106.6
4	山东	66.9	浙江	89.5	江苏	61.4	江苏	90.6	山东	64.6
5	北京	64.7	北京	82.4	山东	61.0	北京	70.5	北京	60.0
6	江苏	61.0	江苏	51.5	北京	59.9	山东	50.2	江苏	57.6
7	福建	45.4	天津	44.0	福建	33.4	福建	40.4	天津	33.1
8	河南	38.6	福建	29.0	湖南	21.9	安徽	28.4	四川	31.6
9	海南	33.8	河南	27.5	四川	18.8	河北	27.5	江西	28.0
10	天津	33.7	海南	25.6	天津	15.4	天津	23.2	河北	27.6

资料来源：根据中国对外直接投资统计公报整理。

（四）对外直接投资区域分布：亚洲尤其是中国香港的投资有所下降，但其仍是最大投资目的地，对北美洲、大洋洲和拉丁美洲大幅增加投资

中国的对外直接投资遍布全球。首先，第一大投资区域是亚洲，主要分布在中国香港、新加坡、印度尼西亚、中国澳门以及马来西亚等国家和地区；中国香港占亚洲投资的 78% 左右。尽管投资金额有些许的下降，但其投资占比在不断上升，于 2022 年达到 76.2%，总体呈

现上升趋势。其次,是拉丁美洲,主要分布在英属维尔京群岛、开曼群岛、巴西、秘鲁、阿根廷等国家和地区。其投资趋势为先升后降,投资金额和占比也逐步恢复到疫情之前的水平,维持在 150 亿美元和 10% 左右。再次,是欧洲和北美洲。中国在欧洲的投资较为分散,前三位分别是卢森堡、德国和瑞典;在北美洲的投资主要分布在美国和加拿大。最后,中国对大洋洲的投资较为稳定,但是在非洲的投资有所减少,由 2018 年的 53.9 亿美元减少至 18.1 亿美元,投资占比也由近 4% 降至 1% 左右。具体情况见图 3-11 所示。

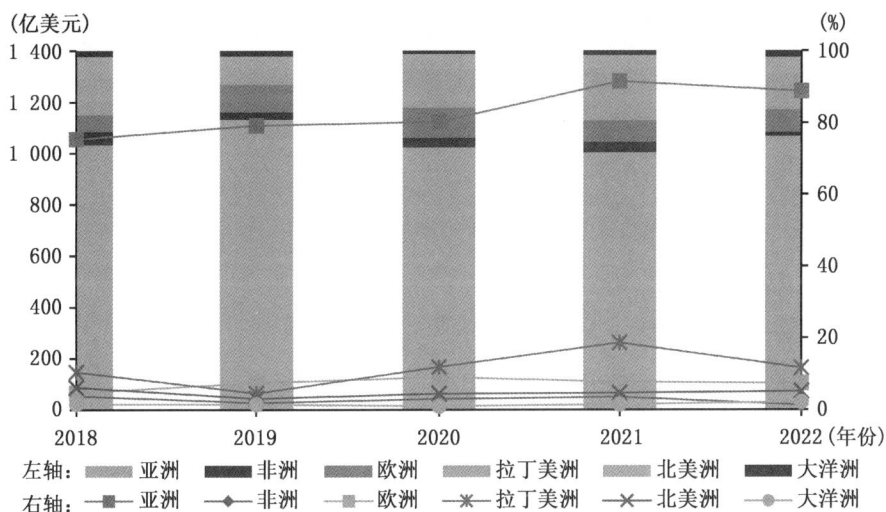

资料来源:根据中国对外直接投资统计公报整理。

图 3-11 2018—2022 年地方对外直接投资按区域分布情况

具体来看,中国最重要的投资地区是中国香港。其投资大致呈现上升后趋于稳定的态势。2022 年中国对中国香港的投资金额为 975.3 亿美元,比上年下降 3.6%,占当年中国对外直接投资总额的 59.8%,占对亚洲投资流量的近八成。其次是东盟。中国对东盟的投资持续增加,尽管 2022 年的投资额较上年有所下降,但是其投资占比在不断上升。中国对欧盟和美国的投资额相差不大,但是对二者的投资趋势却不一致。对前者的投资在逐年减少,对后者的投资却在逐年增加。同时,澳大利亚也是中国主要的对外直接投资区域之一,且有增大投资的倾向。具体情况见图 3-12 所示。

总的来看,中国对亚洲、欧洲和非洲地区的对外直接投资减少,对北美洲、大洋洲和拉丁美洲的投资增加。虽然从并购金额和数量来看,中国对亚洲的投资较上年有所减少,但是其交易规模依旧位居首位,始终是中国对外投资与合作的重点区域。新加坡、哈萨克斯坦、韩国和印度尼西亚上榜 2023 年中企十大海外并购目的地。中国对欧洲地区的投资有所减少,但其减幅不大,且存在大额投资。本期中企在欧洲宣布的最大一笔并购交易为某中企与英国知名医药企业达成协议以获得某肿瘤治疗药物的海外开发和商业化独家许可。中国在欧洲的主要投资目的地为英国、德国、波兰和荷兰,合计占中企在欧洲宣布的并购总额的 83%。2023 年,中国对北美洲、大洋洲和拉丁美洲增加了大量的投资。一方面是由于 2022 年较低

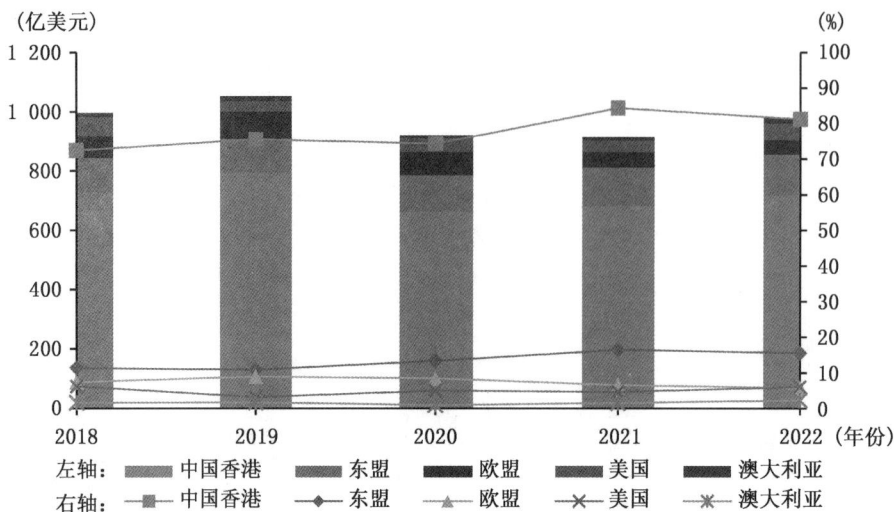

图3-12

资料来源：中国对外直接投资统计公报整理。

左轴：中国香港　东盟　欧盟　美国　澳大利亚
右轴：中国香港　东盟　欧盟　美国　澳大利亚

图 3－12　2018—2022 年中国对主要经济体投资情况

的基数，另一方面是由于中国与其他国家的关系回暖。具体情况见表 3－7 所示。

表 3－7　　　　　　　　　　　2023 年海外区域并购情况

按交易金额			按交易数量		
区域	金额(亿美元)	同比增长率(%)	区域	宗数	同比增长率(%)
亚洲	117.0	－10.2	亚洲	167	－11.6
欧洲	104.7	－6.7	欧洲	138	－21.6
北美洲	99.2	133.0	北美洲	86	－2.3
大洋洲	35.3	115.2	大洋洲	37	－19.6
拉丁美洲	34.8	82.2	拉丁美洲	19	－42.2
非洲	7.3	－30.1	非洲	10	－28.6

资料来源：Refinitiv、Mergermarket，包括中国香港、中国澳门和中国台湾的对外并购交易，数据包括已宣布但尚未完成的交易，安永分析。

（五）对外合作：外承包工程和劳务合作呈现逐步回暖和增长的态势

根据 2020—2023 年中国对外承包工程统计（见图 3－13）可知，对外承包工程完成营业额和新签合同额在 2019 年之前逐年增长，在疫情结束之后，开始回暖。虽然同比也在 2020 年之前不断下降，但是近几年也开始逐步回升。具体来看，2023 年对外承包工程完成营业额 11 338.8 亿元人民币，增长 8.8%（折合 1 609.1 亿美元，增长 3.8%），新签合同额 18 639.2 亿元人民币，增长 9.5%（折合 2 645.1 亿美元，增长 4.5%）。我国企业在"一带一路"共建国家承包工程完成营业额 9 305.2 亿元人民币，增长 9.8%（折合 1 320.5 亿美元，增长 4.8%），占同期总额的 82%；新签合同额 16 007.3 亿元人民币，增长 10.7%（折合

2 271.6 亿美元,增长 5.7%),占同期总额的 86%。

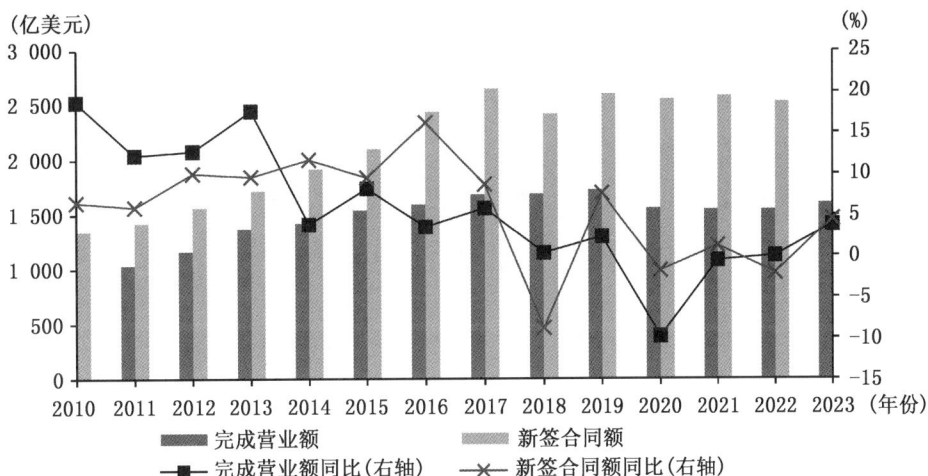

资料来源:根据中华人民共和国商务部公布的数据整理。

图 3—13　2010—2023 年中国对外承包工程统计

2012—2023 年中国对外劳务合作统计也与对外承包工程统计有相似的发展形势(见图 3—14)。2020 年之前,对外劳务派出人数在一定范围内平稳波动。疫情出现之后,受限于"全球封锁",劳务派出人数锐减。然而,随着新冠疫情影响的逐渐减小,中国对外劳务合作开始缓慢回升。2023 年派出总人数由 2022 年的 25.9 万人增至 34.7 万人,比去年同期增长 34.0%;承包工程项下和劳务合作项下分别派出 11.1 万人和 23.6 万人,增幅分别为38.8%和31.8%。

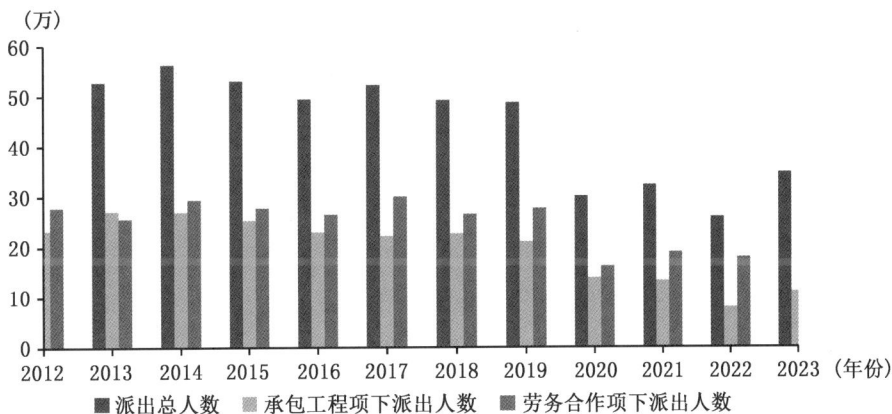

资料来源:根据中华人民共和国商务部公布的数据整理。

图 3—14　2012—2023 年中国对外劳务合作统计

二、2024 年中国对外直接投资的发展趋势

（一）中国对外直接投资展现出稳定增长的态势

虽然地缘政治博弈、逆全球化兴起以及贸易保护主义抬头等因素给全球经济发展带来更多不确定性，也使得企业投资海外的信心相对不足，但中国对外投资承压前行、稳中有进，交出了不错的成绩单。2023 年，中国对外直接投资继续保持稳定增长，对外投资大国地位稳固。因此，我们有理由相信今后中国对外直接投资将继续保持平稳势头，稳中有进。首先，中国对外直接投资平稳发展，已连续 11 年位居全球前三。而且中国作为世界第二大经济体，拥有庞大的经济规模和持续增长的潜力，这为对外投资提供了坚实的经济基础和资金支持；中国拥有世界上最多的外汇储备，这为对外投资提降低了投资风险。其次，中国政府持续推进"走出去"战略、"一带一路"倡议和区域全面经济伙伴关系协定（RCEP），为企业提供政策指导、财政支持、税收优惠等，鼓励企业进行国际投资，优化对外直接投资，实现对外直接投资的高质量发展，为对外投资提供新的机遇。同时，中国企业在国际市场上的竞争力不断提升，尤其是在数字经济、绿色发展等领域，这将推动对外投资的增长。再者，中国企业通过对外投资获取的资本和利润回流，增加了国内的资金供应，有助于国内经济的进一步发展。同时，对外投资带来的技术、管理经验和商业模式的引进，促进了国内产业的技术进步和效率提升。最后，中国企业通过对外投资，实现了产业链的全球布局，这有助于企业更好地参与国际分工，提高产业链的竞争力。在全球范围内优化资源配置，可以降低生产成本，提高产品质量，从而推动产业升级。

（二）行业分布更加广泛，投资结构更加合理

中国对外投资方式更加多样，结构也进一步优化。从投资行业看，制造、采矿、金融、批发零售、信息技术服务等行业仍然是投资主体，而绿色产业、新能源以及数字新兴领域投资合作稳步拓展。根据安永日前发布的《2023 年前三季度中国海外投资概览》，2023 年前三季度，中企在拉丁美洲宣布的并购金额为 32.5 亿美元，同比增长 185.9%，主要投向了秘鲁的电力行业及巴西的先进制造业。明显改变了中国投资过度集中于资源采掘业的刻板印象，中国资本越来越多地进入拉美地区的信息服务业、租赁和商务服务业、批发零售业、制造业、金融业等领域。

一方面，随着全球对可持续发展和环境保护的重视，中国企业在新能源（如太阳能、风能）、节能环保技术、绿色建筑等领域的投资将增加。这有助于中国企业参与全球绿色经济的发展，同时响应国际社会对环境保护的期待。另一方面，数字经济是全球经济增长的新引擎。中国企业在云计算、大数据、人工智能、电子商务等领域的投资将有助于拓展国际市场，提升全球竞争力，并促进国内产业的数字化转型。除此之外，中国政府鼓励高技术产业发展，包括电子信息、生物医药、新能源、新材料等领域。对外投资这些行业有助于中国企业获取先进技术、管理经验和国际市场，推动产业升级和技术创新。例如，在新能源领域，宁德时代在玻利维亚投资锂矿加工，比亚迪在智利建设电池材料厂。因此，中国的对外直接投资行

业越来越多样,投资结构也越来越合理。

（三）多元化发展对外直接投资

政府工作报告继续提出扩大高水平对外开放,促进互利共赢。东部地区依然是对外直接投资的主要地区。东部地区如广东、江苏、浙江、上海等地经济发展水平较高,拥有较强的经济实力和产业基础,拥有完善的产业链和供应链,这为企业"走出去"提供了坚实的基础。例如,广东省的电子信息产业、江苏省的制造业等,这些地区的企业通常具有较强的竞争力和国际化经营能力,因此更倾向于进行对外直接投资。西部地区的对外直接投资额和占比在近年来显著增长,这可能反映了国家政策对西部大开发的支持,以及西部地区在基础设施、资源开发等方面的潜力逐渐被挖掘。资源丰富的地区可能会通过对外投资来开发和利用这些资源,如矿产资源、能源等,以满足本地经济发展的需要。根据安永发布的《2023年上半年中国海外投资概览》,电力与公用事业成为上半年中国海外投资的热门行业,这可能反映了西部地区在这些领域的对外投资增加,如四川等。除此之外,政府政策支持和优惠措施可以鼓励企业进行对外投资。例如,中国政府通过设立特殊经济区、提供财政补贴等方式,鼓励企业"走出去"。具有较强文化和品牌影响力的城市或地区,其企业也会通过对外投资来推广自己的品牌和文化,提升国际形象。

（四）对外直接投资区域布局态势向好

IMF数据显示,2024年全球经济增长面临诸多变数。贸易局势紧张、地缘政治风险以及气候变化等因素,都可能对经济产生重大影响。然而,IMF也指出,技术创新和新兴市场的崛起为经济增长带来了新的动力。面对复杂多变的国际国内形势,中国对外投资市场将多元化发展。

一方面,除美国等传统投资地外,中国企业将更加关注潜力巨大的新兴市场,且与"一带一路"共建国家的投资合作会更为紧密。第一,中国企业投资目的地会更倾向于巴西、墨西哥、秘鲁、智利等社会政治更稳定且投资环境熟悉的国家,在中美洲国家中,中企则可能因受政策鼓励而不断扩大投资。第二,中国企业会对经济联系更加密切的国家或地区加大投资。比如中国政府鼓励企业参与"一带一路"等国际合作项目,这些政策支持下的地区可能会成为对外投资的重点。2023年,中国共与18个国家确立了关系新定位,其中8个为亚洲国家,分别为新加坡、越南、东帝汶、吉尔吉斯斯坦、土库曼斯坦、巴勒斯坦、格鲁吉亚和叙利亚。第三,中企还可能深化中非合作。虽然非洲发展的不确定性增大,但其资源、人口市场潜力等优势并没有消失,这将在基础设施、工业体系建设、城市综合开发、金融、保险、航运、通信、数字经济、清洁能源等领域孕育出巨大的投资和消费需求。

另一方面,技术创新、环保以及可持续发展也将成为中企海外投资的重要目标,即一些欧美发达国家。比如美国在硅谷等地的科技创新能力全球领先,吸引了大量中国科技企业投资,阿里巴巴、腾讯和华为等在美国设立研发中心。德国政府推动的"能源转型"政策,这为可再生能源技术的投资提供了良好的环境,中国的光伏企业,如隆基股份和晶科能源在德国有投资项目。

三、2024 年中国对外直接投资的政策取向

（一）深化多双边和区域经济合作，促进国内外互联互通

监管政策的弹性、针对性和隐蔽性大大增加了中国投资 TID(技术、基础设施和数据)类企业的政策风险和并购风险。同时，"友岸化""近岸化"趋势、政局动荡以及金融安全问题影响着中国对外直接投资。因此，需要深化多边合作，促进国内外市场的互联互通。首先，从政策入手，对外积极沟通协商，提升政府互信；对内优化境外投资服务工作，提升政策一致性。基于当前国际环境和中国产业发展方向，提升对外投资的先进性及其与国内产业体系的契合度，带动产业发展，深入参与经济循环体系。其次，推动落实已生效自贸协定，与更多国家和地区商签高标准自贸协定和投资协定。推进中国—东盟自由贸易区 3.0 版谈判，推动加入《数字经济伙伴关系协定》《全面与进步跨太平洋伙伴关系协定》。全面深入参与世贸组织改革，推动建设开放型世界经济。最后，继续支持高质量共建"一带一路"，推动重大项目合作，实施民生项目，以及在数字、绿色、创新、健康、文旅、减贫等领域的合作，这有助于加强与沿线国家的互联互通，促进共同发展。同时，加强与其他经济体在政治、经济、人文方面的交往，降低别国干扰的影响；与各国地方政府发展友好合作，以更紧密的经济合作关系，降低政府更迭可能带来的不利影响。

（二）扩大高水平对外开放，促进投资转型

对外直接投资是一项充满风险和挑战的活动，优化投资结构，规避投资风险，提高投资的经济效益与社会效益，是提升中国对外直接投资质量，促进中国由投资大国向投资强国转型的核心内容。

一方面，积极签订或升级双边协定，降低潜在的政治风险。一是积极与投资目的地国家签订双边投资协定(BITs)或升级现有协定，以提供法律保护，确保投资安全，减少政治风险。同时，在协定中明确投资保护条款，包括公平和公正待遇、投资和收益的自由转移、征收和国有化补偿等。二是在传统投资领域如能源、基础设施建设、服务和餐饮业的基础上，加大对信息、通信、科研等领域的投资，推动产业结构升级。鼓励企业在高端技术领域进行投资，如半导体、生物技术、新能源、人工智能等，以提高在全球价值链中的地位。三是通过投资研发和创新，推动中国企业向产业链的高端环节迈进，如设计、品牌、营销等，从而实现从制造向创造的转变。在全球范围内布局研发中心和创新平台，加强与国际科研机构和高校的合作，提升技术创新能力。

另一方面，创新投资方式，提高项目运营能力。一是优化产业分布，在能源、基建、服务、餐饮等基础上，向信息、通信、科研等领域拓展，使对外投资结构从传统的建筑、交通领域转向高端技术领域，使中国企业在价值链产业链布局中处于主导控制地位。二是通过工业园区内的企业之间的产业关联，形成产业链上下游的紧密合作，实现资源共享和优势互补。建立公共研发平台、技术转移中心等，促进技术创新和知识共享，提升整个园区的竞争力。

（三）加强对外直接投资的支持体系

一是完善对外投资管理体制机制。深入推进对外投资管理的"简政放权、放管结合、优

化服务"改革,加强宏观指导,支持有能力、有条件的企业开展真实合规的对外投资活动。完善对外投资全过程管理,创新监管工具,强化海外风险防控机制,规范对外经济合作参与者的行为和市场秩序。优化对外投资综合服务,加强信息发布、投资合作机制建立和海外利益保护等方面的协调,推进"互联网＋对外投资服务"。

二是构建金融支持体系。制定鼓励企业对外投资的税收、信贷和保险政策措施,提供资金支持、贷款担保和贷款风险分担。加快国内金融体制改革,提升金融市场开放的广度和深度,为企业"走出去"提供市场化融资渠道和避险产品。

三是加强风险管理和合规性指导。提供风险评估和合规性指导,帮助企业识别和应对投资过程中可能遇到的政治、经济、法律和文化风险。建立风险预警机制,及时向企业通报可能影响其海外投资的政治经济动态。

四是提供政策和信息服务。从信息和资金支持两方面完善服务和促进体系,发挥信息服务平台作用,加强对企业海外投资的融资支持,建立企业海外投资基金和信用保证基金等,特别是为中小企业提供低利率贷款和融资担保。对于一些有实力、有条件的大型企业,鼓励通过对外直接投资来获得技术、品牌、市场渠道,从而转型生产更高附加值产品和服务,促进产业升级。

第二篇

❦

中国农民创业投资

　　主题报告利用上海财经大学千村调查项目数据库中农民创业现状调查数据,对中国农民创业投资的动机、模式及效应进行了实证研究。研究发现:中国农民创业投资非农化现象明显(占比达 75.5%),批发和零售业领域投资人数最多(占比达 29.36%),其后依次为农林牧渔业(占比为 24.54%)、低端制造业(占比为 21.27%)、住宿和餐饮业(占比为 9.12%);区域间存在显著差异,东南地区创业投资活力强于其他地区;以生存型创业投资为主,投资方式较为传统;家庭创业氛围较浓,男性比例高于女性;产权形式较为单一,治理结构也有待完善,市场竞争力有待培育。

　　实证表明:农民的家庭背景和所处地区差异会对农民的创业动机产生显著影响,精英家庭将比普通家庭背景出身的创业农民机会型动机的概率高出约10.16 个百分点,普通家庭背景出身的农民创业动机存在地区差异,东部地区普通家庭背景出身的创业农民机会型动机的概率显著高于其他地区(其中比中部、西部、东北地区分别高出 8.8%、4.47%、13.75%),但精英家庭背景出身的农民创业投资动机不存在地区差异;受教育程度越高的农民越倾向于机会型创业投资;有退伍军人身份的农民比普通的农民机会型创业投资动机概率高 8.28 个百分点。同时,近 90% 的农民创业投资属于模仿创业;创业投资对农民具有显著的致富效应和幸福感效应。

　　相应的政策启示为:加大农民财经素养教育力度,营造良好的农村创业投资环境,建立更完善可持续的社会保障制度。

第四章

概　述

2024 年 1 月国家统计局人口和就业统计司司长王萍萍撰文指出,截止到 2023 年末,全国人口为 140 967 万人,从城乡构成看,城镇常住人口 93 267 万人,乡村常住人口 47 700 万人。[①] 目前,乡村常住人口仍超过了总人口比例的 1/3,因此解决乡村人口的生计问题直接关系我国经济、社会和政治的稳定发展。近代以来,创业投资作为改善农民家庭生活条件、增强农民的获得感和幸福感的重要途径,长时间被国内理论界所忽视,直到 20 世纪 80 年代乡镇企业的发展才有学者注意到我国农民的创业投资热情,到了 20 世纪 90 年代也只有少数学者在关注,虽然近十多年来得到了国内学者们的广泛重视,但理论上的研究仍难解决现实中的困境。现实中农民创业投资一直受到传统的体制机制束缚,发展举步维艰。究其原因,从思想上看,受中国传统自给自足的农耕思想影响,认为农民的主要任务就是农业生产,农民的主要工作就是种地,耕作是农民的本分,没有必要进行创业投资。从制度上看,新中国成立初期历经社会主义三大改造,个体和私营经济基本被改造成了公有制或集体经济,农民创业投资也基本成了以社队为单位的集体创业行为,私营经济在当时不允许发展,这不仅抑制了农民创业投资的积极性,也使得个体农民的创业投资活动失去了成长的土壤。改革开放后虽对原经济体制进行了改革,放开了商品经济,解放了长期以来被束缚的农村生产

---

① 王萍萍. 人口总量有所下降人口高质量发展取得成效[EB/OL]. (2024-01-18). https://www.stats.gov.cn/sj/sjjd/202401/t20240118_1946701.html.

力,提高了个体农民的创业投资积极性,但并未对土地、山林等影响农民创业投资的重要生产要素放开所有权,农村中大量的生产要素属于集体所有,而且我国农村商品市场先天发展落后,后来的城市工业化进程也挤占了大量的农村资源,财富过度向城市集中,农民拥有的创业投资禀赋极度匮乏。此外,户籍制度的限制也让很多农民一生都被束缚在经济不发达的农村地区等,诸多因素影响了我国农民的创业投资活动。

第一节 概念界定

一、创业的内涵

投资活动是人类社会重要的经济活动之一,《经济大辞典·金融卷》将投资定义为经济主体为了获得未来收益,通过预先垫付一定的货币或资本来经营某项事业的经济行为;英文版的《帕尔格雷夫经济学词典》认为投资是一种资本积累,是为了取得用于生产的资源、物力而进行的购买及创造的活动;G. M. Dowire 和 D. R. Fuller 认为投资的定义有广义和狭义之分,广义的投资是指以获利为目的的资本使用,它既包括股票和债券的购买行为,也包括运用资金建设厂房、购置设备等从事扩大生产流通事业的经济行为;而狭义的投资仅指购买各种证券的经济行为(方芳和陈康幼,2010)。此外,从投资经济学科的角度来看,投资具有丰富的内涵,它既包含投资主体为了获得预期收益,使用资金雇佣人员、购置机器设备、租赁生产厂房进行产品生产、销售获利的直接投资行为过程,也包含投资主体为了获得预期收益将资金转换为证券等金融资产的间接投资行为过程。因此从广义和直接投资的视角来看,创业可以说属投资主体的一种经济行为或者过程,创业的过程也是投资的过程。目前,国外学者对创业的研究视角趋于多样化并形成了较完善的理论体系,而国内学者在该领域的研究尚处于介绍和引进阶段(胡萍,2008),学界对于创业概念的定义还存在分歧(木志荣,2007)。

创业活动是人类较早的实践活动之一,创业对今天的许多人来说是一个很常见的词汇。顾名思义,创业意味着事业从无到有、从小到大、由弱变强、由简至繁、由旧及新的创造过程(危旭芳,2013)。《辞海》将创业定义为"创立基业",创业在中国古代典籍中已有多处记载,如春秋战国时期《孟子·梁惠王下》有"君子创业垂统,为可继也",东汉时期诸葛亮《出师表》曰"先帝创业未半,而中道崩殂"等,创业之"业"后被引申为事业、功业、学业、产业等。

在英文中,表示创业的单词有"venture"和"entrepreneurship",这两个单词的最初含义并不是创业之意,"venture"有风险的含义,而"entrepreneurship"表示企业家精神或者企业家活动,随着人类创业活动的实践,使得"venture"和"entrepreneurship"有了创业的含义(木志荣,2007)。《牛津英语词典》将创业者定义为在担当风险的情况下开启或运行一定业务来获取经济利益的人,《柯林斯英语大辞典》中,创业被解释为"成为创业者的一种状态或与成为创业者相关的各种活动"(赵鹤,2015)。

在国外的学术领域,创业最早的概念可以追溯到 18 世纪,1755 年爱尔兰经济学家理查德·坎蒂隆(Richard Cantillon)所著的《商业性质概论》认为创业的本质就是承担风险,描述的是以特定价格买进和以不确定价格卖出的风险承担过程,自该概念被提出后,它就在经济学、社会学、政治学和心理学等不同背景和学科学者的研究议程上占据着重要的位置(Hébert 和 Link,1989)。1912 年,约瑟夫·熊彼特提出的"经济发展理论"首次将"创新"添加到创业的定义中,正如他所说的:"没有创新,就没有创业家;没有创业成就,就没有资本主义的回报,就没有资本主义的推动力。"熊彼特(1934)将创业定义为创造新的要素组合以产生经济增长的过程,他认为企业家是创造性的破坏者,并赋予了创业者以"创新者"的形象,创新表现为新产品、新生产方式、新市场和新组织形式。Kirzner(1973)用"对机会的警觉性"来解释创业,他认为创业是未知知识的发现,在他看来创业发现的是市场参与者事后所犯的错误,"错误"的存在为参与者提供了实现利润机会的空间。因此,创业是创业家对机会做出反应,而不是创造机会。Drucker(1985)认为创业是一种新组织的创造,不管该组织其是否可以维持或是获得盈利,即便一个仅仅从事商业冒险行为的个人也可以称之为创业者,这与 Greene 和 Brown(1997)的观点"创业可以简单地归纳为动员各种资源去实现商业机会"一样,使得创业的定义范围更加的宽泛。总的来说,对于创业的定义国外学者们一直都没有达成一致的意见(Brockhaus 和 Horwitz,1986;Sexton 和 Smilor,1986;Gartner,1988)。

创业研究涉及多门学科、多种理论和研究方法,由于各学科的研究对象和研究方法各不相同,学者们关注的焦点也就不同(朱仁宏,2004)。不同的学者在创业的定义之中强调了不同的创业活动,有的强调组织创造(Gartner,1988),有的强调建立新的组合(Schumpeter,1934),有的强调探索机会(Kirzner,1973),有的强调承受不确定性(理查德·堪提龙,1986),有的强调组合不同的生产要素等(Say,1803),国内学者朱仁宏(2004)归纳了一些国外学者对创业的定义与解释(参见表 4—1),从中可以看出多数国外学者对创业的定义也只是描述了创业的一个或几个侧面。

表 4—1 国外一些研究对创业的定义与解释

定义的焦点	作者	定义/解释
识别机会的能力	Knight(1921)	成功地预测未来的能力
	Kirzer(1973)	正确地预测下一个不完全市场和不均衡现象在何处发生的套利行为与能力
	Leibenstein(1978)	比你的竞争对手更明智、更努力地工作的能力
	Stevenson 等(1985)	是洞察机会的能力,而不是已控制的资源驱动了创业
	Conner(1991)	按资源观点,从根本上来说辨识合适投入的能力属于创业家的远见和直觉,但在目前这种远见下的创造性行为却还没成为资源理论发展的重点
创业家个性与心理特质	Bygrave(1989)	想象力、首创精神、灵活性、乐于理性思考、创造性和在变化中发现机会的能力

定义的焦点	作　者	定义/解释
获取机会	Stevenson 等(1994)	根据已控制的资源去获取机会
	Shane 和 Venkataraman(2000)	创业就是发现和利用有利可图的机会
	The US National Commission on Entrepreneurship(2003)	不断地变化会产生新的创造财富机会,(创业就是)经济(主体)利用这些新机会的方式
创建新组织与开展新业务的活动	Schumpeter（1934）	进行新的结合
	Cole(1968)	发起、维持和开展以利润为导向的有目的业务活动
	Vesper(1983)	开展独立的新业
	Gartner（1985）	建立新组织
	The Academy of Management (1987)	创办和管理新业务、小企业和家族企业,创业家特征和创业家的特殊问题
	Low and MacMillan(1988)	创办新企业

资料来源:朱仁宏. 创业研究前沿理论探讨——定义,概念框架与研究边界[J]. 管理科学,2004,17(04): 71—77.

　　与此同时,国内学者在对国外创业理论分析的基础之上也尝试提出过创业的概念。 如宋克勤(2002)认为创业是创业者通过发现和识别商业机会,组织各种资源提供产品和服务以创造价值的过程,它包括创业者、商业机会、组织和资源等要素。其他有些学者认为创业是发现和捕获机会并由此创造出新颖产品、服务或实现其潜在价值的过程(郁义鸿等,2000;王延荣,2004),是发现、创造和利用商业机会,组合生产要素,创立自己的事业,以获得商业成功的过程活动(雷家骕和冯宛玲,2001),是在动态的时间与环境中通过一定的组织形式,发掘并利用潜在的机会来创造价值的过程(陈震红等,2004)等。

　　虽然国内外学者分别从不同的角度诠释了创业的定义,至今仍没有形成一个统一的概念界定(郭军盈,2006),但综合发现很多定义中还是存在一些共同的要素,如 Gartner(1990)通过对诸多学者的创业定义进行归纳发现创业投资家(The Entrepreneur)、创新(Innovation)、组织创建(Organization Creation)、创造价值(Creating value)、营利或非营利(Profit or Nonprofit.)、发展(Growth)、独一无二(Uniqueness)、所有者—经理(The Owner-Manager)这八个共同要素是很多学者所共同关注的,总结起来大致包含创业投资家、创新、组织创建、价值创造、成长和过程等,这些共同要素为本文对农民创业投资的定义提供了有益的参考。

二、农民创业投资的界定

(一)农村与农民

　　本报告研究的是中国农村地区的农民创业投资活动,因此在界定农民创业投资的概念之前有必要对农村地区和农民进行界定。一方面,关于农村地区的界定,一般而言广义上的农村地区是指县域以下的地区,而狭义的农村仅指"以农业经济为主"的地区(蒋剑勇,2014),本篇的数据基于"千村调查"调研项目[①],由于调研只涉及镇和村两个层级,因此本篇所指的农村地区皆取广义上的含义,是指县域以下包括乡镇及以下的行政村、自然村等地区。另一方面,关于农民的界定,"农民"一词语出《谷梁传·成公元年》:"古者有四民:有士民,有商民,有农民,有工民。"《辞海》将农民解释为直接从事农业生产的劳动者(不包括农奴和农业工人),《现代汉语词典》把农民解释为在农村从事农业生产的劳动者。英文中表示农民的词有"peasant",《牛津高阶英汉双解词典》将"peasant"解释为拥有或者租赁一小块土地的人。学术界对农民的定义有不同的标准,在发达国家,农民是一种职业概念,就是从事农业生产经营的人。而在发展中国家,农民并不完全是一种职业的概念,有时候是一种社会身份的象征,或代表了某一类社会阶层,是处于较低的经济地位和政治地位的社会群体(蒋剑勇,2014)。现阶段我国的农民概念具有户籍与身份特征,因此本篇所指的农民皆指具有农村户籍者。

(二)农民创业投资

关于农民创业投资的概念,国内现有研究对农民创业投资的界定仍是仁者见仁、智者见智,比如国内的一些学者将农民的非农经营视为农民创业投资,有学者认为扩大农业生产规模或改变生产经营方式等都是农民创业投资活动。在西方学者的眼中,农民创业投资者与其他创业投资者并不存在明显的差别,农民创业投资者只是众多创业投资者类型中的一种,国外学者多数以地域作为划分维度将创业投资分为农村创业投资和城市创业投资(危旭芳,2013)。Mcelwee 和 Henry(2014)指出农村创业投资与城市创业投资的最大区别是创业投资环境的不同,创业投资者个人特质并无任何差别。少数学者对农村创业投资概念进行了定义,如 Wortman(1990)将农村创业投资定义为创造新组织生产新产品、服务或创建一个新市场或在农村环境中使用新技术的活动,Mcelwee 和 Henry(2014)将农村创业投资定义为在农村地区雇用他人在特定场所从事与价值增加的相关活动,因此农民创业投资与农村创业投资的概念不同,农民创业投资是某一个群体创业投资的概念而农村创业投资是人们在某一个地域进行创业投资的概念。

然而,由于国情、地理特征、文化背景、历史发展、经济环境和政治体制的不同,中国农民有其自身特点,这使得中国农民创业投资者有别于其他国家的农民创业投资者,我们对中国农民创业投资的理解不能简单地在创业投资前面加一个"农民"的限定词(郭军盈和张蕴,2010)。如:(1)中国农民只能拥有土地、山林等的使用权,且农民的生产生活多与土地、山林等息息相关,这很大程度上影响了农民创业投资的领域,但中国农民又没有土地、山林等的所有权,"无恒产者必然无恒心"这又使得农民在创业投资时不能充分依赖土地、山林等生产要素,在创业时不能将土地、山林等生产要素作为永恒的私有财产使用来发挥其最大的创业投资价值。(2)中国城乡长期的"二元"结构使得中国农村发展远远滞后于城市,表现为农村

---

① "千村调查"项目是上海财经大学组织的以"三农"问题为研究对象的大型社会实践和社会调查研究项目,问卷调查对象通常是农村地区的农民。

信息闭塞、市场发育普遍滞后,农民的经历单一、受教育水平不高、现代科学技术和管理经验的知识匮乏、市场观念淡薄,农民拥有的初始创业投资资本贫乏等,虽然近些年城乡之间的差距在逐渐减小,但是农村普遍落后于城市,农民收入普遍低于城市居民仍是当下中国社会的现实。此外,农民即使身在城市创业,但受到户籍制度的限制身上被深深地打上了"农民"的烙印,农民身份向城市居民身份转变存在非常大的难度,一定程度上制约了中国农民的创业投资活动等。(3)当下大多数地区的中国农民并没有很好的社会保障条件,不具备与城市居民相同的社会福利和保障待遇等,因此中国农民在等同的创业投资机会面前不具备与城市居民等同的竞争能力,承受着创业投资的高风险而自身及家庭却无很好的社会保障,这也使得中国农民创业投资过程表现得异常艰辛。上述制度性约束导致中国农民创业投资活动多与农村紧密相关、创业投资初期难以进入新的行业领域、创业投资活动技术含量不高等,在创业投资时往往面临着极其艰辛的条件,存在很大的局限性。因此,中国农民创业投资的判定标准应该与其他群体创业投资的条件和标准不尽相同(初明达,2008)。

另外,对于中国农民创业投资我们还需要理解如下几点:其一,很多学者强调创业投资一定是要有组织的创建,然而对中国农民而言,受制于主客观条件的限制,农民在创业时往往会依赖现有的家庭组织或者血缘编织的社会关系进行,以减少创业投资的初始资本投入,化简创业投资的复杂性,降低创业投资风险,而不一定创建新的企业组织,因此很多中国农民在创业时并没有出现类似企业创建等正式组织形式的出现,取而代之的普遍是家庭作坊式的非企业化组织形式,我们不能否认依赖于家庭、亲戚朋友等类似这种非正式组织形式的农民创业投资活动。其二,在熊彼特(1934)等学者看来,创业投资活动需伴随着创新才能称之为创业投资,然而受到主客观条件的限制,决定了中国农民创业投资活动表现得较为简陋和原始,多数农民创业投资仅表现为将资源从生产力较低的领域转移到较高的领域,或对现有资源进行重组以实现较高的产出,有时候甚至仅仅模仿他人进行创业投资活动。但是,创新不仅具有相对性,而且创新本身就有着丰富的内涵:它包含了技术创新、市场创新、制度创新、观念创新、产品创新和管理创新等。笔者认为并不一定要开展全新的事业、开辟全新的领域才能称之为创新,中国农民受到投资领域不论技术是否先进、是否与众不同,其能摒弃传统的自给自足的农耕观念本身就是一种观念创新的过程(郭军盈和张蕴,2010)。此外,中国农民受到条件的限制,在处于特殊的环境下突破原有的经济活动领域也是一个创新的过程。

郭军盈(2006)认为农民创业投资是农民依托家庭组织(或亲戚朋友关系形成的松散的非正式组织)或创建新组织,通过投入生产资本,依托农村,通过扩大现有规模或者从事新的生产活动,去创造价值实现财富、谋求发展的过程。吴昌华等(2008)将农民创业投资界定为具备一定创业投资资本和能力的农民在寻找或开拓市场空间的基础上,通过重组各项生产要素资源、开辟新的生产领域和创新经营形式,以达到自身利益最大化和扩大劳动力就业的过程。初明达(2008)认为农民创业投资是指无论是利用土地还是脱离土地,它是通过现有资源、资金,利用自身的知识、技能、观念思想,以一种新形式、新方法、新组织结构来从事商业经营与生产经营的活动。程郁和罗丹(2009)认为农民只要实现新的职业选择、新的经营方式以及原有生产的升级等都可以被视为创业投资。丁高洁(2012)、郭红东和丁高洁(2013)指出农民创业投资是农民以个人、家庭、由血缘关系形成的非正式组织以及专业合作社等新型组织为载体,通过投入一定的生产资本,依托农村资源,通过扩大原有生产规模或者从事新的生产活动,开展一项新的事业,以赚取利润增加并谋求自身发展的过程。朱红根与康兰媛(2013)指出农民创业投资是农民通过从事特色种植养殖业、加工业、小型工矿采掘和加工冶炼企业、餐饮服务业、运输业、经商业、农村旅游业以及创办合作组织或协会以实现致富获得财富的活动。危旭芳(2013)认为农民创业投资是具有创业精神的农民从事创业投资活动并为社会创造价值的过程,这一过程以家庭为依托,以所拥有的资源为手段,包括生产要素的新组合,从事生产和经营活动的新方法、新形式及新组织结构等。罗明忠和陈明(2014)认为农民创业投资是指农村户籍人口通过开设企业、建立具有一定规模或特色的种养殖场或加工、从事个体工商经营等创造价值的过程。

其中,有些观点较好诠释了农民创业投资的内涵,但有些观点对农民创业投资的定义忽视了农民创业投资者群体的特殊性,有些观点强调农民创业投资活动需要以新形式、新方法、新组织结构进行,这属于比较严苛的定义方式,将排除很多实际上是创业投资者的农民,有些观点虽然比较宽泛但不太具体等。通过总结学者们对农民创业投资的界定并侧重农民创业投资者与其他创业投资者间的差异,考虑到中国农民创业投资的特殊性,结合创业投资内涵所应有的共同要素:创业投资家、创新、组织创建、价值创造、成长和过程等。本篇将农民创业投资定义为中国农村户籍人口突破原有自给自足的小农生产思维,独自或依托家庭(亲戚朋友)关系形成的非正式组织,或依托创建的正式组织(企业或非企业形式),通过投入资本和劳动承担风险从事生产和经营等经济活动,以创造价值赚取利润谋求自身发展的经济活动过程。

(三)农民创业投资的类型

了解农民的创业投资类型有助于更好的理解农民创业投资的经济活动,关于农民的创业投资类型,学者们从不同的视角去看农民创业投资便有不同的分类方法:如按创业投资的定义(郭军盈,2006)或组织形式(危旭芳,2013),可将农民创业投资分为不创建组织的"家庭作坊式"创业投资(如个体户)和创建新企业组织的"企业式创业投资"(如创办个体私营企业或乡镇企业);按照创业投资过程,可将农民创业投资分为资源开发型创业投资(如立足于本地农业资源的创业投资活动)、自我创业投资型创业投资(如发挥自身特长的非农创业投资活动)、集体创业投资型创业投资(如农民创业投资以乡镇企业形式开展)、打工—创业投资型创业投资(主要是因外出打工获得经验和技术从而进行创业投资活动)(郭军盈,2006);按照创业投资地区可将农民创业投资分为异地创业投资和返乡创业投资(石智雷等,2010;刘苓玲等,2012;危旭芳,2012;刘美玉、陈聪等,2013;刘云刚等,2013;陈文超等,2014;庄晋财等,2014);按照创业投资经历,可将农民创业投资分为初次创业投资和二次(多次)创业投资;按照创业投资行业,可将农民创业投资分为农业创业投资和非农创业投资(危旭芳,

2012)；按照创业投资形式，可将农民创业投资分为农村私营经济、个体经济和乡镇企业(危旭芳,2013)等。

本研究中涉及农民创业投资的分类有：依据农民创业投资的动机分类可将农民创业投资分为机会型创业投资和生存型创业投资，依据农民的创业投资模式的分类可将农民创业投资分为模仿创业投资和创新创业投资，依据农民创业投资行业分类可将农民创业投资分为农业创业投资和非农创业投资等，对此下文将会有详细阐述。

第二节　农民创业投资的行为过程

一、农民创业投资动机的发生机制

农民创业投资动机的发生机制可以使用马斯洛的需求层次理论加以解释，需求层次理论是亚伯拉罕·马斯洛(1943)在其论文《人类动机的理论》所提出的，并在其 1954 年的著作《动机与人格》中完整的进行了阐述。该理论是解释人格的重要理论，也是解释动机的重要理论。马斯洛的需求层次理论认为个体发展的内在动力是动机，而动机是由五种不同层次与性质的需求所组成的，包括生理的需求、安全的需求、社交的需求、尊重的需求和自我实现的需求(如图 4—1 所示)。当低层次的需求满足之后其他更高层次的需求才能成为新的激励因素，并成为推动人的行为发生的主要动机。第一层次的需求是生理需求，也就是最低层次的需求，例如食物、水分、空气、睡眠等需求，如果这些需求得不到满足，个体的生存便成了问题，因此生理需求虽然是最低层次的需求，却是最急迫、最有力量的需求，它是推动人们行动的最为强大动力。第二层次是安全的需求，安全需求同样是较低层次的需求，例如希望自己免于灾难、人身安全和健康不受到威胁、个人财产不受到侵犯、自己的未来得到保障等。第三层次的需求是社交的需求，它属于较高层次的需求，例如对友谊、爱情、隶属关系以及归属感的需求等。第四层次的需求是尊重的需求，也属较高层次的需求，它包含自尊、他尊和权力欲三个部分的内容，如追求一定的成就、更好的名声或更高的地位等。第五层次的需求是自我实现的需求，它属于最高层次的需求，它的内容包括个人的理想、抱负、潜能发挥到最大限度、自我价值得到最大的实现等。

农民创业投资的动机也蕴含在这五个需求之中，例如农民的创业投资动机可以由较低层次的生理需求和安全需求而驱动。他们可能因为想吃得饱而选择创业来获得金钱以换取这些物质所需，以满足自己和家人的生理需求；他们也可能是想要保证自己和家人不受到破房倒塌造成的伤害而选择创业来获得金钱以换取更加安全牢固的房屋，以满足自己和家人的安全需求等。当然农民创业投资的动机也可以由较高层次的社交需求、尊重需求和自我实现需求而驱动；如他们可以是因为想要融入更上层、更成功人士的社交圈子而选择创业投资来满足自己和家人的社交需求；他们也可能想要获得他人对自己的尊重、想要获得更高的社会地位而选择创业以满足自己和家人的尊重需求；他们也有可能发现了某些机会想要实

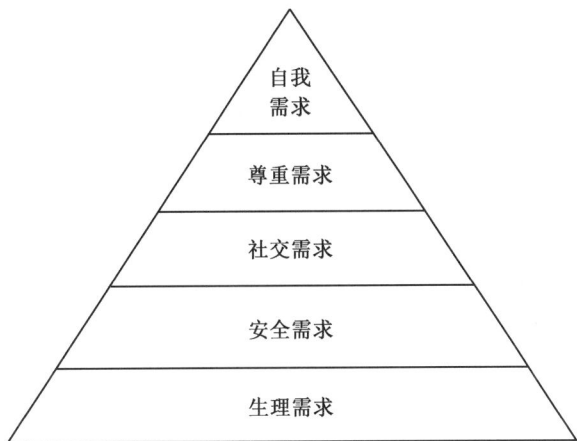

图 4-1 马斯洛需求层次理论

现自己的创业理想和抱负、充分实现自我价值而选择创业投资来满足自我实现的需求等。当然,外部环境和其他因素在农民的创业投资动机的形成过程中也发挥着极其重要的作用,例如社会文化、家庭关系和教育体制等,但总的来说,大部分农民的创业投资动机表现为对创业投资利益的追逐以满足某种需求,毕竟在当下中国社会中,创业投资所得到的经济利益在很大程度上对满足马斯洛需求层次理论中的某些需求具有重要的作用。

二、农民创业投资选择的决策过程

农民创业投资选择的决策过程可用 S-O-R 模型(刺激—有机体—反应模型)加以解释,S-O-R 模型是 Mehrabian 和 Russel(1974)依据环境心理学的相关概念提出的主要描述环境刺激对机体意识及机体行为关系的研究模型。S 是 Stimulus 的缩写,表示机体受到外界的刺激;O 是 Organism 的缩写,代表个体不是在受到刺激后产生简单的条件反射,而是依据其认知对刺激信息进行加工;R 是 Response 的缩写,代表个体因刺激所产生的反应和行为,整个过程如图 4-2 所示。

图 4-2 S-O-R 模型(刺激—有机体—反应模型)

S-O-R 模型同样适用于农民的创业投资决策过程(参见图 4-3)。首先,受到包括个人层面、家庭层面、环境层面及其他层面诸多因素的刺激(S)的影响,农民(O)依据自己的认知对各种刺激信息进行加工从而做出创业投资或不创业投资的决策(R),当然这个过程包含了农民理性决策与非理性决策。

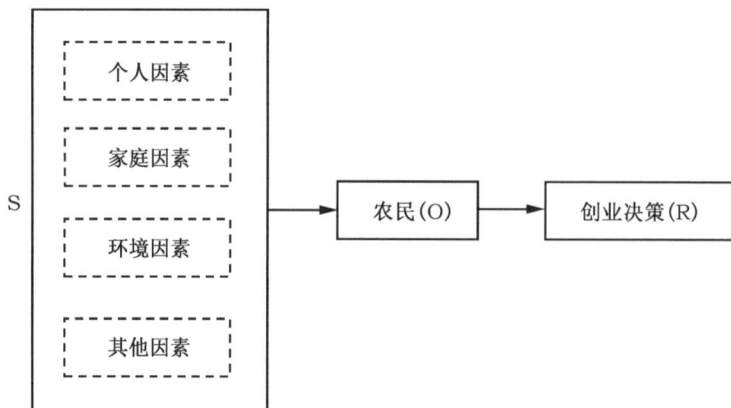

图4-3 S-O-R模型运用于农民创业投资的决策过程

三、农民创业投资的管理过程

上文中使用了马斯洛需求层次理论解释了农民创业投资动机的发生机制,使用了S-O-R模型解释了农民创业投资选择的决策过程,当农民有了创业投资动机做出创业投资选择的决策后就面临着如何开展创业投资活动进行创业投资管理的问题。

对于新创企业的管理过程,西方学者通过对创业投资活动的内涵和创业投资管理的要素分析,提出了不少创业投资管理的理论模型,其中一些模型已成为创业投资研究的重要理论工具。如Gartner(1985)提出的创业投资者、组织、环境、创业投资过程四要素创业投资管理模型,Wickham(1998)提出的创业投资者、机会、组织和资源四要素创业投资管理模型,Sahlman(1999)提出的以环境为中心,包括人和资源、机会、交易行为的四要素创业投资管理模型,Timmons(1999)提出的商机、创业投资团队和资源三要素创业投资管理模型,Bruyat 和 Julien(2001)提出的创业投资者与新企业二元互动的创业投资管理模型等。其中影响力较大的当属Wickham 的四要素创业投资模型、Timmons 三要素创业投资模型与 Bruyat-Julien 的二元互动模型。国内学者董保宝和葛宝山(2008)详细总结了这三种创业投资管理模型。

(一)Wickham 创业投资管理模型

Wickham(1998)在其《战略型创业投资》(*Strategic Entrepreneurship*)一书中提出了基于学习过程的创业投资模型(参见图4-4)。该模型把创业投资者视为调节其他创业投资要素之间关系的中枢,包括识别和确认创业投资机会、管理创业投资资源、领导创业投资组织。此外,该模型还把创业投资型组织视为学习型组织,创业投资型组织必须不断学习来对机会和挑战及时做出反应,调整和修正组织的资产、结构、程序和文化等,使组织不断得到完善,不断在成功与失败中得到学习和锻炼,从而使得创业投资得以成功并不断发展壮大。

(二)Timmons 创业投资管理模型

Timmons(1999)在他的著作《开创新企业》(*New Venture Creation*)中提出了一个创业投资管理模型(参见图4-5)。

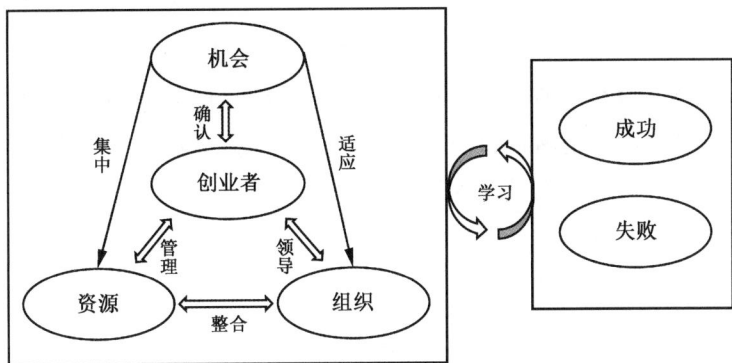

图 4—4　Wickam 创业投资管理模型

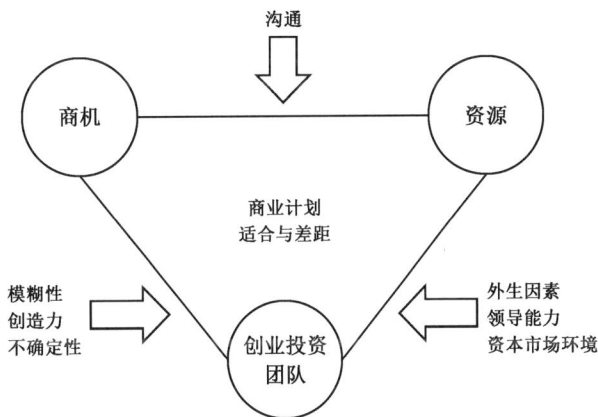

图 4—5　Timmons 创业投资管理模型

该创业投资模型包含三个基本要素:商机、创业投资团队和资源,他认为成功的创业投资活动要对这三种基本要素进行最适当的匹配,而且在创业投资的过程中要随着事业的发展做出动态的调整。在创业投资前期关键是机会的发掘与选择,在创业投资初期重点在于组建创业投资团队,在新事业启动后便产生了增加资源的需求。Timmons 模型由商机、资源和创业投资团队三个核心要素构成一个倒三角,Timmons 认为,新创企业的发展过程非常强调三要素之间的动态性、连续性和互动性:在创业投资的初始阶段商业机会较多,但资源相对稀缺,于是倒三角向左边倾斜;随着新创企业的发展,可支配资源不断增多,但商业机会逐渐减少,从而倒三角向右边倾斜。在整个创业投资过程中,创业投资者必须不断寻求商业机会,并合理使用和整合资源,让倒三角保持动态平衡,以使企业保持平衡发展,这一过程就是新创企业的发展过程。

(三)Bruyat 和 Julien 创业投资管理模型

Bruyat 和 Julien(2000)在其论文《创业研究领域的定义》(*Defining the field of research in entrepreneurship*)中提出了一个聚焦于创业投资者与新企业之间的互动,并以此为核心来开展创业投资活动的创业投资模型(参见图4-6)。该模型认为如何创立新企业、随时间而变的创业投资流程管理、影响创业投资活动的外部环境是创业投资管理的三个核心问题：在个人与新企业的互动下，随着时间的推移，创业投资企业根据一定的流程演进与发展，与此同时外部环境也在不断对企业产生影响，这种影响使得创业投资者与新企业之间的关系不断复杂化。创业投资流程管理在一定程度上成创业投资者与新企业、时间和环境等的函数，这个函数随着时间的变化变得日趋复杂。

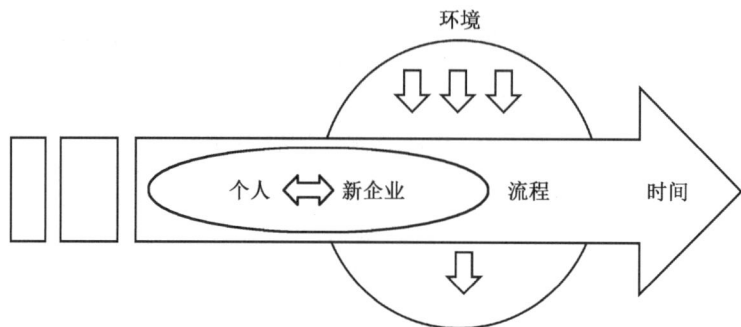

图4-6　Bruyat和Julien创业投资管理模型

农民创业投资者与其他创业投资者相比，虽然存在一定的局限性且有其自身独特的特点，因而不能完全按照创业投资理论进行生搬硬套，但农民创业投资过程也具有创业投资的一般共性，上述经典的创业投资理论模型及其他创业投资理论模型的诸多方面仍然适用于农民创业投资管理过程。[①]

第三节　中国农民创业投资的历史变迁

中国农民创业的发展历史可谓源远流长，在中国历史上曾经出现过的诸多商帮便是农民成功创业的典范组织，如《晋书》记载的"徽州人好'离别'，常出外经商"的徽商；明清时期经营盐业、票号等生意的晋商；形成于唐朝后期，兴盛于宋元明清的潮商等诸多由农民转型而来的创业商帮至今仍保持旺盛的生命力、影响力和凝聚力，农民创业投资为中国历代的经济繁荣和历史的发展做出了不可磨灭的贡献。

在中国近现代历史上，据著名的农村问题研究学者费孝通(1993)在1992年9月25日香港中文大学举办的首届"潘光旦纪念讲座"上的演讲，1936年其亲姐姐费达生帮助农民办的一个生丝精制运销合作社便是近代中国农民所办的最早的乡镇企业之一。1949年中华人民共和国成立后，中国共产党在全国范围内组织了对农业、资本主义工商业和手工业的社

---

① 正如我们在上文所述，农民创业投资也应包含非正式组织形成的创业活动，理解农民创业的创新内涵不仅应从产品创新、技术创新等方面去理解，还应该从观念创新的角度去解读。当我们以上述视角去思考农民创业投资时，经典的创业投资理论模型的某些方面也同样适用于农民创业投资的过程。

会主义改造,生产资料私有制转变为了社会主义公有制,私有制被改造后使得农民创业基本上成为了以社队为单位的集体创业投资行为,因此新中国成立后的农民创业史可以追溯到20世纪50年代初作为农业社副业的社队企业和1956年前后浙江永嘉县、四川江津县(现隶属重庆市)、广东中山县(现为中山市)、江苏盐城地区、陕西城固县出现的新中国第一次包产到户的尝试(陈奇勇,1994)。据学者郭军盈(2006)和危旭芳(2013)的研究,1978年改革开放后,中国农民创业投资的历程又可分为如下四个阶段:

(1)1978—1984年,该阶段可称之为农民创业投资的萌动期。在这一时期,因家庭联产承包责任制和农村经济体制改革的政策红利稍微松绑了长期以来对个体和私营经济的制度性束缚。比如江南地区等地的农民在原来社队企业的基础之上开始自筹资金、自找门路,开设了小规模的加工生产作坊,开创了新中国成立后农民自主创业投资的先河,但还是受制于当时观念的制约和政策的束缚,农民创业投资受到了较大的阻碍。在这种条件之下仍然有一些农民充分发挥了他们的创造力来规避当时私营经济面临的制度性障碍,如温州一带就有农民通过"挂户经营"或带集体"红帽子"的做法将家庭企业置于集体的牌子之下进行创业投资活动。这一阶段的农民创业投资规模普遍很小,主要是一些技术含量和档次都比较低的产业,如纺织、建材和农副产品加工等。

(2)1985—1991年,该阶段可称之为农民创业投资的摸索期。一方面随着家庭联产承包责任制和农村经济体制改革的逐步深入;另一方面受到单纯依靠农业增收的制约使得农村剩余劳动力的转移和农民创业投资开始加速。这一时期农民创业投资的主要特点是兴办乡镇企业,这一时期乡镇企业数量由1985年的1 222.5万增长到1988年的1 888.2万,增长了54.45%,之后由于私营经济和非公有制经济之间的争议,乡镇企业数量出现了滞缓增长的局面,农民创业投资的发展也遇到了新的"瓶颈期"(参见图4-7)。

(3)1992—2002年,该阶段可称之为农民创业投资的转型期,在邓小平南方谈话、中共十四届三中全会确立建立社会主义市场经济体制到2002年社会主义市场经济体制初步建立,这十年的转型期突破了长期以来市场经济与社会主义相互对立的传统观念,冲破了计划经济体制的束缚。市场经济体制改革释放了诸多的、长期以来被束缚的农村生产力,给农村的发展注入了新的活力,民间投资热情空前高涨,大量农民开始进行创业投资,经商兴办企业,乡镇个体户、私营企业、乡镇企业和农村地区非农化转移得到了飞速的发展(参见图4-7)。

(4)2003年至今,该阶段可称之为农民创业的再创业期,进入21世纪,中国"三农"问题日益尖锐,城乡统筹发展、促进农民增收成为发展农村经济,解决"三农"问题的普遍性共识,新农村建设在此阶段也开始如火如荼地进行。在此背景下,县域经济的发展和城镇化进程加快,政府开始实施了一系列扶持农民创业投资活动的政策,农民创业投资的意识也显著增强,农民创业投资处于一个比较有利的发展环境之中。与此同时,随着城市经济体制改革的逐步深入,城市个体经济也得到了迅速的发展,农民继兴起"打工潮"后掀起了新一轮的"创业潮",城乡之间人口流动加速,大量农民纷纷立足于城市进行创业投资,亦有大量的农民纷纷返乡创业投资,农民创业投资成为推动农村和城市经济发展的一支重要力量。

（万个）

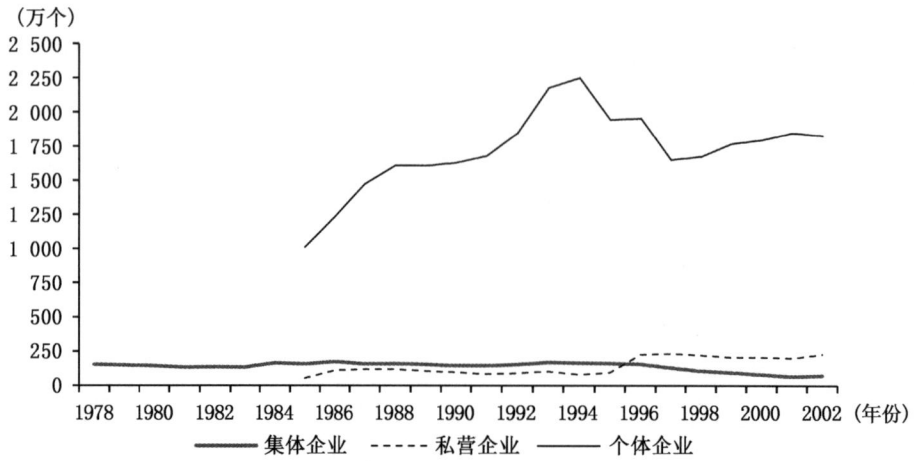

注：1978—1984 年私营企业和个体企业数量的数据暂未找到。

数据来源：农业部乡镇企业局. 中国乡镇企业统计资料［M］. 北京：中国农业出版社，2003.

图 4—7　1978—2002 年中国乡镇企业数量变动情况

第五章

研究综述

　　国内较早的一篇关于农民创业投资的研究文献,可以追溯到学者林红于1985年发表在《中国农村经济》期刊第5期的一篇名为《从乡镇企业的发展看农民创业的积极性》的文章,文章论述了20世纪80年代我国乡镇企业崛起背后亿万农民创业投资积极性的兴起,并建议要建立保护农民创业投资积极性的经济体制。在随后的十多年间,包括整个90年代,只有零星文献的发表,直到2004年农民创业投资问题的研究才开始得到国内学者们的广泛关注,发表的相关文献开始多起来。2005年10月国家开始实施社会主义新农村建设,国内学者开始大量关注和研究农民创业投资问题,发表的相关文献呈现明显上升的态势,发文的趋势在一定程度上与近代中国农民创业投资的历史变迁、中国农村商品经济的发展、"三农"问题的演进和国家政策的演变相关。改革开放之前,农民以个体或私营形式创业投资的行为不被当时的政策所允许,少数农民不得不通过"挂户经营"或带集体"红帽子"的做法"披着集体企业的马甲"开展创业投资活动;改革开放初期,允许部分私营经济发展,独立的个体和私营形式的农民创业投资现象开始形成;20世纪80年代中期至90年代初期,农民创业投资开始加速,各地纷纷兴办乡镇企业;90年代以来至21世纪之初,中国经济向社会主义市场经济转型,出现了"民工潮"之后兴起了"创业潮",学界开始关注农民创业投资问题;随后"三农"问题的逐步显现以及城市化过程中农村失地农民的大量出现,农民创业投资问题才逐渐受到重视(刘志荣和姜长云,2008)。

　　在国外,相比于创业投资理论悠久的研究历史和丰富的研究成果,与国内一样,专门针对农民创业投资的研究也是直到 20 世纪 80 年代后才有一些文献的发表(Gladwin 等,1989；Wortman,1990；Akgün 等,2010；危旭芳和罗必良,2014)并在 2004 年之后农民创业投资研究逐渐丰富,国外学者将农民作为一个特定群体的研究文献较少,多数以地域作为划分维度将创业投资分为农村创业投资和城市创业投资(危旭芳,2013)。总的来说,国外的研究焦点是农村创业区别于城市投资,更多的是关注环境变化对农民创业投资的影响,而国内的研究更多的是将农民作为一个特殊的创业群体加以研究(孙红霞等,2010；罗明忠等,2012),倾向于使用农民创业这一概念(刘美玉,2013)。

国内外对农民创业投资理论的研究时间虽不长,但相关的文献也是浩如烟海,本章将国内外农民(农村、农户、农业)创业投资的文献归纳总结为三大部分:(1)针对特定农民群体的创业投资研究;(2)影响农民创业投资的因素研究;(3)针对农民创业投资的某一主题研究,其中文献多以影响农民创业投资的因素研究为主,归类成该三类虽不能穷尽所有的相关研究且部分研究还可能会重叠,但可以覆盖多数农民创业投资研究文献,也可使得本研究报告综述的逻辑和思路更加清晰。

第一节　针对特定农民群体的创业投资研究

本部分主要区分返乡农民工创业投资研究、失地农民创业投资研究、新生代农民工创业投资研究(邓婉婷等,2011;刘美玉等,2015)三类特定农民群体的创业投资研究,相关研究文献主要体现在国内,国外并没有返乡农民工、失地农民和新生代农民工的特定概念。总的来说,国内学界对于这三类特定农民群体的研究主要集中于返乡创业投资动机与返乡创业投资影响因素方面。

一、返乡农民工创业投资研究

国内理论界对于农民工返乡创业投资问题的关注和研究始于 20 世纪 90 年代中期,张秀娥等(2010)认为农民工返乡创业投资的原因主要受三方面因素的影响,包括(1)城市就业压力逐步增大、城乡二元结构导致的城市与农村之间、市民与农民之间的不平等推动着外出务工的农民工放弃继续留在城市的想法;(2)农民劳动力输出地创业投资环境的改善和农民传统留恋故土的"乡土情结"吸引着外出务工的农民返乡创业投资;(3)农民从自身利益、自我价值实现等角度考虑,从而选择返乡创业投资。国内诸多学者对返乡农民工创业投资进行了不少的探讨,并取得了一些有价值的研究成果,如林斐(2002)通过对安徽省 118 名"打工"农民回乡创办企业的问卷调查及分析发现,返乡创业投资的农民工年龄普遍较轻、文化程度较高、有理想和抱负,他们是推动地方经济发展的一支重要力量,徐超等(2017)和周广肃等(2017)的研究均表明外出务工经历能显著提高返乡农民工创业投资的概率。其他学者如石智雷等(2010)分析了返乡农民工的创业投资行为和创业投资意愿,程广帅和谭宇(2013)研究了影响返乡农民工创业投资决策的因素等。

二、失地农民创业投资研究

失地农民是指在我国城镇化发展的过程中,因城市扩张占用了农民的宅基地和耕地而出现的区别于其他农民的特殊群体。学界对于失地农民的研究主要集中于补偿和保障上,关于失地农民创业投资的研究比较少,少数学者如郑风田和孙谨(2006)认为解决失地农民问题只考虑补偿和保障是不够的,应长远的考虑可持续的生存战略,如建立完善的创业投资支持体系,并从创业投资辅导、金融支持、创业投资机会、创业投资服务等多方面构建失地农民创业投资支持体系。赵清军等(2018)分析了失地农民创业投资意愿及其影响因素,发现创业投资培训、年龄、受教育程度等诸多因素会影响失地农民的创业投资意愿。孙光林等(2019)研究了金融知识对被动失地农民创业投资行为的影响,发现金融知识对被动失地农民创业投资决策和绩效均有显著性的正向影响等。

三、新生代农民工创业投资研究

新生代农民工是指20世纪80年代以后出生的拥有农村户籍而在城市务工、经商的人员,包括成长于农村、中学毕业后直接从农村走向城市的就业者,以及成长于城市的传统农民工子女。新生代农民工与传统农民工相比,对土地没有很深的依赖,难以适应传统的农村生活,比传统农民工更渴望在城市立足(刘美玉等,2015)。国内学者对新生代农民工创业投资研究的文献也有不少,如邓婉婷等(2011)、刘美玉(2013、2015)、张广胜和柳延恒(2014)、张秀娥等(2015)、李长生和黄季焜(2020)等诸多学者皆有研究,其中研究新生代农民工的创业投资动机和创业投资抉择的影响因素还是占多数,如邓婉婷等(2011)通过对部分地区农民的问卷访谈调查发现新生代农民工普遍具有强烈的创业投资动机,但因受到主客观条件的限制,他们采取创业投资的实际行动的比率并不高,刘美玉(2013)基于扎根理论的研究发现经济性、社会性和成就性动机往往交织在一起并伴随着创业投资资源的获取和创业投资机会的感知决定新生代农民工的创业投资模式,生存型创业投资是新生代农民工创业投资的主导模式,但也有抓住机会、寻找市场空白点的机会型创业投资。张秀娥等(2015)研究了社会网络对新生代农民工创业投资意向的影响机理,发现新生代农民工社会网络对创业投资意向具有正向影响。李长生和黄季焜(2020)研究了新生代农民工与信贷约束,发现信贷约束会降低新生代农民工的创业投资概率,缓解信贷约束则会使得所研究的样本创业投资的概率提升等。

总之,针对上述三类特定农民群体的创业投资研究是农民创业投资理论文献研究的一个部分,研究侧重点是突出群体的特殊性,属于特殊农民群体的创业投资研究。

第二节 影响农民创业投资的因素研究

无论研究主题是否专门研究农民创业投资的影响因素,国内外很大一部分农民创业投资的文献都涉及到了农民创业投资的影响因素，而且这方面的研究居大多数。影响农民创业投资的因素有很多，郭军盈(2006)将影响农民创业投资的因素分为体制性因素、外部环境因素和自身素质三大类，罗明忠和邹佳瑜(2011)在对影响农民创业投资因素的研究评述中将农民创业投资归纳为个体特质因素和外在因素，刘建华等(2019)在分析农民创业投资的因素时归类为外部因素和自身因素两大类。本篇在研究文献时发现影响农民创业投资的因素研究也可以归类为个人层面的影响、家庭层面的影响和环境层面的影响，其中以环境层面的影响的研究文献最多。

一、个人层面的影响

现有研究表明，个人层面的诸多因素是影响农民创业投资的重要方面。

如(1)农民的个体特征差异：农民个体特征的差异是影响农民创业投资的重要因素(罗明忠，2012)，其中包括性别(罗明忠，2012；朱红根等，2014)、婚姻状况(Folmer 等，2010；朱红根等，2014)、年龄(Folmer 等，2010；墨媛媛等，2012；朱红根等，2014；陈文超等，2014)、身份地位(Folmer 等，2010；刘小元等，2015；万君宝等，2019)、风险态度(朱红根等，2014)、打工经历(夏公喜等，2009；罗明忠，2012；高静和张应良，2013)等。

如(2)农民的个人素质(朱明芬，2010)：其中包括受教育程度(Cooper 等，1986；Marcel 和 Agnes R，2003；Surendra 等，2006；Folmer 等，2010；朱明芬，2010；高静和张应良，2013；陈文超等，2014；朱红根等，2014；谭华清等，2015；吕惠明，2016；辛愿等，2018)，如谭华清等(2015)的研究表明教育与农民创业投资存在倒 U 型关系，在某一个阀值以内，教育年限的提高会增加农民创业投资的概率，当超过该阀值时，教育年限的提高会降低农民创业投资的概率、创新精神(Folmer 等，2010；高静和张应良，2013)、创业投资能力(吕惠明，2016)、金融素养水平(苏岚岚和孔荣，2019；孙光林等，2019)；金融素养水平的提高可显著提升非创农民未来创业投资的倾向等。此外，务工创业投资技术掌握与否(朱红根等，2014)、创业投资政策知晓与否也会影响农民的创业投资意愿(墨媛媛等，2012)。

如(3)农民的个人社会网络(Granovetter，1985；蒋剑勇等，2013；高静和张应良，2013；郭云南等，2013；Freire-Gibb 等，2014；刘小元等，2015；孙建等，2016；董静和赵策，2019)：农村地区有着较强的社会联系和较少的支持性机构，使得乡村地区农民的创业投资更加强调个人社会网络的重要性(Freire-Gibb 等，2014)，也使得农民创业投资活动深嵌于乡土文化孕育的社会关系网络之中(Granovetter，1985)，利用社会网络，农民可以预期从朋友处获得贷款，这对农民创业投资有显著的正向影响(孙建等，2016)，社会网络中若有亲戚担任村干部、经商或者公务员将正向影响其选择独立创业投资(罗明忠等，2017)，家人、亲戚或朋友中有成功创业投资者将增强农民的创业投资意向(蒋剑勇和郭红东，2012)，与留守本地的农民相比，农民的外出务工经历、城乡迁移等，有利于扩大农民的社会关系网络，从业经历使得农民更容易获取创业投资资金、客户资源和经营许可，这有利于提高农民自主创业投资的概率(Cooper 等，1986；Ma，2002；墨媛媛等，2012；罗明忠，2012；吕惠明，2016；徐超等，2017)。此外,在农民生活的乡土社会中,血缘关系和地缘关系仍然是当代中国农民主导性的人际关系(卜长莉,2003),农民个人的宗族网络是一个可以利用的重要社会关系,在正规金融机构普遍缺乏的农村,宗族网络的强度有助于提高家庭的民间融资额,从而有助于农民创业投资(郭云南等,2013)等。

二、家庭层面的影响

许多文献研究表明,家庭层面的诸多因素也是影响农民创业投资的重要方面(Cooper等,1986)。农民深受"家文化"的影响,不论政治、经济、宗教等功能都可以利用家族来负担(费孝通,1998),家庭情境的质量有利于提高社会个体的创业投资倾向(刘小元等,2015),农民存在于精英型家庭结构中(家庭成员有担任村干部或者拥有党员身份或是村里公认的德高望重者)比人力残缺家庭(如父母离异、兄弟姐妹残疾、老人或子女残疾等)更有可能创业投资(杨婵等,2017)。此外,父母的创业投资经历具有代际传递现象,农民父母若有创业投资经历,则农民自己创业投资的可能性更大(罗明忠等,2013;朱红根和康兰媛,2014),其他的诸如家庭收入水平(Folmer等,2010;罗明忠,2012;朱红根等,2014)、家庭财富水平(郝朝艳等,2012;杨军等,2013;盖庆恩等,2013;陈习定,2018),如郝朝艳等(2012)的研究表明农户的资产水平越高,其选择创业投资的概率也会越高、孩子数量(Folmer等,2010)、农作物数量(Folmer等,2010)等也与农民是否选择创业投资息息相关等。

三、环境层面的影响

环境层面对农民创业投资的影响是最复杂、最难以把握的,Fuller-Love等(2006)认为,制约农民创业投资的主要因素在于农村环境本身,解决农民创业投资的根本问题就是解决创业投资环境问题(孙红霞等,2010;刘美玉,2013),创业投资环境对农户选择创业投资行业、创业投资形式、融资方式等具有显著的影响,创业投资环境改善时有助于农民的创业投资(刘新智等,2015)。国内外在这方面的研究文献非常多:

如(1)受经济环境的影响(Cooper等,1986):夏公喜等(2009)在南京郊区农村调查发现影响农民创业投资的因素包括工业化和城市化进程、特色产业的集聚,距离市中心和工业集中区越远,农民创业投资的比率越低;朱明芬(2010)研究了影响浙江杭州农民创业投资行为的因素,表明经济越发达的地区,农民越容易创业投资等。

如(2)受政策环境的影响:地方政府政策激励越强,农民的创业投资热情越高(夏公喜等,2009),农民参加新型农村社会养老保险能够提高农民创业投资的概率(周广肃和李力行,2016;郭云南和王春飞,2016)等。

如(3)受文化环境的影响:危旭芳等(2014)认为社会文化因素对农民创业投资具有深远的影响,在有些地区甚至起到决定性的作用等。

如(4)受金融环境影响:国内外学界在这个部分研究的文献相当丰富,基本一致认为金融资源难以获取是阻碍农民创业投资的重要因素之一(杨军等,2013;Bruce等,2013;卢亚娟等,2014;Hyungseok Yoon 等,2015;翁辰和张兵,2015;张应良等,2015;刘新智等,2017;苏岚岚和孔荣,2018;项质略和张德元,2019)。其中,张应良等(2015)研究发现中国农村60%以上的农户处于金融约束状态,国外如对泰国的农村的研究也发现金融约束会影响农民的创业投资活动,尤其是贫困地区(Paulsona and Townsend,2004)。农村地区良好的金融环境能够增强农民信贷的可获得性,减少资金约束,从而激发农民的创业投资意愿(朱红根和康兰媛,2013)。但是在正规金融与非正规金融对农民创业投资的作用效果上国内学术界尚存在一些争议,如刘杰和郑风田(2011)认为只有源于正规金融部门的流动性约束才对农户是否选择创业投资和创业投资类型产生抑制性作用,而非正规金融部门的流动性约束则不会对农户创业投资行为产生抑制作用,但一些学者如李树和于文超(2018)的研究发现非正规金融机构对农民创业投资的促进作用要强于正规金融机构。此外,还有学者研究了农地抵押贷款(苏岚岚和孔荣,2018)和信用评级(张三峰等,2013)对农户创业投资的影响,认为农地抵押贷款和信用评级对农户创业投资均有正向的影响等。

如(5)受科学技术的影响:如王金杰和李启航(2017)研究发现电子商务使得农村居民创业投资选择对于学历教育的依赖性降低,使得默会知识[①]对农村居民创业投资选择的积极影响得以增强,比起资本密集型行业,这些影响在劳动密集型行业表现得更为显著。赵羚雅(2019)的研究还发现互联网的使用具有"创业投资效应",互联网的使用与农民创业投资显著正相关等。

如(6)受创业投资榜样的影响(蒋剑勇等,2012;朱红根和康兰媛,2013;李静等,2017;许昆鹏和任国章,2017):创业投资榜样能够显著激发农民的创业投资热情和创业投资意愿(朱红根和康兰媛,2013)。

如(7)受基础设施的影响:交通、通信和公共卫生基础设施均对农户创业投资显著正相关(陈习定等,2018),农村社区的非生产性公共品供给会对农民创业投资行为产生影响(张青和张瑶,2017)等。

如(8)受自然冲击的影响:李后建(2016)的研究表明自然灾害的冲击显著地提高了农民创业投资行为发生的概率。

其他关于环境层面对农民创业投资的影响还包括:如(9)受制度环境的影响(Nee 和 Young,2012;林嵩等,2016);如(10)受创业投资氛围的影响(蒋剑勇等,2012);如(11)受创业投资信息获取便利的影响(墨媛媛等,2012);如(12)受拆迁事件的影响(林嵩等,2016);等等。

第三节 针对农民创业投资某一主题的研究

此外,通过对文献的研究发现,学术界对农民创业投资的研究也多以主题研究的方式进

---

① 默会知识(Tacit Knowledge)是相对于显性知识而言,是一种只可意会不可言传的知识,如我们在做某事的行动中所拥有的知识或是由社会关系所带来的隐性知识。

行,由于农民创业投资可有不同的研究视角,因此农民创业投资研究主题纷繁复杂难以穷尽,本节只列举如下比较普遍关注的三类:

(1)农民创业投资绩效研究:诸多学者如周菁华和谢洲(2012)、郭红东和丁高洁(2013)、周菁华(2013)、张应良和汤莉(2013)、张益丰和郑秀芝(2014)、罗明忠和陈明(2014)、张鑫等(2015)、薛永基和卢雪麟(2015)、郭铖和何安华(2017)、李后建和刘维维(2018)等都专门对农民创业投资绩效这一主题有过研究。农民创业投资绩效作为衡量创业投资有效性的一项重要指标,是学术界重点关注的主题之一,学界主要是从创业投资者的个人特征、资源禀赋的微观层面和创业投资环境的宏观层面研究对创业投资绩效的影响(易朝辉和罗志辉,2018),如郭红东和丁高洁(2013)研究认为社会性关系网络和市场性关系网络都对农民的创业投资绩效的提高发挥着显著的作用,但是社会性关系网络发挥的作用更大;张应良和汤莉(2013)的研究表明政府支持力度和贷款难易度、人力资本因素、个人心理品质因素等是影响农民创业投资绩效的重要的因素,微观环境因素影响则一般;张鑫等(2015)的研究则认为打工经历、社会资本的网络规模和网络资源能够有效提高农民的创业投资绩效等等。

(2)农民创业投资与农村经济增长研究:农民创业投资是农村经济可持续增长的引擎之一(Akgün 等,2010),农民创业投资对于农村经济发展的重要性已被诸多学者如 Banerjee 和 Newman(1993)、Del(2007)等所证实。农民创业投资能够活跃农村经济,为农村提供大量的就业机会,如韦吉飞和李录堂(2010)的研究表明农民创业投资对农村经济增长具有显著的拉动效应,创办农村私营企业的创业投资拉动作用比个人创业投资更大;高静等(2013)从劳动分工的视角研究了农民创业投资对促进农村经济发展的内在逻辑,发现农民创业投资能够有效促进农村分工演进,创业投资通过分工对农业生产效率的贡献大于对农户增收的贡献;芮正云和庄晋财(2014)运用多年的统计数据实证分析了农户创业投资与农村经济增长之间的关系,发现农户创业投资对农村经济增长具有显著的正向影响,而农村经济增长并不会导致农户创业投资活动的增加;等等。

(3)农民创业投资动机的研究:创业投资动机是引导和维持个体从事创业投资活动达成既定创业投资目标的内在驱动力(苏岚岚等,2016)。农民创业投资动机的研究是农民创业投资理论研究的重要组成部分,总的来说,国内外学界对农民创业投资动机的研究还是比较少,其中一些属于探究农民创业投资有哪些动机,如罗明忠等(2012)通过分析广东省部分地区农民的问卷调查数据发现生存需要是农民创业投资的主要动机、自我实现和发展是农民创业投资的重要动机、解决就业也是农民创业投资的动机之一;刘美玉(2013)将新生代农民工的创业投资动机归纳为经济性动机、社会性动机和成就性动机;苏岚岚等(2016)依据马斯洛需求层次理论将农民的创业投资动机划分为生存维持型、效益追求型和价值实现型。另一些则属于分析影响农民创业投资动机的因素,如孙红霞等(2013)实证分析了创业投资自我效能感与创业投资资源两大因素对农民创业投资动机强度的影响,结果显示提升农民创业投资自我效能感和增多农民创业投资资源能够有效增强农民创业投资动机的强度;董静和赵策(2019)研究了家庭支持对农民创业投资动机的影响,发现家庭经济支持越大,农民选择机会型和成就型创业投资动机的概率越高,生存型创业投资动机的概率越低;家庭情感支持力度越大,农民成就型创业投资动机的概率越高等。因此学界对农民创业投资动机的分类一方面没有达成一致的看法,另一方面也缺乏更为深入的关于农民创业投资动机的实证分析,本研究报告第七章将会对此主题进行深入探讨。

第六章

现状调查

第一节　"千村调查"的调研层次、对象及内容

　　2016 年上海财经大学"千村调查"项目的调研内容主要是中国农民创业投资现象,调查对象包括镇长、村主任/支书、村委会班子、村民(创业村民和非创业村民),除了镇长等领导班子成员可能为公务员外,其余的调研对象都是农民,城镇居民在农村的创业行为不在此次调研的范围之内。

　　此次调研主要包括如下几方面的内容:第一,受访创业农民的创业投资动机与创业投资方式;第二,受访农民的个体特征;第三,受访农民的家庭背景;第四,受访农民的社会背景;第五,受访创业农民所创企业的组织治理模式;第六,受访创业农民所创企业的市场竞争力;第七,农村创业投资的制度环境;第八,受访农民的生活状态;等等。调查样本具体的分布情况见表 6—1 所示。

表 6—1受访村落地区分布情况

区　域	频数（个）	占比（%）	区　域	频数（个）	占比（%）
华东地区	455	37.63	华南地区	71	5.87
山东	71	5.87	广东	39	3.23
江苏	81	6.70	广西	25	2.07
安徽	68	5.62	海南	7	0.58
浙江	77	7.37	华中地区	194	16.05
福建	23	1.90	湖北	28	2.32
上海	135	11.17	湖南	44	3.64
西北地区	108	8.93	河南	73	6.04
宁夏	7	0.58	江西	49	4.05
新疆	28	2.32	华北地区	128	10.59
青海	13	1.08	北京	8	0.66
陕西	33	2.73	天津	7	0.58
甘肃	27	2.23	河北	64	5.29
西南地区	187	15.47	山西	36	2.98
四川	60	4.96	内蒙古	13	1.08
云南	43	3.56	东北地区	66	5.46
贵州	45	3.72	辽宁	22	1.82
西藏	5	0.41	吉林	26	2.15
重庆	34	2.81	黑龙江	18	1.49

资料来源：根据上海财经大学 2016 年千村调查数据整理。

其中华东地区样本村落 455 个，占总样本的 37.63%；华中地区样本村落 194 个，占总样本量的 16.05%；西南地区样本村落 187 个，占总样本量的 15.47%；华北、西北、华南地区的样本村落分别为 128 个（10.59%）、108 个（8.93%）、71 个（5.87%）；东北地区样本村落 66 个，占总样本量的 5.46%。2015 年中国村落居民人均纯收入为 10 772 元，人均消费支出为 9 223 元，样本地区村落 2015 年人均纯收入为 15 595 元，人均消费支出为 9 146 元，接近全国平均水平，通过 t 检验方法，发现样本与全国之间并不存在显著差异，说明调查样本具有较好的代表性（杨婵和贺小刚，2019）。

第二节　中国农民创业投资现状及特征表现

一、中国农民创业投资活力现状

为了展现中国农民创业投资的活力程度，本篇增加了"创业投资人数/常住人口""创业投资人数/现有外出务工人数""创业投资人数/返乡人数"三个比例指标，得到了如下中国农民创业投资活力统计表。根据表 6—2 中的数据，中国农民创业投资人数占常住人口的 6%，农民创业投资人数是外出务工人数均值的 1.67 倍，是返乡人数的 1.92 倍。虽然农民创业投资人口在农村总人口中所占比例较小,但是相比外出务工来说,更多人选择创业投资,因此创业投资活力程度表现积极,仍有很大发展空间。

表6—2 中国农民创业投资活力统计表

指 标	均 值	最大值	最小值	标准差
创业投资人数/常住人口	0.06	4.01	0	0.17
创业投资人数/现有外出务工人数	1.67	257.77	0	9.86
创业投资人数/返乡人数	1.92	158.33	0	9.43

资料来源:上海财经大学千村调查项目组《中国农村创业现状调研报告》。

此外,调研数据也显示中国不同地区之间的农民创业投资现状存在显著的差异,无论是从农民创业投资人数的绝对值还是相对值来看,东南地区的创业投资活力要大于其他地区,其中福建和广东两省农民的创业投资人数更是居全国各省市自治区的前两位。同时,东南地区农村目前的小微企业数量最多,特别是江苏、浙江和上海。

二、中国农民创业投资的特征表现

(一)中国创业农民的特征表现

通过对创业投资者问卷的梳理,本报告得到了如下表6—3中国创业农民的主要特征统计表。

表6—3 中国农民创业投资者主要特征统计表

个体特征变量	均 值	最小值	最大值	标准差
性别	0.80	0	1	0.40
宗教	0.11	0	1	0.31
年龄	44.59	16	80	10.13
受教育程度	2.30	1	6	1.16
是否为党员	0.20	0	1	0.40
是否为村干部	0.10	0	1	0.30

资料来源:上海财经大学千村调查项目组《中国农村创业现状调研报告》。

中国创业农民多为40到50岁之间的中年人,其中年龄最大的为80岁,最小的只有16岁,创业农民的平均年龄为44.59岁,41.6%的创业农民年龄在40岁到50岁之间,30岁到40岁的占21.8%,51到60岁的占20%,创业农民多为男性,女性创业农民的比例约为20%,远远落后于男性。创业农民多无宗教信仰且学历普遍较低,其中,中专、高中学历的人数最多,占比为35.2%,其次是初中以下学历,占28.8%,本科、硕士和博士学历的比例分别为10.8%、5.5%和0.2%,创业农民群体的受教育程度普遍不高。此外,在被调查的创业农民之中有约20%的共产党员,约10.4%的人有当村干部的经历。

另外,尽管有些创业农民(近14%)在创业投资之前有过工作经验,有些也在央企和国企工作过,但多数被调查者(约80%)为首次创业投资,也大多没有参加过任何培训,这说明中国农村地区的创业农民创业投资经验相对不足。调查结果还表明,有近5成的创业农民拥有某种手艺活,说明个人能力可能是促使农民创业投资的重要因素之一。另外很多创业农民(约40%)有外出打工经历,虽然这些经历基本与创业投资项目没有太大的相关性,但打工所得却是创业投资初始资本的重要来源。

(二)中国农民创业投资的特征表现

1. 创业投资动机多以生存型创业投资为主,创业投资方式较为传统

根据 2007 年全球创业投资观察(GEM 项目)发布的报告,将创业投资者的创业投资动机分为机会型拉动创业投资(Opportunity Pull Entrepreneurship)和需求推动型创业投资(Necessity Push Entrepreneurship),也称机会型创业投资和生存型创业投资[1]。本次调查的结果表明,中国农村地区的创业农民中有近一半(47%)是出于改善生活而选择创业投资,且西部地区的改善型创业投资比重明显大于东部地区,这也许是因为西部地区的农村农民生活质量普遍低于东部地区,而机会型创业投资则主要集中在江浙沪一带。

此外,尽管多数农村创业农民放弃了原有的农业、林业、牧业和渔业,专心投入创业投资项目中,但也有近五成的农村创业农民在经营现有创业投资项目的同时并没有放弃原有产业。相对而言,江浙沪地区农村农民投入程度较其他地区更高,东北、西部地区的农村农民创业投资投入相对偏低,说明落后地区的农村创业农民相对而言比较保守。而且,创业投资项目大多受到家人和亲戚朋友的启发,同学、政府官员、媒体网络等的影响作用相对较弱。另外,很多农民并不懂得如何利用互联网创业投资,其思维模式可能还固化在传统的创业投资模式上,农民互联网创业投资需要相应的互联网基本技能培训进行配套。

2. 家庭创业投资氛围浓厚且创业投资者面临较大的经济压力

农村家庭创业投资的现象比较普遍,有四成的被调查者表示自己的父母或者兄弟姐妹也正在创业投资。近六成的被调查者身边有亲戚朋友在创业投资,这从某种程度上可以反映农民创业投资具有一定的"羊群效应",某一农民的创业投资行为,可能会带动周边的亲戚朋友加入创业投资的行列中去。此外,绝大多数农村农民创业投资者家庭中均有未成年的孩子需要抚养(一般为 1～2 个)以及年迈的老人需要赡养(一般为 1～4 个),所以在经济上依赖创业投资者的人数比较多,农村创业农民面临着较大的来自家庭的经济压力。另外,农民创业投资的资金主要来源于个人储蓄,其次为银行贷款,之后是家人、亲戚和同事、朋友等因血缘和社会关系编织的社会网络来源,民间金融组织和互联网金融新渠道提供资金较少,创业投资资金的多数以自有资金和亲友借贷为主,因此,创业农民也面临着较大的融资压力。

---

[1] Bosma N., Jones K., Autio E. and Leviea J. *Global Entrepreneurship Monitor* 2007 *Executive Report*[EB/OL]. https://www.gemconsortium.org/file/open? fileId=47106.

3.创业投资企业产权形式较为单一,治理模式有待完善

农民所创企业的产权形式多以个体为主,其次是私营企业,而承包形式、股份制形式、租赁形式以及其他形式的相对较少,企业往往家庭持股比例较高。经营管理的骨干及公司大股东多为一起共事的朋友或熟人,其次是夫妻、亲戚、兄弟姐妹等,陌生人的比重相对较低,陌生人骨干及股东较少的原因可能是彼此之间缺乏信任。总的来说,农民创业投资企业的治理模式尚不够完善。

4.创业投资企业市场竞争力偏弱、成长乏力

农民所创企业主要服务本地客户,调查显示,创业农民普遍表示自己最大的客户基本在本地、本县城(约占75%以上),产品销往省外的为数不多(仅占10%)、出口到国际市场的更少(不到2%),农民所创企业专门设立销售部门的非常少。另外,创业投资项目的技术含量普遍较低,农民创业投资企业中掌握核心技术的比例不到20%(主要集中在环渤海地区与东南地区)。而且,创业农民普遍缺乏品牌意识,多数创业农民创业投资企业没有品牌或者认为企业名字就是品牌,仅8%的受访者表示除了企业名称外,产品或服务还有另外的品牌名称。最后,创业投资企业规模变化不大、成长乏力。调查统计显示,超过五成的企业认为过去一年于2012年相比,员工人数没有明显的变化,预计未来一段时间内要实现明显增加会有一定的挑战性。

第三节　中国农民创业投资行业选择现状

关于中国农民创业投资所从事的行业[①]选择研究,少数学者如朱红根和康兰媛(2014)根据江西35县(市)1 716份农民创业投资的调查样本数据,将农民创业投资所从事的行业分为特色种植养殖业、加工业/小型工矿企业、餐饮服务业/商贸业、运输业、农村旅游业及其他。吴昌华等(2006)基于95份农村党员的调查问卷,发现约54%的农民倾向于选择传统的种植业和养殖业,约18%选择批发零售业,约14%选择加工业,约10%选择服务业,约4%选择其他行业等。总的来说,即使有农民创业投资行业选择方面的研究,但对当下农民创业投资行业选择现状的分析还是比较粗糙的,农民创业投资行业选择具体的现状有待深入探究。本次"千村调查"项目在对农村地区的创业农民进行访谈时,有一项专门询问创业农民创业投资所从事的经济活动题项"您从事的主要生意是什么?",通过对问卷数据整理,获得了3 113份有效的中国农民创业投资所从事生意的样本数据,有效样本的地区和数量分布见表6—4所示,其中东部地区有效样本有1 294名、中部地区有806名、西部地区有847名、东北地区有166名。[②]

---

①　行业是指从事相同性质的经济活动的所有单位的集合。

②　国家统计局.东西中部和东北地区划分方法[EB/OL].(2011—06—13). http://www.stats.gov.cn/ztjc/zthd/sjtjr/dejtjkfr/tjkp/201106/t20110613_71947.htm.

表 6—4　　　　　　　　　　　3 113 名受访创业投资村民数量、占比及地区分布

区域	频数(人)	占比(%)	区域	频数(人)	占比(%)
东部地区	1 294	41.57	西部地区	847	27.21
北京	21	0.67	内蒙古	29	0.93
天津	10	0.32	广西	67	2.15
河北	161	5.17	重庆	95	3.05
上海	309	9.93	四川	153	4.91
江苏	207	6.65	贵州	108	3.47
浙江	217	6.97	云南	115	3.69
福建	49	1.57	西藏	8	0.26
山东	202	6.49	陕西	73	2.35
广东	100	3.21	甘肃	83	2.67
海南	18	0.58	青海	34	1.09
中部地区	806	25.89	宁夏	15	0.48
山西	97	3.12	新疆	67	2.15
安徽	182	5.85	东北地区	166	5.33
江西	147	4.72	辽宁	63	2.02
河南	193	6.20	吉林	63	2.02
湖北	81	2.60	黑龙江	40	1.28
湖南	106	3.41	总数	3 113	100

资料来源:根据上海财经大学 2016 年千村调查数据整理。

依据原中华人民共和国国家质量监督检验检疫总局和中国国家标准化管理委员会发布的《国民经济行业分类(GB/T 4754—2017)》[①],该标准规定了全社会经济活动的分类与代码,将国民经济归类为 20 个行业,每一个行业类别按照同一种经济活动的性质划分(其简表见附录 2),同时参考国家统计局发布的《2017 国民经济行业分类注释》(按第 1 号修改单修订)[②]的内容,本报告对 3 113 名受访的农民创业投资从事的主要领域进行了行业分类并得出了表 6—5 所示的中国农民创业投资行业情况分布表。

表 6—5　　　　　　　　　　　中国农民创业投资行业情况分布

排行	创业投资所属行业	人数	占比(%)
1	F　批发和零售业	914	29.36
2	A　农、林、牧、渔业	764	24.54
3	C　制造业	662	21.27
4	H　住宿和餐饮业	284	9.12

---

① 2007 年国民经济行业分类(GB/T 4754—2017)[EB/OL]. (2017—09—29). http://www.stats.gov.cn/tjsj/tjbz/201709/t20170929_1539288.html.

② 2017 国民经济行业分类注释(按第 1 号修改单修订)[EB/OL]. (2019—05—22). http://www.stats.gov.cn/tjsj/tjbz/201905/t20190522_1666232.html.

排行		创业投资所属行业	人数	占比（％）
5	E	建筑业	115	3.69
6	O	居民服务、修理和其他服务业	99	3.18
7	G	交通运输、仓储和邮政业	80	2.57
8	R	文化、体育和娱乐业	39	1.25
9	L	租赁和商务服务业	35	1.12
10	Q	卫生和社会工作	25	0.80
11	B	采矿业	23	0.74
12	P	教育	20	0.64
13	X	多种行业	18	0.58
14	K	房地产业	11	0.35
15	I	信息传输、软件和信息技术服务业	7	0.22
16	J	金融业	6	0.19
17	N	水利、环境和公共设施管理业	6	0.19
18	D	电力、热力、燃气及水生产和供应业	3	0.10
19	M	科学研究和技术服务业	2	0.06
20	S	公共管理、社会保障和社会组织	0	0.00
21	T	国际组织	0	0.00
合计			3 113	100

注：X代表受访的创业农民创业投资从事的经济活动涵盖多个行业。

从表6—5中可以看出，中国农民创业投资行业选择现状表现为：批发和零售业是选择人数最多的，样本中数量占比达到了29.36％；排名第二位的是农、林、牧、渔业，即农业创业投资，占比为24.54％；排名第三位的是制造业创业投资，占比为21.27％，从具体的创业投资内容来看多为技术含量较低的低端制造业、手工制造业等；排名第四位的是住宿和餐饮业创业投资，占比为9.12％，在本节所分析的有效样本中，在这四个行业中进行创业投资的农民占到全部创业农民的84.29％之多，说明我国绝大多数农村地区的创业农民创业投资时选择这四个行业进行创业投资。排名末位的是公共管理、社会保障、社会组织和国际组织，在我们的样本中并没有农村地区的农民在这两个领域进行创业投资活动的案例，产生上述现象的原因可能与我国农村地区农民群体的文化素养水平、初始投资禀赋、知识储备、科技掌握程度、管理经验、农村市场的发育程度和政府政策等多种因素相关，也可能与行业创业投资的难易程度和准入门槛的高低相关等。在排名前四位的批发和零售、农业、低端制造业和住宿餐饮业相对于其他行业对农村地区的农民来说创业投资的准入门槛可能更低、对创业投资者的要求不高、初始资本投入相对较小、成功的概率也更高、风险稍小、见效快等，因而中国绝大多数农村地区的创业农民选择这四个行业进行创业投资，而需要掌握一定的科学技术和管理经验或具有一定的行业门槛的其他行业（如代码为 G、R、L、Q、B、P、K、I、J、N、D、M、S 和 T 等行业）对于农村地区的农民来说创业投资要求高、难度较高，成功的概率也较低，因此较少农村创业农民选择这些行业进行创业投资。

此外，当将农民创业投资的行业区分为农业创业投资和非农创业投资两大类时，研究发现在 3 113 名创业农民所从事的行业中有 2 349 名创业农民选择非农行业进行创业投资（占比约 75.5%，），764 名创业农民选择农业行业进行创业投资（占比约为 24.5%）[①]，说明中国农村地区农民在创业投资时多选择非农行业进行创业投资，一个可能的原因是农民选择非农行业进行创业投资会比选择农业创业投资带来更多的收入回报，关于这一点将在第九章中进行进一步的讨论。

---

① 其中农业创业是指农民创业选择在附录 2《国民经济行业分类简表》中行业分类所属 A 类的经济活动进行创业，包括农业、林业、畜牧业、渔业和农、林、牧、渔业及辅助性活动，非农创业是农民创业选择除 A 类之外的行业进行创业的经济活动。

第七章

投资动机:生存型与机会型

　　创业投资动机是激发、维持、调节人们从事创业投资活动,并引导其朝向某一目标的内部心理过程或内在动力(曾照英和王重鸣,2009)。由于客观环境与个体因素的差异,创业投资者有不同的创业投资驱动力,对创业投资动机因子的充分洞察,将有助于理解创业投资者的行为模式及其对成功创业投资的影响(刘美玉,2013)。在本篇第五章的文献综述部分梳理发现学界对农民创业投资动机的分类一方面没有达成一致的看法,另一方面也缺乏更为深入的关于农民创业投资动机的分析。本章将使用2016年"千村调查"项目中3 464名受访创业农民的问卷调查数据通过数理模型和实证分析,从家庭背景和地区差异的视角对中国农民创业投资的动机进行分析。

第一节　假　设

　　动机是激发和维持个体活动,并导致该活动朝向某一目标的心理倾向或动力,是构成人类大部分行为的基础(Weiner,1985),创业投资动机也是个体创业投资行为发生的起始点和推动力,对创业投资动机进行分析将有助于理解创业投资者的心理活动和行为模式,为后续研究提供理论基础。

　　驱动创业投资者实施创业投资行为的动机较多,如追求个体自由、自我雇用、金钱和股份,实现个体独立与自我控制,为自己和家庭提供保障的安全需求等(Kuratko 等,1997),我们在本篇的第四章也使用了马斯洛需求层次理论解释过农民创业投资动机的发生机制。面对多样的创业投资动机,Amit 和 Muller(1995)将它们划分为"推动"型创业投资和"拉动"型创业投资,王玉帅和尹继东(2008)归类为生存动机创业投资、关系动机创业投资和发展动机创业投资,曾照英和王重鸣(2009)区分为事业成就型创业投资和生存需求型创业投资,刘美玉(2013)亦将新生代农民工的创业投资动机分为经济性动机、社会性动机和成就性动机三个维度。2007 年全球创业投资观察(GEM 项目)将创业投资者的创业投资动机分为机会型创业投资和生存型创业投资,本篇遵循此种分类方式。机会型创业投资是个体为把握现有商业机会,敢于承担一定的风险而实施的创业投资行为,生存型创业投资是个体迫于压力选择创业投资来解决其面临困难的经济行为(肖建忠等,2005)。因此,机会型创业投资是受"机会拉动"的主动型创业投资,而生存型创业投资是受"压力推动"的被动型创业投资。

一、创业投资动机与家庭背景

乡村社会中,农村精英往往在政治地位、经济资源、社会关系、办事能力、社区威信等方面拥有比较优势(张英魁等,2008),其社会影响力超过一般村民的平均影响力(贺雪峰,2013)。近百年来,中国农村精英群体是在随着社会的变革而不断变动的,民国时期中国农村社会的精英代表主要是宗族头人、宗教领袖和乡村士绅(仝志辉和贺雪峰,2002),1949 年中华人民共和国成立后,中国历经了两次重大的社会变革:第一次变革是解放初开始的社会主义革命以及之后近 30 年的共产主义试验,这一过程中传统的农村精英阶层(如地主、乡绅或者地方官员)被党员、革命战争中的功臣或烈士的家属,以及其他的新群体取代,这使得传统的自雇或企业主阶层失去精英身份,被改造成为集体经济中的农民;第二次变革始于 20世纪 70 年代后期的市场化改革,这使得人民公社制度解体并被家庭联产承包责任制取代,开始了一个"去集体化"的社会进程,这个过程中随着市场经济的逐步渗入,非体制内的农村精英开始出现,村庄内部的精英群体出现了多元化的局面(仝志辉和贺雪峰,2002;吴愈晓,2010)。

学界对农村精英有的区分为政治精英、经济精英、社会精英、文化精英、知识精英和信息精英;有的区分为传统精英和现代精英;有的区分为体制内精英和体制外精英;有的区分为城归精英和在村精英等(贺海波,2014)。陆学艺(2001)把农村精英归类为政治精英、经济精英和社会精英。所谓"政治精英"是指他们掌握更多的权威性资源,从而影响组织权利的分配格局;所谓"经济精英"是指他们掌握更多的经济资源,从而影响人们的经济生活;所谓"社会精英"是指他们知道的东西比别人更多,从而影响他人对事物的判断。基于此分析,本篇把满足如下条件之一的创业农民归属于精英家庭,其余创业农民则归属于普通家庭:其一,政治精英。在政府部门有过任职或担任过人大代表或担任过政协委员或父母一方或双方担任过行政领导、公务员;其二,经济精英。有私营企业管理经历或有外企管理经历或有国企管理经历或父母一方或双方有创业投资经历;其三,社会精英。受过高等教育(本科及以上学历)。

费孝通(2013)的观点认为农民深受"家文化"的影响,不论政治、经济、宗教等功能都可以利用家族来负担,精英家庭的潜在创业投资者可能有更多的渠道和机会获取政府资源,在创业投资的过程中可能较容易在税负、土地、信贷以及行业准入方面享受优先待遇(吴文锋等,2008;罗党论和刘晓龙,2009;杨婵等,2017),因而无论是精英家庭和普通家庭的创业农民自身存在的禀赋差距,还是创业投资后获取资源能力的差距,都可能使得精英家庭和普通家庭的创业农民产生不同的创业投资动机,精英家庭比普通家庭背景出身的农民可能有更好的条件发现机会而主动去创业投资。

基于上述分析,本章分析提出:

假说 H_1:家庭背景会影响农民的创业投资动机,创业农民中,精英家庭比普通家庭是机会型创业投资动机的概率更高。

二、创业投资动机与地区差异

中国是一个"二元经济"特征明显,地区发展差距较大的国家(冉光和等,2006)。据2018年中国统计年鉴的数据显示,2016年东部地区城镇居民年人均可支配收入为 40 388 元,最高上海达 57 691 元,而西部地区为 28 242 元,最低的甘肃仅 25 693 元,不到上海城镇居民的一半。东部地区农村居民年人均可支配收入为 17 560 元,最高上海达 25 520 元,而西部地区为 9 706 元,最低甘肃仅 7 456 元,更不超过上海农村居民的 1/3。2016 年全国国内生产总值,东部地区占全国的比重达到了 52.3%,中部地区和西部地区分别占全国比重为 20.6%和 20.3%,而东北地区只占 6.8%,中国存在的这种地区间的差距为我们进行家庭背景与创业投资动机的地区差异分析提供了一个很好的样本。严汉平和白永秀(2007)总结国内外学界对中国地区差异成因的一些观点包括:地区间投资分布的差异、FDI 分布差异、区域间资金使用效率和深化速度的差异、人力资本分布的差异、社会资本丰裕度的差异、投资环境的差异、体制的差异、市场发育水平及市场化程度的差异、专业化程度及分工水平的差异、中央政府采取的发展战略的差异等原因。日本学者中兼和津次(2004)认为经济发展水平和人均收入水平是决定中国地区差异的最大因素,但也包括政治问题和社会问题。因此,中国的地区差异形成的原因既包括地理环境的差异,也包括经济和社会发展水平差异等,这些差异亦可能导致不同地区的创业投资者创业投资动机和创业投资行为存在差异,如地处经济水平较发达的东部地区的农民与处于经济欠发达的西部地区的农民相比,可能会遇到更多的创业投资机会,从而表现为机会型创业投资,而贫穷落后的西部地区的农民可能更多的是迫于生计而表现为生存型创业投资。

基于上述分析,本章分析提出:

假说 H_2:地区差异会影响农民的创业投资动机,经济发展水平相对较高的东部地区创业农民相比于其他地区,其机会型创业投资动机的概率更高。

综上,本章构建的理论关系模型如图 7—1 所示。

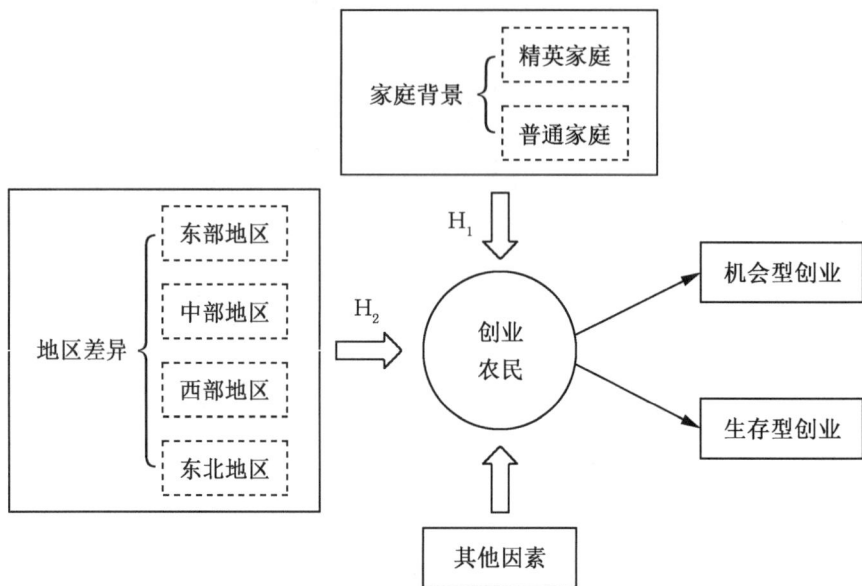

图 7—1　农民创业投资动机分析的理论框架假设模型

第二节　数据、变量与描述性统计

一、数据来源

本章只用到创业投资村民问卷,回收的创业投资村民问卷共 4 601 份,有效问卷 3 464 份。其中,包含东部地区受访村落 512 个,受访的创业投资村民 1 462 名;中部地区受访村落 298 个,受访的创业投资村民 893 名;西部地区受访村落 333 个,受访的创业投资村民 920 名;东北地区受访村落 66 个,受访的创业投资村民 189 名,有效样本的受访创业投资村民具体的数量和地区分布如表 7—1 所示。

表 7—1 **3 464 名受访创业投资村民数量、占比及地区分布**

区　　域	频数(人)	占比(%)	区　　域	频数(人)	占比(%)
东部地区	1 462	42.21	西部地区	920	26.56
北京	23	0.66	内蒙古	33	0.95
天津	15	0.43	广西	73	2.11
河北	179	5.17	重庆	101	2.92
上海	348	10.05	四川	159	4.59
江苏	240	6.93	贵州	122	3.52
浙江	244	7.04	云南	122	3.52
福建	56	1.62	西藏	12	0.35
山东	228	6.58	陕西	81	2.34
广东	111	3.20	甘肃	87	2.51
海南	18	0.52	青海	38	1.10
中部地区	893	25.78	宁夏	17	0.49
山西	110	3.18	新疆	75	2.17
安徽	198	5.72	东北地区	189	5.46
江西	156	4.50	辽宁	69	1.99
河南	211	6.09	吉林	67	1.93
湖北	94	2.71	黑龙江	53	1.53
湖南	124	3.58	总数	3 464	100

资料来源:根据上海财经大学 2016 年千村调查数据整理。

二、变量设置及描述性统计

(一)被解释变量

被解释变量:创业投资动机(EntrepreMoti)。在调查问卷询问农民创业投资原因的题项中,将创业农民选择"发现了机会""寻求更大的独立""成就一番事业"或"其他"选择项归类为机会型创业投资;选择"改善生活"或"没有更好的工作选择"归类为生存型创业投资;并将机会型创业投资定义为1,生存型创业投资定义为0。

(二)解释变量

解释变量:家庭背景(FamBackgr)、地区差异(Region)。在家庭背景方面,将精英家庭背景的创业农民定义为1,普通家庭背景的创业农民定义为0;在地区差异方面,将东部地区定义为1,中部地区定义为2,西部地区定义为3,东北地区定义为4。

(三)控制变量

为增加模型的解释力,本章引入如下控制变量:

(1)性别(Gender)。性别是影响创业投资的因素(朱红根和康兰媛,2014;罗明忠和张雪丽,2017)。通常来讲,女性相对于男性更加偏好厌恶风险,而创业投资是一种风险较高的经济活动(杨晔等,2019),女性如若选择创业投资,是生存型创业投资的概率可能相对于机会型创业投资的概率更高。因此,预期女性比男性是机会型创业投资的概率更低。

（2）年龄（Age）。年龄也是影响创业投资的因素之一（Folmer 等，2010；墨媛媛等，2012；朱红根和康兰媛，2014）。一方面，青年时期的农民相对老年时期的农民通常更具冒险精神，此时如若创业投资，机会型创业投资可能会占主导地位，随着农民年龄的增长，家庭承担的负担会逐渐加重，可能倾向于厌恶风险，生存型创业投资会占主导地位。但另一方面，随着农民年龄的增长，个人积累的创业投资资源和技能会逐渐丰富，可能会倾向于机会型创业投资。因此，年龄对创业农民的影响效应是机会型创业投资还是生存型创业投资取决于各方面的叠加效应，控制变量亦将加入年龄的平方项。

（3）民族（Nation）。相对于汉族，少数民族的农民通常生活在经济不是很发达的地区。预期少数民族的创业农民生存型创业投资的概率相对会高一些。

（4）健康状况（Health）。创业投资活动需要耗费创业投资者较多的精力，预期健康状况越差，农民越不会选择创业投资，如若选择创业投资，一方面有可能是迫于生存压力的生存型创业投资，但另一方面，也有可能是发现了很好的创业投资机会的机会型创业投资。因此，虽不能判断影响方向，但预计创业农民的身体状况可能会对其创业投资动机产生影响。

（5）单亲家庭（SingleFam）。家庭情境的质量对社会个体的创业投资倾向会产生影响（刘小元和林嵩，2015），人力残缺家庭（如父母离异、兄弟姐妹残疾、老人或子女残疾等）往往表现为生存型创业投资（杨婵等，2017）。因此，单亲家庭出身的农民预计其机会型创业投资的概率相对会小些。

（6）学历水平（Educ）。农民的学历水平越高，越容易获得高薪稳定的工作，创业投资的机会成本也会越高。因此，如若选择创业投资，预期其机会型创业投资的概率相对更大。

（7）中共党员（CCP）。通常来讲，一方面，党员身份代表的是一种能力（Li 等，2007），拥有中共党员身份的农民可能在能力上比普通群众更具优势；另一方面，党员身份在劳动力市场上对收入有正影响（Knight 和 Yueh，2008），其创业投资的机会成本较高，因此预期拥有党员身份的创业农民机会型创业投资的概率相对较大。

（8）手艺（Skills）。拥有手艺的农民可能较容易发现创业投资机会，因此预期拥有手艺的创业农民机会型创业投资的概率相对较大。

（9）打工经历（Workout）。外出务工能够增加农民阅历，开阔其视野，其市场意识、竞争意识、科技意识相对较浓（张英魁等，2008），有外出务工经历的农民容易获得外界的创业投资知识和最新的市场信息，预期其机会型创业投资的概率相对较大。

（10）退伍军人（Veteran）。拥有退伍军人身份的创业农民，一方面，参军受到的训练可能使得其个人能力和素质会比普通农民有一个更好的提升；另一方面，参军经历也可能使其社会网络关系比普通农民更加丰富。因此，预期退伍军人身份的创业农民容易获取到更多的创业投资机会，其机会型创业投资的概率相对较大。

（11）省（直辖市）（Province）。将该变量纳入控制变量的主要目的是为了控制环境层面的一些因素的影响,农民所处的环境是影响农民创业投资选择一个不可忽略的方面,环境层面对农民创业投资选择的影响是最复杂、最难以把握的。Fuller-Love 等(2006)认为,制约农民创业投资的主要因素在于农村环境本身,解决农民创业投资的根本问题就是解决创业投资环境问题(孙红霞等,2010)。学界在这方面的文献也有很多,包括受资源环境的影响,如 Akgün 等(2010)和 Li 等(2012)认为充分利用当地资源并从中受益是农民创业投资取得成功的关键;受经济环境的影响,如朱明芬(2010)研究了影响浙江杭州农民创业投资行为的因素,表明经济越发达的地区,农民越容易创业投资;受社会文化环境的影响等。因此,本章试图控制省(直辖市)来控制环境层面的一些影响,具体的变量设置和描述性统计如表 7－2所示。

表 7－2   **变量定义及描述性统计**

变量类别	变量名称	赋值及含义	频数（人）	占比（%）	最小值	最大值	均值	标准差
因变量	创业投资动机	1＝机会型创业投资	1 495	43.2	0	1	0.432	0.495
		0＝生存型创业投资	1 969	56.8				
解释变量	家庭背景	1＝精英家庭	1 178	34	0	1	0.340	0.474
		0＝普通家庭	2 286	66				
	地区差异	1＝东部地区	1 462	42.2	1	4	1.953	0.951
		2＝中部地区	893	25.8				
		3＝西部地区	920	26.6				
		4＝东北地区	189	5.5				
控制变量	性别	1＝男	2 771	80	0	1	0.800	0.400
		0＝女	693	20				
	年龄	在 17 岁至 80 岁之间	—	—	17	80	44.932	10.062
	民族	1＝汉族	3 175	91.7	0	1	0.917	0.277
		0＝少数民族	289	8.3				
	学历水平	0 至 6,数字越大学历越高	—	—	0	6	2.577	1.140
	健康状况	1 至 8,数字越大身体越差	—	—	1	8	1.664	0.727
	单亲家庭	1＝是	78	2.3	0	1	0.022	0.148
		0＝否	3 386	97.7				

变量类别	变量名称	赋值及含义	频数（人）	占比（%）	最小值	最大值	均值	标准差
控制变量	中共党员	1＝是	720	20.8	0	1	0.208	0.406
		0＝否	2 744	79.2				
	手艺	1＝有	1 318	38	0	1	0.380	0.486
		0＝无	2 146	62				
	打工经历	1＝是	1 301	37.6	0	1	0.376	0.484
		0＝否	2 163	62.4				
	退伍军人	1＝是	211	6.1	0	1	0.061	0.239
		0＝否	3 253	93.9				
	省（直辖市）	每个省（直辖市）定义一个数	—	—	0	31	16.709	8.936

注：描述性统计的有效样本量 $N＝3\ 464$。

第三节　计量模型与实证分析

一、计量模型

设定如下实证分析的 Logit 计量模型：

$$\ln\left(\frac{P(y_i＝1|X_i)}{1-P(y_i＝1X_i)}\right)＝\alpha_0＋\alpha_1\text{FamBackgr}＋\alpha_2\text{Region}＋\beta_i\times\text{Control}＋\varepsilon_i \quad (7.1)$$

稳健性检验的 Probit 计量模型：

$$\int_{-\infty}^{\alpha_0+\alpha_1\text{FamBackgr}+\alpha_2\text{Region}+\beta_i\times\text{Control}+\varepsilon_i} \frac{1}{\sqrt{2\pi}}e^{\frac{t^2}{2}}\,\mathrm{d}t＝p(y_i＝1\mid X_i) \quad (7.2)$$

其中，$P(y_i＝1|X_i)$ 表示第 i 个创业农民是机会型创业投资动机的概率，FamBackgr 变量代表家庭背景，Region 变量代表地区差异，Control 代表所有的控制变量，X_i 代表所有的解释变量和控制变量。

与此同时，由于精英家庭更可能是高人力资本、社会资本的家庭，样本选择时可能有偏，为缓解可能存在的自选择偏误而导致的内生性问题，并进一步证明实证结果的稳健性，借鉴 Rosenbaum 和 Rubin(1983)提出的"反事实"框架，本章也利用倾向得分匹配法(PSM)对其进行处理，其基本思想是在评估某项政策效果时，如果能在找到与精英家庭尽可能相似的普通家庭，那么样本选择偏误就可以被有效降低。

二、相关性分析与共线性检验

"多重共线性"一词最早由 Frisch 于 1934 年提出(Frisch,1934；杨梅等,2012)，共线性是指线性模型中两个自变量之间存在相关关系,多重共线性是指线性模型中由于两个或多个解释变量之间存在较精确的相关关系或高度的相关关系将使得估计模型失真或难以准确估计(陈希儒和王松桂,1987)。因此在实证分析之前有必要先进行多重共线性诊断。根据杨梅等人(2012)的综述,多重共线性的诊断方法有多种,较为常用的诊断方法是 Chatterjee 等人(1977)提出的方差膨胀因子法(VIF),在 k 元线性回归模型中,方差膨胀因子 $VIF = 1/(1-R_i^2)$,R_i^2 为其中一个自变量 x_i 与其余 $k-1$ 个自变量间的复相关系数,如果该自变量 x_i 与其余 $k-1$ 个自变量间无线性相关(即 $R_i^2 = 0$),那么 VIF 的值为 1;如果该自变量 x_i 与其余 $k-1$ 个自变量间存在线性相关(即 $R_i^2 \neq 0$),那么 VIF 的值将大于 1。通常认为当 VIF≥5 或 VUF≥10 时,自变量之间存在严重的共线性,严重程度随着 VIF 的值增大而增大。表 7-3 呈现了变量间的相关系数和共线性统计量——方差膨胀因子(VIF)。

表 7-3　　　　　　　　　　　相关系数矩阵及共线性检验

变量	1	2	3	4	5	6	7	VIF
1. 创业动机								
2. 家庭背景	0.175**							1.289
3. 地区差异	−0.071**	−0.083**						1.181
4. 性别	0.076**	0.053**	−0.027					1.051
5. 年龄	−0.067**	−0.167**	−0.102**	0.098**				1.245
6. 民族	0.044*	0.005	−0.331**	0.029	0.076**			1.137
7. 学历水平	0.193**	0.392**	−0.153**	0.062**	−0.276**	0.070**		1.449
8. 健康状况	−0.049**	−0.063**	0.090**	0.020	0.140**	−0.008	−0.099**	1.039
9. 单亲家庭	−0.022	−0.006	0.032	−0.002	0.004	0.011	−0.066**	1.007
10. 中共党员	0.087**	0.216**	−0.037*	0.112**	0.099**	0.049**	0.196**	1.132
11. 手艺	0.034*	0.074**	−0.015	0.063**	0.005	0.030	0.013	1.026
12. 打工经历	−0.005	−0.007	0.105**	0.047**	−0.135**	−0.033*	−0.082**	1.066
13. 退伍军人	0.066**	0.039*	−0.039*	0.106**	0.026	0.024	0.079**	1.044
14. 省(市)	0.014	0.006	−0.022	−0.083**	0.012	−0.024	0.065**	1.022
变量	8	9	10	11	12	13		VIF
9. 单亲家庭	0.007							1.007
10. 中共党员	−0.006	0.004						1.132
11. 手艺	−0.003	0.021	0.022					1.026
12. 打工经历	−0.002	0.035*	−0.059**	0.115**				1.066
13. 退伍军人	−0.001	0.010	0.176**	0.037*	0.004			1.044
14. 省(市)	0.019	0.003	0.009	−0.007	−0.073**	0.018		1.022

注:(1)由于变量为分类变量,使用的是 Spearman 相关系数;(2)***、**、* 表示估计结果在 0.01、0.05、0.1 的水平上显著(Two-tailed)。

从变量之间的相关系数来看,精英家庭背景、男性、汉族、更高的学历水平、党员身份、有手艺、退伍军人身份与机会型创业投资动机显著正相关,年龄、差的健康状况与机会型创业投资动机显著负相关[①],表明相关系数的方向与假设和推断基本一致,初步说明本章的假设和推断有一定的合理性。同时,为了检验多重共线性对回归结果的影响,表中列出了所有解释变量的方差膨胀因子 VIF 值,所有解释变量的方差膨胀因子 VIF 值都较小,均小于 1.5,因此可以判断回归模型不存在严重的多重共线性问题。

三、基准模型分析

本章的实证分析运用 Stata 14.0 计量软件,使用稳健的标准误采用极大似然法进行估计,并将稳健的标准误与普通的标准误进行比较,若两者非常接近,则大致可以不必担心模型的设定问题(陈强,2014)。首先,根据问卷调查的数据,对全部 3 464 名创业农民进行基准回归分析,本章称之为模型 1,模型经过 4 次迭代后收敛,稳健的标准误与普通的标准误相差基本不大,回归结果见表 7—4。

表 7—4　　　　　　　　　　　　　　基准模型回归分析

变量	回归系数	P 值	稳健的标准误	标准误	概率比
家庭背景	0.440 1***(5.30)	0.000	0.083 0	0.083 1	1.552 9
地区差异	−0.071 3*(−1.77)	0.077	0.040 3	0.040 4	0.931 2
性别	0.313 5***(3.36)	0.001	0.093 4	0.092 6	1.368 2
年龄	0.002 4(0.10)	0.919	0.023 5	0.022 8	1.002 4
年龄平方	−0.000 1(−0.29)	0.775	0.000 3	0.000 2	0.999 9
民族	0.179 9(1.28)	0.199	0.140 0	0.140 1	1.197 1
学历水平	0.225 8***(6.00)	0.000	0.037 6	0.037 5	1.253 3
健康状况	−0.109 3**(−2.21)	0.027	0.049 5	0.051 0	0.896 4
单亲家庭	−0.219 0(−0.89)	0.374	0.246 6	0.247 0	0.803 3
中共党员	0.141 7(1.55)	0.122	0.091 7	0.091 4	1.152 2
手艺	0.080 5(1.09)	0.274	0.073 6	0.073 5	1.083 9
打工经历	0.019 3(0.26)	0.797	0.075 0	0.075 4	1.019 5
退伍军人	0.358 6**(2.40)	0.016	0.149 1	0.149 7	1.431 3
省(市)	0.002 1(0.52)	0.603	0.004 0	0.004 0	1.002 1
截距	−1.187 1**(−2.07)	0.039	0.574 4	0.564 2	0.305 1

观测值=3 464　　伪对数似然值= −2 265.224 3　　Wald　$\chi^2(14)$ =190.29　　Prob>χ^2 = 0.000 0
伪 R^2 = 0.043 6

注:(1)括号中为 Z 值;(2)***、**、*表示估计结果在 0.01、0.05、0.1 的水平上显著(Two-tailed)。

表 7—4 的回归结果表明:首先,变量精英家庭的系数为 0.440 1 且在 1% 的水平上显

---

① 注:数字越大表示农民的健康状况越差,系数为负表示健康状况越差农民机会型创业动机的概率将越低。

著,说明创业农民的家庭背景对其创业投资动机存在显著性的影响,对应的概率比为1.550 9,表明就全国范围的有效样本而言,在其他条件不变的情况下,若创业农民的家庭背景由普通型转变为精英型,其机会型创业投资动机的概率与生存型创业投资动机概率的比值在原来的基础之上将提升55.09%。为了让解释更加的直观易懂,本章也计算变量精英家庭的平均边际效应(见表7—6),其平均边际效应为0.101 6,说明控制其他条件不变的情况下,精英家庭比普通家庭的创业农民机会型创业投资动机的概率将提升10.16%。其次,变量地区差异的系数在10%的水平上显著,说明地区的差异对农民的创业投资动机也存在显著性的影响,下一小节将对此进行进一步的分析。

此外,还可发现:其一,农民的性别显著影响其创业投资动机,在其他条件不变的情况之下,男性比女性机会型创业投资动机的概率将提升7.24%(见表7—7)。其二,农民的学历水平显著的影响其创业投资动机,在其他条件不变的情况之下,受教育程度越高,创业农民将越表现为机会型创业投资。其三,农民的健康状况显著的影响其创业投资动机,在其他条件不变的情况下,身体健康状况越差的农民将越降低其机会型创业投资动机的概率。其四,服兵役的经历显著影响创业农民的创业投资动机,在其他条件不变的情况之下,从军队中退伍的创业农民比普通的创业农民是机会型创业投资动机的概率将提升8.28%(见表7—7)。

四、不同家庭背景创业投资动机的异质性分析

上述实证分析发现农民的家庭背景和地区差异对其创业投资动机有着显著性的影响,为了进一步分析它们之间的关系厘清全样本中的异质性,本节区分普通家庭背景和精英家庭背景的创业农民分别分析,结果如表7—5所示,其中各个模型整体都非常显著,稳健的标准误与普通的标准误均相差不大(见附录3)。

表7—5　　　　　　　　　　不同家庭背景创业投资动机的异质性分析

变量	精英型家庭		普通型家庭		
	模型2	模型3	模型4	模型5	模型6
东部地区			0.391 7*** (3.34)	0.198 9* (1.68)	0.612 2*** (2.91)
中部地区				−0.192 7 (−1.43)	0.220 5 (1.02)
西部地区			0.192 7 (1.43)		0.413 3* (1.94)
东北地区			−0.220 5 (−1.02)	−0.413 3* (−1.94)	
地区差异	0.081 0 (1.15)	−0.146 8*** (−2.90)			
性别	0.488 2*** (3.03)	0.218 9* (1.93)	0.212 7* (1.87)	0.212 7* (1.87)	0.212 7* (1.87)

中国投资发展报告 2024：中国农民创业投资

变量	精英型家庭	普通型家庭			
	模型 2	模型 3	模型 4	模型 5	模型 6
年龄	0.034 3 (0.98)	−0.029 7 (−0.95)	−0.024 7 (−0.79)	−0.024 7 (−0.79)	−0.0247 (−0.79)
年龄平方	−0.000 4 (−1.01)	0.000 2 (0.74)	0.000 2 (0.59)	0.000 2 (0.59)	0.000 2 (0.59)
民族	0.327 1 (1.42)	0.102 4 (0.58)	0.167 6 (0.94)	0.167 6 (0.94)	0.167 6 (0.94)
学历水平	0.215 8*** (4.17)	0.242 2*** (4.24)	0.244 7*** (4.28)	0.244 7*** (4.28)	0.244 7*** (4.28)
健康状况	−0.090 6 (−1.00)	−0.114 2* (−1.89)	−0.108 9* (−1.80)	−0.108 9* (−1.80)	−0.108 9* (−1.80)
单亲家庭	−0.559 3 (−1.35)	−0.0331 (−0.11)	−0.024 6 (−0.08)	−0.024 6 (−0.08)	−0.024 6 (−0.08)
中共党员	0.058 8 (0.44)	0.199 4 (1.57)	0.200 7 (1.58)	0.200 7 (1.58)	0.200 7 (1.58)
手艺	−0.099 2 (−0.81)	0.174 9* (1.90)	0.176 8* (1.92)	0.176 8* (1.92)	0.176 8* (1.92)
打工经历	0.076 5 (0.60)	−0.003 4 (−0.04)	−0.002 9 (−0.03)	−0.002 9 (−0.03)	−0.002 9 (−0.03)
退伍军人	0.373 6 (1.55)	0.337 3* (1.77)	0.338 4* (1.77)	0.338 4* (1.77)	0.338 4* (1.77)
省(市)	0.006 9 (1.02)	0.000 8 (0.16)	−0.004 7 (−0.87)	−0.004 7 (−0.87)	−0.004 7 (−0.87)
截距	−2.030 0** (−2.43)	−0.165 9 (−0.21)	−0.757 6 (−0.99)	−0.564 9 (−0.75)	−0.978 2 (−1.25)
观测值	117 8	228 6	228 6	228 6	228 6
伪对数似然值	−788.828 1	−1 468.119 5	−1 464.423 0	−1 464.423 0	−1 464.423 0
Wald χ^2	41.80	72.24	79.08	79.08	79.08
Prob>χ^2	0.000 1	0.000 0	0.000 0	0.000 0	0.000 0
伪 R^2	0.026 1	0.024 8	0.027 2	0.027 2	0.027 2

注：(1)均使用稳健的标准误进行估计；(2)括号中为 Z 值；(3)***、**、* 表示估计结果在 0.01、0.05、0.1 的水平上显著(Two-tailed)。

表 7—5 中模型 2 和模型 3 的回归系数显著性差别显示了一个令人意外的现象：普通家庭背景的创业农民创业投资动机在地区间存在着显著性的差异，而精英家庭背景的创业农民创业投资动机在地区间并无显著性的差异。此外，也显示了一些有趣的现象：包括但不限于，其一，差的身体状况显著抑制了普通家庭背景的创业农民机会型创业投资动机的概率，但对精英家庭背景的创业农民来说，其影响并不显著。其二，普通家庭背景的创业农民若拥有一定的手艺或有服兵役的经历可显著提高其机会型创业投资动机的概率，但拥有手艺或有服兵役的经

历对于提高精英家庭背景的创业农民机会型创业投资动机概率的影响并不显著。

为了进一步揭示普通家庭背景的创业农民存在的地区差异,模型4、模型5、模型6分别设置中部地区为基组、西部地区为基组、东北地区为基组以分析普通家庭背景的创业农民创业投资动机存在的地区差异。

当以中部地区为基组进行实证分析时,变量东部地区的系数为0.391 7,对应的平均边际效应为0.088 0(见表7—6),且在1%的水平上显著,表明东部地区普通家庭背景的创业农民创业投资动机与中部地区的相比存在显著性的差异,在其他条件不变的情况下,前者的机会型创业投资动机的概率提升了约8.8%。此外模型4的实证结果也显示,西部地区和东北地区普通家庭背景的创业农民与中部地区的相比,其创业投资动机并不存在显著性的差异。

当以西部地区普通家庭背景的创业农民作为基组进行实证分析时,变量东部地区和东北地区的系数分别为0.198 9和—0.413 3,对应的平均边际效应分别是0.044 7和—0.092 9(见表7—6)且均在10%的水平上显著,表明东部地区普通家庭背景的创业农民创业投资动机与西部地区的相比存在显著性差异,在其他条件不变的情况下,前者机会型创业投资动机的概率提升了约4.47%;东北地区普通家庭背景的创业农民与西部地区的相比存在显著性的差异,在其他条件不变的情况下,前者机会型创业投资动机的概率与西部地区的相比降低了约9.29%,对于中部地区和西部地区的普通家庭背景的创业农民来说,其创业投资动机仍然不存在显著性的差异。

当以东北地区普通家庭背景的创业农民作为基组进行实证分析时,变量东部地区系数为0.612 2,对应的平均边际效应为0.137 5(见表7—6)且在1%的水平上显著,表明东部地区普通家庭背景的创业农民创业投资动机与东北地区的相比,在其他条件不变的情况下,前者的机会型创业投资的概率提高了约13.75%;同样,在其他条件不变的情况下,西部地区普通家庭背景的创业农民与东北地区的相比,前者机会型创业投资的概率提高了约9.29%,中部地区与东北地区的创业农民相比,他们之间的创业投资动机仍不存在显著性的差异。

五、稳健性检验

由于精英家庭更可能是高人力资本、社会资本的家庭,样本选择可能有偏,为了排除本章模型可能存在的自选择偏误而导致的内生性问题并进一步佐证结论,本节利用倾向得分匹配法(PSM)对其进行处理,回归结果见表7—7,其中处理变量为家庭背景,结果变量为创业投资动机,使用三种不同的匹配方法的结果均显示在排除自选择偏误产生的内生性问题后,ATT的值依然为正且显著,说明精英家庭确实比普通家庭背景出身的农民机会型创业投资动机的概率更高。

与此同时,为进一步证明实证结果的稳健性,本节也使用Probit模型进行稳健性检验。表7—7是6个实证模型使用Logit模型估计和Probit模型估计得出的平均边际效应比较表,从中可以看出无论是使用Logit模型估计还是Probit模型估计,得出的平均边际效应几乎一致,证明本章的实证结果是比较稳健的。

表7-6

平均边际效应比较

变量	模型 1		模型 2		模型 3		模型 4		模型 5		模型 6	
	Logit	Probit	Logit	Probit	Logit	Probit	Logit	Probit	Logit	Probit	Logit	Probit
东部地区							0.088 0	0.088 0	0.044 7	0.044 5	0.137 5	0.137 3
中部地区							0.043 3	0.043 4	-0.043 3	-0.043 4	0.059 5	0.049 4
西部地区											0.092 8	0.092 8
东北地区							-0.049 5	-0.049 4	-0.092 9	-0.092 8		
家庭背景	0.101 6	0.102 5										
地区差异	-0.016 5	-0.016 5	0.019 3	0.019 7	-0.033 1	-0.032 9						
性别	0.072 4	0.071 4	0.116 4	0.117 1	0.049 3	0.048 9	0.047 8	0.047 3	0.047 8	0.047 3	0.047 8	0.047 3
年龄	0.000 5	0.000 4	0.008 2	0.008 3	-0.006 7	-0.006 8	-0.005 5	-0.005 7	-0.005 5	-0.005 7	-0.005 5	-0.005 7
年龄平方	0.000 0	0.000 0	-0.000 1	-0.000 1	0.000 1	0.000 1	0.000 0	0.000 0	0.000 0	0.000 0	0.000 0	0.000 0
民族	0.041 6	0.042 5	0.078 0	0.079 4	0.023 1	0.024 7	0.037 7	0.039 1	0.037 7	0.039 1	0.037 7	0.039 1
学历水平	0.052 1	0.052 1	0.051 5	0.051 5	0.054 6	0.054 0	0.055 0	0.054 4	0.055 0	0.054 4	0.055 0	0.054 4
健康状况	-0.025 2	-0.025 7	-0.021 6	-0.021 8	-0.025 7	-0.026 3	-0.024 5	-0.024 9	-0.024 5	-0.024 9	-0.024 5	-0.024 9
单亲家庭	-0.050 6	-0.049 9	-0.133 4	-0.133 2	-0.007 5	-0.008 3	-0.005 5	-0.007 0	-0.005 5	-0.007 0	-0.005 5	-0.007 0
中共党员	0.032 7	0.033 1	0.014 0	0.014 3	0.044 9	0.045 5	0.045 1	0.045 7	0.045 1	0.045 7	0.045 1	0.045 7
手艺	0.018 6	0.018 7	-0.023 7	-0.023 4	0.039 4	0.039 2	0.039 7	0.039 7	0.039 7	0.039 7	0.039 7	0.039 7
打工经历	0.004 5	0.004 4	0.018 3	0.018 6	-0.000 8	-0.001 2	-0.000 7	-0.001 1	-0.000 7	-0.001 1	-0.000 7	-0.001 1
退伍军人	0.082 8	0.083 0	0.089 1	0.088 6	0.076 0	0.077 4	0.076 0	0.077 1	0.076 0	0.077 1	0.076 0	0.077 1
省(直辖市)	0.000 5	0.000 5	0.001 6	0.001 7	0.000 2	0.000 2	-0.001 1	-0.001 1	-0.001 1	-0.001 1	-0.001 1	-0.001 1

表 7—7 倾向得分匹配法回归结果

	K 近临匹配	半径匹配	核匹配
处理组	0.552 6	0.548 2	0.546 8
控制组	0.404 1	0.435 4	0.449 4
ATT	0.148 5***	0.112 9***	0.097 4***
T 值	3.57	3.84	2.60

注：***、**、*表示估计结果在 0.01、0.05、0.1 的水平上显著(Two-tailed)。

第四节 小 结

本章利用 2016 年"千村调查"项目受访的创业投资村民问卷调查数据,从家庭背景和地区差异的角度实证分析了中国农民创业投资的动机并得出了如下结论:

第一,就全国范围的调查样本而言,在其他条件不变的情况下,比起普通家庭背景的创业农民,精英家庭背景的创业农民机会型创业投资动机的概率提升了 10.16%,这说明假说 H_1 是成立的,在排除自选择偏误产生的内生性问题后假设依然成立。可能的原因正如上文分析的那样,精英家庭背景的创业农民与普通家庭背景的创业农民相比存在的禀赋差距以及创业投资后获取资源能力的差距,都可能导致这两个不同的群体拥有不同的创业投资动机。

第二,地区的差异对精英家庭背景的创业农民创业投资动机无显著性的影响,却显著影响了普通家庭背景的创业农民创业投资动机。通过对普通家庭背景创业农民的子样本实证分析发现:东部地区农村普通家庭背景的创业农民机会型创业投资动机的概率显著高于其他地区,其中,比中部地区的高出约 8.8%、比西部地区的高出约 4.47%、比东北地区的高出约 13.75%。这说明假说 H_2 并不完全成立:精英家庭背景的农民创业投资动机不存在地区差异,而普通家庭背景的农民创业投资动机却存在地区差异且满足假说 H_2。对于这个令人意外的现象,由于缺乏相关经验数据的支持,很难给出准确的解答,本章推断一个可能的原因是:普通家庭背景的创业农民与精英家庭背景的创业农民相比,对某些既产生地区差异又影响创业投资动机的因素更为敏感。

第三,无论哪种家庭背景的创业农民,性别和学历水平对创业投资动机均有显著性的影响,男性比女性、高学历比低学历显著提高了创业农民机会型创业投资动机的概率,表明女性创业农民普遍比男性创业农民更加厌恶风险,而且提高创业农民的受教育水平将有助于创业农民的创业投资动机由生存型向机会型转型。

第四,身体状况越好、拥有一定的手艺,或有服兵役的经历可显著提高普通家庭背景的创业农民机会型创业投资动机的概率,但对提升精英家庭背景的创业农民机会型创业投资动机的概率无显著性的帮助,对于这个差别可能的原因还是如上文推断的一样,即普通家庭背景的创业农民与精英家庭背景的创业农民相比,其创业投资动机的变动对某些影响因素的变动更加敏感。

第八章

投资模式：模仿型与创新型

创新是一个民族进步的灵魂，是一个国家兴旺发达的不竭动力，乡村振兴同样离不开创新，创新是乡村全面振兴的重要支撑，创新创业是创新运用于乡村振兴的载体之一，因此，创新创业投资对于中国的乡村振兴具有重大的意义。本章借鉴 Lévesque 和 Shepherd（2004）、Koellinger（2007）、Zott 和 Amit（2007）、刘佳和李新春（2013）、尹苗苗等（2016）等人的研究将中国农民的创业投资模式归为两类：模仿创业投资和创新创业投资。对于中国农民创业投资的模式的分析，难点在于缺乏全国范围内经验数据的支持，使得规范分析常陷入僵局，理论界对农民创业投资模式的研究还比较少，尤其是农民创新创业投资方面的分析尚处于"短板"状态。本章将利用"千村调查"所获取的问卷数据，通过数理模型和实证分析，分析家庭背景对农民创业投资模式的影响。

第一节 假 设

学界对于农民创业投资有丰富的分析视角，但是很少有理论或者实证关注农民的创业投资模式，创业投资模式可包含两类，一类是模仿创业投资，另一类是创新创业投资（Lévesque 和 Shepherd，2004；Koellinger，2007；Zott 和 Amit，2007；刘佳和李新春，2013；尹苗苗等，2016）。模仿创业投资活动被定义为试图在一个既定群体中的创业投资个人，其日常事务、能力和提供的资源与现有群体的差别很小,甚至根本没有差别,他们很少或没有为他们所进入的人群带来增量知识,也没有像他们的前辈那样组织他们的活动。模仿创业投资简单来说是一种示范效应,在领先型企业的示范和影响下,通过观察学习并在创业投资动机的刺激下实施的创业投资行为。相比之下,创新创业投资活动被定义为具有创新精神的创业投资者试图创办那些与现有组织、现有市场存在显著性差异的活动(Calantone等,2002;Koellinger,2007;尹苗苗等,2016),然而值得强调的是,模仿创业投资并不意味着没有任何创新,模仿创业投资也可以有增量的创新(Baum等,2000),例如通过改变产品外观、生产流程、销售方式等,对同行业企业的产品、技术进行边际变革等(Román等,2013)。对农民来说,模仿创业投资相比于创新创业投资更加有利于在创业投资中节省成本、降低风险、增加收益,因此农民创业投资存在极强的模仿性,羊群效应明显(罗琦等,2016)。

通常来说,由于创新创业投资要求创业投资者更具变革精神、更强的风险承担能力和更敏锐的思维,创新创业投资相比于模仿创业投资对农民的认知水平、学习能力和综合素质要求更高,按本篇第四章对精英农民家庭和普通农民家庭的界定,由于精英家庭背景的创业农民无论是自身素质、掌握的资源还是创业投资能力等都可能优于普通家庭的创业农民,本章认为精英农民相比于普通农民更具创新创业投资的潜质,因此推测农民的家庭背景会影响农民的创业投资模式。与普通家庭相比,精英家庭背景出身的农民创新创业投资的概率相对会更高。

第二节　数据、变量与描述性统计

一、数据来源

本章节的数据也只用到创业投资村民问卷,从回收的 4 601 份创业投资村民的问卷中根据本章节的分析需要,共清洗和筛选出有效问卷 3 676 份。其中,包含东部地区受访村落 512 个,受访的创业投资村民 1 562 名;中部地区受访村落 298 个,受访的创业投资村民 912 名;西部地区受访村落 333 个,受访的创业投资村民 993 名;东北地区受访村落 66 个,受访的创业投资村民 209 名,有效的受访创业投资村民样本数量和地区分布如表 8—1 所示。

表8-1 **3 676名受访创业投资村民数量、占比和地区分布**

区域	频数(人)	占比(%)	区域	频数(人)	占比(%)
东部地区	1 562	42.49	西部地区	993	27.01
北京	26	0.71	内蒙古	38	1.03
天津	21	0.57	广西	78	2.12
河北	174	4.73	重庆	119	3.24
上海	392	10.66	四川	155	4.22
江苏	273	7.43	贵州	136	3.70
浙江	264	7.18	云南	138	3.75
福建	62	1.69	西藏	14	0.38
山东	215	5.85	陕西	74	2.01
广东	113	3.07	甘肃	91	2.48
海南	22	0.60	青海	40	1.09
中部地区	912	24.81	宁夏	27	0.73
山西	112	3.05	新疆	83	2.26
安徽	201	5.47	东北地区	209	5.69
江西	155	4.22	辽宁	64	1.74
河南	228	6.20	吉林	87	2.37
湖北	92	2.50	黑龙江	58	1.58
湖南	124	3.37	总数	3 676	100

数据来源：根据上海财经大学2016年千村调查数据整理。

二、变量设置、描述性统计及共线性诊断

（一）变量设置

1. 被解释变量：创业投资模式（EntrepreMode）

此数据来源于调查问卷中询问创业农民在创业投资时有没有同行创业投资者，可选择的题项包括：完全没有、较少、有一些、较多、非常多。据Koellinger（2007）对模仿创业投资和创新创业投资的定义，将创业农民选择"完全没有"的归类为创新创业投资，其余选择项归类为模仿创业投资，那么在全部3 676名创业农民的样本中，10.1%（373名）属于创新创业投资，89.9%（3 303名）属于模仿创业投资，并将创新创业投资定义为1，模仿创业投资定义为0。

2. 解释变量：家庭背景（FamBackgr）

根据本篇对精英家庭和普通家庭的界定，在全部3 676名创业农民的样本中，有约34%（1 257名）的农民归属于精英家庭，约66%（2 419名）的农民属于普通家庭，并将精英家庭

出身的创业农民定义为1,普通家庭出身的创业农民定义为0

3.控制变量:为增加模型的解释力,引入如下控制变量。

(1)性别(Gender)。研究表明性别是影响创新创业投资的因素之一(高凌江,2015;靳卫东等,2018;刘忠艳,2017),通常来说女性相比于男性更加偏好厌恶风险,而创业投资又是一种风险较高的经济活动(杨晔等,2019),创新创业投资相比于模仿创业投资来说风险更高,从这方面来讲女性比男性选择模仿创业投资的概率可能会更高。

(2)年龄(Age)。年龄通常是影响个人创新能力的指标之一,已有研究证明,个人的创新能力通常随着其年龄的增长而呈现倒U型关系(陈友华,2012;陈德智等,2014);同时,年龄也是影响创业投资的因素之一,如陈刚(2015)和周广肃等(2017)认为年龄对创业投资的影响也具有显著的倒U型效果,个人创业投资的概率随着年龄的增长先上升后下降。因此年龄可能会影响农民的创业投资模式是选择创新创业投资还是模仿创业投资,控制变量亦将加入年龄的平方项。

(3)学历水平(Educ)。农民的学历水平越高,其科学知识储备水平可能会越丰富,获取讯息和知识的能力通常也会越强,而科学知识和最新讯息通常对于开拓创新有着积极的作用。因此预计农民的学历水平对其创新创业投资会有正向的影响,为探究创业农民学历水平的提高对其创新创业投资的影响变动规律,回归时也加入学历的平方项。

(4)风险偏好(Risk)。Caggese(2012)的研究表明风险偏好、技术创新与创业投资存在相关关系,由于创新通常充满了不确定性并具有很高的失败风险(Holmstrom,1989),因此创新创业投资相比于模仿创业投资可能需要承担更高的失败风险,预计创业农民越偏好风险,其创新创业投资的概率会更高,因此本章也将农民的风险偏好设置为控制变量。

(5)打工经历(Workout)。外出务工能够增加农民阅历,开阔其视野,增强其市场意识、竞争意识和科技意识(张英魁等,2008),有外出务工经历的农民容易获得外界最新的创业投资知识和市场信息,因此预计有打工经历的创业农民比没有打工经历的农民创新创业投资的概率会相对更高。

(6)是否掌握核心技术(秘方)(CoreTech),核心技术(秘方)对创新创业投资有重要的作用,掌握核心技术(秘方)的创业投资者可能生产出别的创业投资者所不能生产的商品或提供其他创业投资者所不能提供的服务,或者生产的商品的某个方面具有独特的优势等,因此预计创业农民是否掌握核心技术(秘方)会影响到其创业投资模式,掌握核心技术(秘方)的创业农民比没有掌握的选择创新创业投资的概率会更高。

(7)创业投资年数(Years)。创业投资者创业投资的年数与创业投资企业的年龄相关,有可能创业投资企业刚开始是创新创业投资,随后因大量竞争者的加入导致之前的创新优势逐渐不复存在而慢慢转变成了模仿创业投资,也有可能创业投资企业刚开始是模仿创业投资,之后随着资本的积累、企业研发的不断突破而在市场上逐渐占据优势而转变成了创新创业投资,因此预计创业投资的年数会对创业投资者的创业投资模式产生影响,有必要将创业农民的创业投资年数纳入本章的控制变量中。

（8）地区差异（Region）。总的来说东部地区的经济发展水平在过去 30 年间显著高于其他地区，中国东、中、西、东北地区之间的差异可能导致不同地区的农民偏好不同的创业投资模式，如处于经济发达的沿海农村地区的农民相对于贫穷落后的西部地区的农民更可能接触新鲜事物，更加迅速地获得新技术、新的商业模式等信息而开始创新创业投资的活动，因此本章将农民所在的地区纳入分析模型的控制变量中。

具体的变量定义和频数分析如表 8—2 所示。

表 8—2　　　　　　　　　　　　　　　变量定义及频数分析

变量类别	变量名称	赋值及含义	频数（人）	占比（%）
因变量	创业投资模式	创新创业投资＝1	373	10.1
		模仿创业投资＝0	3 303	89.9
解释变量	家庭背景	精英家庭＝1	1 257	34.2
		普通家庭＝0	2 419	65.8
控制变量	性别	男性＝1	2 894	78.7
		女性＝0	782	21.3
	年龄	年龄在 20 岁至 60 岁之间	—	—
	学历水平	文盲＝0	86	2.3
		小学学历＝1	385	10.5
		初中学历＝2	1 409	38.3
		高中学历＝3	1 127	30.7
		专科学历＝4	292	7.9
		本科学历＝5	369	10.0
		研究生学历＝6	8	0.2
	风险偏好	1 至 6，数字越大越偏好风险	—	—
	打工经历	有外出打工经历＝1	1 390	37.8
		无外出打工经历＝0	2 286	62.2
	核心技术	创业投资企业掌握了核心技术（秘方）＝1	678	18.4
		否则＝0	2 998	81.6
	创业投资年数	以 2016 年调查年为结束年份计算的创业投资年数	—	—
	地区差异	1＝东部地区	1 562	42.5
		2＝中部地区	912	24.8
		3＝西部地区	993	27.0
		4＝东北地区	209	5.7

（二）描述性统计和共线性诊断

表 8—3 展示了所有变量的描述性统计结果，同时为了检验多重共线性对回归结果的影响，也列出了所有解释变量的方差膨胀因子 VIF 值，发现所有解释变量的方差膨胀因子 VIF 的值都较小（均小于 1.4），因此可以判断回归模型不存在严重的多重共线性问题。

表 8—3 描述性统计及共线性诊断

变量	最小值	最大值	均值	标准差	方差膨胀因子
创业投资模式	0	1	0.10	0.302	
家庭背景	0	1	0.34	0.474	1.272
性别	0	1	0.79	0.409	1.025
年龄	20	60	43.36	8.774	1.309
学历水平	0	6	2.62	1.171	1.356
风险偏好	1	6	4.77	0.952	1.013
打工经历	0	1	0.38	0.485	1.048
核心技术	0	1	0.18	0.388	1.018
创业投资年数	0	42	9.50	7.372	1.201
地区差异	1	4	1.96	0.960	1.055

注：(1)描述性统计的有效样本量 $N=3\,676$；(2)共线性诊断的因变量为创业投资模式。

第三节 计量模型与实证分析

一、计量模型的设定

变量定义：

$$\begin{cases} \text{EntrepreMode}_i = 1,\text{如果该创业农民是创新创业} \\ \text{EntrepreMode}_i = 0,\text{如果该创业农民是创新创业} \end{cases} \tag{8.1}$$

由于被解释变量是二值选择（Binary Choices）经典的 OLS 假定不再满足，因此本章使用二值选择模型进行实证分析，设定如下计量模型：

$$\text{Pr}(\text{EntrepreMode}_i = 1) = G(a_0 + a_1 \text{FamBackgr}_i + \beta_i \text{Control}_i + \varepsilon_i) \tag{8.2}$$

其中，EntrepreMode_i 代表第 i 个农民创业投资模式的虚拟变量，FamBackgr_i 表示第 i 个创业农民家庭背景的虚拟变量，Control_i 表示第 i 个创业农民一系列控制变量包括性别、年龄、学历水平、风险偏好、打工经历、是否掌握核心技术（秘方）、创业投资年数、所在地区。$\text{Pr}(\text{EntrepreMode}_i = 1)$ 表示第 i 个农民的创业投资模式是创新创业投资的概率。

对于函数 $G(\cdot)$ 而言，若 $G(z) = \exp(z)/[1 + \exp(z)]$，则计量模型为 Logit 模型，若 $G(z)$ 为标准正态分布函数，则计量模型为 Probit 模型（陈强，2014）。本章将使用 Logit 模型进行实证分析，并使用 Probit 模型进行稳健型检验。

与上一章一样，由于精英家庭更可能是高人力资本、社会资本的家庭，样本选择时可能有偏差,为缓解可能存在的自选择偏误而导致的内生性问题,并进一步证明实证结果的稳健性,本章也利用倾向得分匹配法(PSM)对其进行处理。

二、全样本分析

本章的实证分析使用极大似然法和稳健的标准误进行估计,全样本分析模型称之为模型1,回归结果见表8-4。从中可以发现:模型1非常显著且标准误与稳健标准误相差基本不大,说明模型设置较为合理,除性别、学历水平和风险偏好不显著外,其余变量均显著。其中变量家庭背景的系数为0.255 9,且在5%的显著性水平上显著,说明家庭背景对农民的创业投资模式有着显著性影响,表8-7计算了模型1各个变量的平均边际效应,其中家庭背景的平均边际效应为0.023,表明在其他条件不变的情况下,比起普通家庭,精英家庭背景出身的创业农民创业投资模式是创新创业投资的概率将提升2.3个百分点,因此全样本回归分析的结果验证了本章的假说:农民的家庭背景确实会对其创业投资模式产生影响,精英家庭比普通家庭背景出身的农民创新创业投资的概率更高。可能的原因正如上文分析的那样:精英家庭与普通家庭的创业农民相比,整体可能更具变革精神、更强的风险承担能力和更敏锐的思维,其认知水平、学习能力和综合素质更高,拥有的资本和获取资源等能力都可能处于优势地位。因此,精英家庭比普通家庭的农民有更高的创新创业投资概率。

此外,从表8-4中还可发现,控制其余变量不变的情况下:(1)年龄和年龄平方的系数均在1%的水平上显著,且年龄的系数为负年龄平方的系数为正,说明随着创业农民的年龄增大,其创新创业投资的概率将越来越低,但降低幅度会随着年龄的增大而逐渐减小,因此年龄是影响农民创新创业投资的重要因素之一,年轻的创业农民相比年长的创业农民更愿意尝试创新创业投资;(2)学历水平的系数虽然不显著,但系数为正表明农民的受教育程度提升确实对农民创新创业投资有着积极的影响,学历平方的系数为负说明这种积极的影响会随着学历的不断提高而逐渐减小;(3)风险偏好的系数虽不显著,但其符号方向还是符合本章的预期,即越爱冒险的农民创新创业投资概率越高;(4)打工经历的系数为正且在1%的水平上显著,对应的平均边际效应为0.03(见表8-7),说明外出打工经历可以显著提高农民创新创业投资的概率,有外出打工经历的农民创新创业投资的概率与没有打工经历的相比将提高3个百分点;(5)核心技术的系数为正且在1%的水平上显著,对应的平均边际效应为0.036,表明有核心技术(秘方)将显著提高农民创新创业投资的概率,与没有核心技术(秘方)的创业农民相比,有核心技术(秘方)的农民创新创业投资的概率将提高3.6个百分点;(6)创业投资年数的系数为负且在1%的水平上显著,表明创业农民随着创业投资时间的不断推移,其创新创业投资的概率将越来越低,模仿创业投资的概率越来越高,这可能是因为中国农民创业投资的内容普遍不需要太多的技术含量和高超的管理技巧,准入门槛也比较低,市场上源源不断的竞争者进入,导致之前的创新优势已不复存在而产生的现象;(7)变量地区差异的系数在5%的水平上显著,表明农民的创业投资模式存在着一定的地区差异。

变量	系数	P 值	稳健的标准误	标准误
家庭背景	$0.255\ 9^{**}(1.99)$	0.046	0.128 4	0.129 7
性别	$-0.090\ 7(-0.67)$	0.502	0.135 0	0.135 6
年龄	$-0.120\ 4^{***}(-2.58)$	0.010	0.046 7	0.047 4
年龄平方	$0.001\ 5^{***}(2.77)$	0.006	0.000 5	0.000 6
学历水平	$0.020\ 4(0.12)$	0.906	0.173 8	0.176 2
学历平方	$-0.021\ 5(-0.71)$	0.479	0.030 4	0.030 7
风险偏好	$0.078\ 3(1.31)$	0.189	0.059 6	0.058 7
打工经历	$0.332\ 5^{***}(2.93)$	0.003	0.113 6	0.113 5
核心技术	$0.406\ 3^{***}(3.10)$	0.002	0.130 9	0.130 4
创业年数	$-0.024\ 2^{***}(-2.71)$	0.007	0.008 9	0.008 6
地区差异	$0.137\ 6^{**}(2.48)$	0.013	0.055 4	0.058 1
常数项	$-0.531\ 6(-0.51)$	0.607	1.032 6	1.046 9

观测值＝3 676   伪对数似然值＝—1 180.410   Wald $\chi^2(11)=55.29$ Prob＞$\chi^2=0.000\ 0$
伪 $R^2=0.022$

注：***、**、* 表示估计结果在 0.01、0.05、0.1 的水平上显著(Two-tailed)；括号内的数字为 Z 值。

三、不同家庭背景创业投资模式的异质性分析

由于模型 1 采用的是全样本，而精英家庭和普通家庭出身的创业农民在家庭资本、社会关系和个人能力等方面可能存在差异，导致影响因素对不同家庭背景出身的创业农民作用效应存在一定的差异，为厘清全样本中的异质性，本节区分精英家庭的子样本和普通家庭的子样本分别进行实证比较分析，结果见表 8—5 所示，其中各个模型整体都非常显著，稳健的标准误与普通的标准误均相差不大（见附录 4）。

表 8—5   不同家庭背景创业投资模式的异质性分析

变量	精英家庭	普通家庭			
	模型 2	模型 3	模型 4	模型 5	模型 6
性别	0.383 6 (1.43)	$-0.309\ 8^{*}$ (−1.94)	$-0.324\ 5^{**}$ (−2.03)	$-0.324\ 5^{**}$ (−2.03)	$-0.324\ 5^{**}$ (−2.03)
年龄	$-0.173\ 8^{**}$ (−2.38)	−0.074 6 (−1.15)	−0.079 9 (−1.22)	−0.079 9 (−1.22)	−0.079 9 (−1.22)
年龄平方	$0.002\ 2^{**}$ (2.46)	0.001 0 (1.36)	0.001 1 (1.45)	0.001 1 (1.45)	0.001 1 (1.45)
学历水平	−0.401 8 (−1.34)	0.414 1 (1.37)	0.415 2 (1.36)	0.415 2 (1.36)	0.415 2 (1.36)
学历平方	0.039 7 (0.85)	−0.098 8 (−1.46)	−0.096 7 (−1.43)	−0.096 7 (−1.43)	−0.096 7 (−1.43)

中国投资发展报告 2024：中国农民创业投资

变量	精英家庭	普通家庭			
	模型 2	模型 3	模型 4	模型 5	模型 6
风险偏好	0.185 9* (1.77)	0.015 7 (0.22)	0.011 0 (0.15)	0.011 0 (0.15)	0.011 0 (0.15)
打工经历	0.308 1 (1.63)	0.374 5*** (2.59)	0.352 7** (2.43)	0.352 7** (2.43)	0.352 7** (2.43)
核心技术	0.473 4** (2.34)	0.386 4** (2.21)	0.391 4** (2.23)	0.391 4** (2.23)	0.391 4** (2.23)
创业年数	−0.045 4*** (−2.86)	−0.013 9 (−1.29)	−0.013 4 (−1.25)	−0.013 4 (−1.25)	−0.013 4 (−1.25)
地区差异	0.084 7 (0.89)	0.165 4*** (2.43)			
东部地区			−0.546 1*** (−3.04)	−0.439 4** (−2.45)	−0.420 9 (−1.44)
中部地区				0.106 6 (0.61)	0.125 2 (0.43)
西部地区			−0.106 6 (−0.61)		0.018 6 (0.06)
东北地区			−0.125 2 (−0.43)	−0.018 6 (−0.06)	
常数项	0.655 1 (0.41)	−1.654 4 (−1.12)	−0.965 5 (−0.66)	−1.072 1 (−0.73)	−1.091 1 (−0.73)
观测值	1 257	2 419	2 419	2 419	2 419
伪对数似然值	−419.618	−753.100	−750.412	−750.412	−750.412
Wald χ^2	44.44	27.99	33.47	33.47	33.47
Prob$>\chi^2$	0.000	0.002	0.001	0.001	0.001
伪 R^2	0.044	0.018	0.021	0.021	0.021

注：***、**、*表示估计结果在 0.01、0.05、0.1 的水平上显著(Two-tailed)；括号内的数字为 Z 值。

表 8—5 中模型 2 和模型 3 回归系数的显著性差别反映了普通家庭与精英家庭农民在创业投资模式影响因素上存在的一些异质性，结合表 8—7 的平均效应比较表可以看出：控制其他变量不变的情况下，包括(1)对普通家庭的创业农民而言，女性比男性创新创业投资的概率要高出约 2.7 个百分点，而性别对于精英家庭的农民创业投资模式并不存在显著性的影响，这与本章推断女性农民比男性创新创业投资的概率更低并不一致，说明不能仅从风险偏好的单一角度推断女性农民比男性农民创新创业投资的可能性更低，性别对农民创新创业投资的影响应综合多种因素，但将性别作为本章实证分析的控制变量是恰当的；(2)年龄对精英家庭背景出身的农民创业投资模式影响显著，作用方向与全样本回归分析结果一

致,而对普通家庭背景出身的创业农民影响并不显著;(3)风险偏好程度对精英家庭的农民创业投资模式影响是显著的,说明精英家庭出身的创业农民越爱冒险,其创新创业投资的概率也会越高,但对普通家庭的农民创业投资模式的影响并不显著;(4)打工经历对精英家庭的农民创业投资模式的影响并不显著,但对普通家庭背景出身的农民创业投资模式的影响却非常显著(1%的水平上显著),有打工经历的普通家庭背景出身的农民创新创业投资的概率比没有打工经历要显著性的高出 3.2 个百分点;(5)创业投资年数显著影响了精英家庭背景出身农民的创业投资模式,影响方向与全样本分析一致,但对普通家庭背景出身的创业农民并无显著性的影响;(6)普通家庭背景出身的创业农民创业投资模式存在显著性的地区差异,而精英家庭的农民创业投资模式却不存在显著性的地区差异,模型 4、5、6 的回归分析表明东部地区普通家庭背景出身的农民创新创业投资的概率要显著低于中部地区和西部地区,分别约低 4.7 和 3.8 个百分点。上述因素对精英家庭和普通家庭背景出身的农民创业投资模式存在不一致的影响效果,推断可能的原因包括:其一,普通家庭背景出身的农民创业投资模式对外在因素影响表现得更加敏感,如外出打工经历、所在地区等,而精英家庭背景出身的农民创业投资模式对内在因素影响表现得更为敏感,如个人的年龄、风险偏好程度和创业投资时间的流逝等。其二,与商品经济发达的东部地区相比,新市场、新产品在欠发达地区如中部地区和西部地区普遍更晚形成,这使得欠发达的地区相比经济发达的地区反而对创业农民更具创新创业投资的潜力,本篇称之为创新创业投资知识的地区外溢效应,这一效应的存在可能使得普通家庭背景出身的创业农民在中部地区和西部地区创新创业投资的概率比在东部地区要更高。

四、稳健性检验

为缓解本章模型可能存在的自选择偏误而导致的内生性问题并进一步的佐证结论,本节也利用倾向得分匹配法(PSM)对其进行处理,回归结果见表 8-6,其中处理变量为家庭背景,结果变量为创业投资模式,使用三种不同的匹配方法的结果均显示在排除自选择偏误产生的内生性问题后 ATT 的值依然为正且显著,同样说明精英家庭确实比普通家庭背景出身的农民创新创业投资的概率更高。与此同时,表 8-7 展示了模型 1 至模型 6 分别使用 Probit 模型估计和 Logit 模型估计计算的平均边际效应,通过对比可以发现两种估计方法计算的平均边际效应相差基本不大,进一步说明本章的实证结论较为稳健。

表 8-6　　　　　　　　　　　　　倾向得分匹配法回归结果

	K 近临匹配	半径匹配	核匹配
处理组	0.118 4	0.118 4	0.118 4
控制组	0.089 5	0.092 9	0.093 5
ATT	0.028 9**	0.025 5*	0.024 9*
T 值	1.96	1.90	1.89

注:***、**、*表示估计结果在 0.01、0.05、0.1 的水平上显著(Two-tailed)。

表 8-7

平均边际效应比较

变量	模型 1 Logit	模型 1 Probit	模型 2 Logit	模型 2 Probit	模型 3 Logit	模型 3 Probit	模型 4 Logit	模型 4 Probit	模型 5 Logit	模型 5 Probit	模型 6 Logit	模型 6 Probit
家庭背景	0.023	0.022	0.037	0.037								
性别	-0.008	-0.008	-0.017	-0.017	-0.027	-0.027	-0.028	-0.028	-0.028	-0.028	-0.028	-0.028
年龄	-0.011	-0.011	0.000	0.000	-0.006	-0.007	-0.007	-0.007	-0.007	-0.007	-0.007	-0.007
年龄平方	0.000	0.000			0.000	0.000	0.000	0.000	0.000	0.000	0.000	0.000
学历	0.002	0.001	-0.038	-0.040	0.036	0.035	0.036	0.036	0.036	0.036	0.036	0.036
学历平方	-0.002	-0.002	0.004	0.004	-0.008	-0.008	-0.008	-0.008	-0.008	-0.008	-0.008	-0.008
风险偏好	0.007	0.007	0.018	0.018	0.001	0.001	0.001	0.001	0.001	0.001	0.001	0.001
打工经历	0.030	0.030	0.029	0.031	0.032	0.032	0.030	0.030	0.030	0.030	0.030	0.030
核心技术	0.036	0.038	0.045	0.049	0.033	0.032	0.034	0.034	0.034	0.033	0.034	0.033
创业投资年数	-0.002	-0.002	-0.004	-0.004	-0.001	-0.001	-0.001	-0.001	-0.001	-0.001	-0.001	-0.001
地区	0.012	0.013	0.008	0.008	0.014	0.015						
东部地区							-0.047	-0.047	-0.038	-0.038	-0.036	-0.035
中部地区									0.009	0.009	0.011	0.012
西部地区							-0.009	-0.009			0.002	0.002
东北地区							-0.011	-0.011	-0.002	-0.002		

注：均使用稳健的标准误估计。

第四节　小　结

本章使用 2016 年"千村调查"项目受访的创业投资村民问卷数据实证,分析了中国农村地区农民的家庭背景对其创业投资模式的影响,结果表明:

其一,对中国农村地区的创业农民而言,模仿创业投资是目前的主流创业投资形式,在全国范围调查的 3 676 名创业农民的有效样本中,近 90%的创业农民属于模仿创业投资。对于该结果,究其原因:一方面,农民创业投资往往选择成本低、风险小,比较容易被模仿的创业投资活动。另一方面,受制于农村闭塞的环境状况,市场信息获取困难,加之创业投资初期难度大、风险高,为降低创业投资风险、提高创业投资的成功率,使得农民选择"模仿复制"他人创业投资可能是其优先之策,有成功创业投资经历的兄弟姐妹、亲戚朋友容易成为其最佳的模仿复制对象。此外,中国农村长期以来都是一个以血缘、亲缘与地缘为中心的熟人社会(费孝通,2013),在"熟人社会"里,成功的"创业投资者"往往会帮助身边的兄弟姐妹、亲戚朋友创业投资,从而形成"虹吸效应",使得更多的农民选择模仿创业投资。

其二,其他条件不变的情况下,比起普通家庭,精英家庭背景出身的农民创新创业投资的可能性更高。

其三,创业农民的年龄、打工经历、是否掌握核心技术(秘方)、创业投资的年数和地区差异均显著地影响了农民创业投资模式的选择,其他条件不变的情况下:创业农民的年龄越大其创新创业投资的概率将逐渐降低,但降低幅度会随着年龄的增大而逐渐减小;与没有外出打工经历的创业农民相比,外出打工经历使得农民创新创业投资的概率高约 3 个百分点;与没有核心技术(秘方)的创业农民相比,有核心技术(秘方)的农民创新创业投资的概率将提高 3.6 个百分点;随着创业投资时间的不断推移,农民创新创业投资的概率将越来越低,模仿创业投资的概率越来越高。

其四,普通家庭和精英家庭创业农民在创业投资模式的影响因素上存在一些异质性:如外出打工经历、所在地区对普通家庭背景出身的农民创业投资模式影响显著,而年龄、个人的风险偏好程度和创业投资时间对精英家庭背景出身的农民创业投资模式影响显著等。此外,东部地区普通家庭背景出身的农民创新创业投资的概率要显著低于中部地区和西部地区,分别约低 4.7 和 3.8 个百分点,这可能与商品经济欠发达地区的新市场、新产品形成时间滞后于发达地区有关。

第九章

投资效果:获得感与幸福感

消除贫困、改善民生、逐步实现共同富裕是乡村振兴和全面建成小康社会的必然选择。改革开放 40 多年来,中国取得了举世瞩目的脱贫成就,农村居民人均可支配收入从 1978 年的 311 元增长到 2019 年的 16 021 元,足足翻了 51 倍,农民的生活水平取得大幅改善,农民拥有了更多的获得感和幸福感,但是与同期的城镇居民人均可支配收入相比,农村居民的收入水平仍有待提高。[①] 此外,在全球 156 个国家和地区的国民幸福满意度排名中,中国国民的幸福指数为 5.191(10 分制),排名第 93 位[②],大概处于中位水平。因此,在乡村振兴战略和全面建成小康社会的大背景下,对继续做好农民致富和增强农民幸福感的工作仍任重而道远。

已有考察农民创业投资与农民幸福感关系的文献较少,将农民创业投资、农民收入水平和农民幸福感结合分析的文献更是缺乏。本章将采用上海财经大学 2016 年"千村调查"数据,探讨中国农村地区的农民创业投资对提高农民收入水平的作用(称之为农民创业投资的致富效应)、对增强农民主观幸福感的作用(称之为农民创业投资的幸福感效应),并构建农民创业投资、收入水平和农民主观幸福感相结合的分析模型。

① 中华人民共和国 2019 年国民经济和社会发展统计公报[EB/OL]. (2020—02—28). http://www. stats. gov. cn/tjsj/zxfb/202002/t20200228_1728913. html.

② Helliwell J. F., Layard R., Sachs J. D., Neve J. E. D., Aknin L. B., Huang H., and Wang S., "World Happiness Report 2020"[EB/OL]. https://happiness-report. s3. amazonaws. com/2020/WHR20. pdf.

第一节　假　设

一、农民创业投资与致富效应

当下学界鲜有主题聚焦于农民创业投资与收入的关系的分析,且研究结论尚存在一些分歧,如古家军和谢凤华(2012)认为创业投资确会提高农民的收入水平,但袁方等人(2019)的研究却显示农民创业投资仅在中国东部和东北地区具有减贫效应,而在中部和西部地区的减贫效应不显著,因此中国农民创业投资的致富效应还需要进一步验证。

马克思指出,"发展人类的生产力,也就是发展人类天性的财富这种目的本身",而创业投资在很大程度上是发展生产力、创造财富的动态过程:创业投资者通过"创造性破坏"的过程打破市场均衡而获取超额利润(Schumpeter,1934),通过发现市场参与者事后所犯的"错误"而发现利润的机会,通过创业投资活动实现生产要素的新组合,并把生产要素和资源引向新用途,把资源、要素和人的创造性劳动转化成更高价值的社会财富(Kirzner,1997)。因此从理论上讲,创业投资可以提高个人和社会的财富水平。基于此分析,本章提出假设:

H_1:创业投资对农民具有致富效应。

此外,尽管部分学者分析了农民创业投资与收入水平的关系,但他们并没有更进一步地探讨农民创业投资所从事的产业类型与其收入的关系。任何理性人想通过创业投资致富,都需要积累一定门槛的财富、具备所属领域的经营和管理才能以及拥有充足的企业家精神,但农民资本持有量普遍较低,且所拥有的个人禀赋、生产关系都扎根于农业之中,因而多数情况下,农民都选择依托已有的农业资源进行创业投资,如提供农产品或加工农业副产品等。近年来随着乡村振兴战略的推进,农村劳务经济自发兴起,农民非农创业投资意愿也在逐步增强(彭克强和刘锡良,2016),农业创业投资和非农创业投资在创业投资资源、创业投资管理、创业投资目标等方面都存在差异,特别是在社会经济综合效益方面,非农产业比农业产出更高附加值产品的现象普遍存在,而高附加值的商品往往利润也较高。基于此分析,本章提出假设:

H_2:非农创业投资比农业创业投资对农民具有更强的致富效应。

二、农民创业投资与幸福感效应

主观幸福感(Subjective Well-being,SWB)是个体依据自己设定的标准对其生活质量的整体评价(Diener,2000),农民通过创业投资获得的存款增加、消费水平提高以及心理上的成就感等都会提升农民的主观幸福感(刘鹏程等,2019)。现有关于创业投资与幸福感之间关系的研究涵盖了创业投资动机对幸福感的影响(魏江,2014;刘鹏程等,2019)、创业投资对幸福感的作用机制(王慕文和卢二坡,2017;陈福中和卢景新,2019)以及影响创业投资与幸福感关系的调节变量(叶文平等,2018;汪圣国和杜素珍,2019)等,但以农民创业投资者为对象的幸福感研究仍相对缺乏。苏岚岚等人(2016)虽然研究了农民创业投资与获得感之间的关系,但并未涉及农业创业投资对其主观幸福感的影响,陈和午等人(2018)通过构建农户创业投资—村庄社会地位—农户幸福感的中介模型,发现相较于非创业农民,创业农民通过获得更高的村庄社会地位从而拥有更高的幸福感,但忽视了收入这一重要变量对农户幸福感的中介作用。因此农民创业投资、农民收入水平与农民主观幸福感三者的关联机制仍有待深入探究。

本篇推断创业农民不仅可能因为创业投资的致富效应(假说 H_1)增强了物质上的购买力,从而间接获得了幸福感(物质上的获得感),而且也有可能因为在创业投资的过程中或在创业投资成功后因主观感受到的自我价值实现、个人理想成就、自我能力提升等直接获得了幸福感(精神上的满足感),因此在这个过程中,创业投资可能直接和间接影响了农民的主观幸福感。基于此分析,本章提出假说:

H_3:创业投资对农民具有幸福感效应。

H_4:创业投资直接和间接影响了农民的主观幸福感,其中收入水平在创业投资影响农民的主观幸福感过程中充当中介效应。

综上,本章构建的概念模型框架见图9—1所示:

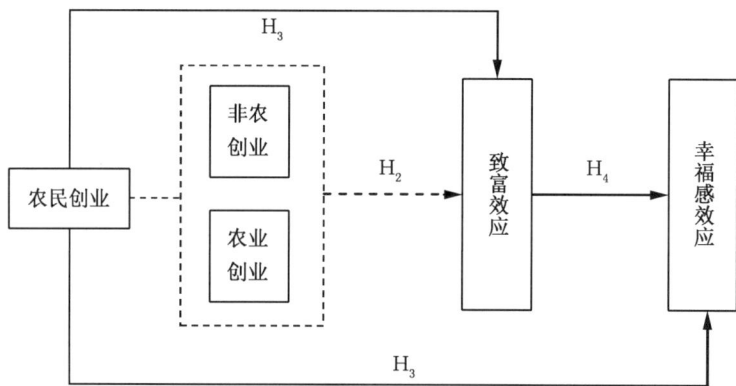

图9—1　农民创业投资的致富效应和幸福感效应分析的理论框架假设模型

第二节　数据描述及处理

一、数据描述

本章用到了创业投资村民和非创业投资村民的调查问卷,剔除一些漏填题项、回答自相矛盾等无效问卷后,根据本章需要共得到有效问卷8 242份,其中创业农民问卷3 113份、非创业农民问卷5 129份。有效样本具体的数量和地区分布情况如表9—1所示。

二、变量定义

（一）因变量

因变量的设置为:致富效应(Income)和幸福感效应(Happiness)。其中在分析农民创业投资的致富效应时,将农民近3年来家庭年均总收入与其所在村庄平均水准进行比较来判断该农民是否其所在村庄的高收入农民[①],若是则将其赋值为1,若低于或等于所在村庄的平均水平则将其赋值为0。在分析农民创业投资的幸福感效应时,将农民对于自身幸福满意度的评价作为因变量,其中"很不幸福"赋值为0,"不幸福"赋值为1,"还可以"赋值为2,"有些幸福"赋值为3,"幸福"赋值为4,"很幸福"赋值为5。

表9—1   8 242 名受访村民数量、占比及地区分布

区域	频数(人)	占比(%)	区域	频数(人)	占比(%)
东部地区	3 548	43.05	西部地区	2 190	26.57
北京	49	0.59	内蒙古	76	0.92
天津	37	0.45	广西	179	2.17
河北	429	5.21	重庆	246	2.98
上海	893	10.83	四川	405	4.91
江苏	592	7.18	贵州	300	3.64
浙江	562	6.82	云南	303	3.68
福建	139	1.69	西藏	26	0.32
山东	539	6.54	陕西	177	2.15
广东	272	3.30	甘肃	205	2.49
海南	36	0.44	青海	77	0.93
中部地区	2 050	24.87	宁夏	36	0.44
山西	267	3.24	新疆	160	1.94
安徽	382	4.63	东北地区	454	5.51
江西	345	4.19	辽宁	145	1.76
河南	562	6.82	吉林	180	2.18
湖北	186	2.26	黑龙江	129	1.57
湖南	308	3.74	总数	8 242	100

资料来源:根据上海财经大学 2016 年千村调查数据整理。

---

① 考虑到数据可得性及创业致富的时间滞后性,本文采用农民近三年来家庭年均总收入与其所在村庄的平均水平的比较数据。

（二）解释变量

解释变量设置为：创业投资与否(Entrepre)和创业投资产业(Nonfarm)。其中无论是分析农民创业投资的致富效应还是幸福感效应，都以农民是否创业投资作为解释变量，将创业农民赋值为1，非创业农民赋值为0。在进一步探究非农创业投资是否会比农业创业投资具有更强的致富效应时，将创业农民是否从事非农产业作为解释变量，其中非农创业投资赋值为1，农业创业投资赋值为0。

（三）控制变量

在分析农民创业投资的致富效应时选取性别、年龄、健康状况、学历水平、体制内精英、手艺及父母职业等作为控制变量；在分析农民创业投资的幸福感效应时把性别、年龄、健康状况、学历水平、体制内精英、收入水平及地区等作为控制变量，选取依据如下：

（1）性别(Gender)。现有研究表明收入存在显著的性别差异，如李实等人(2014)发现中国转型期城镇职工工资的性别歧视在持续增强，孔令文(2018)的研究发现，相较于高收入人群，低收入人群的性别收入差距缩减趋势更明显。中国"男主外、女主内"的传统性别观念显著抑制了女性收入，并通过教育、婚姻、工作时间、职业地位等中介因素不断扩大与男性的收入差距，尤其是在中国的农村地区，父权制和传统性别角色的观念较强，性别不平等现象比城镇地区更甚，因此预计性别差异可能会影响农民收入水平。此外，有研究表明，性别亦会影响个人的主观幸福感，但男性与女性的主观幸福感孰高则一直是学术界争议的话题，如Shmotkin(1990)认为女性在工作、生活休闲和家庭地位等方面的劣势，使女性的幸福感知程度普遍低于男性，而黄嘉文(2013)的实证研究表明男性城市居民的幸福感低于女性城市居民。因此，虽不能判断男性农民和女性农民的幸福感孰高，但预计性别会影响农民的主观幸福感。

（2）年龄(Age)。人的一生在不同的年龄段通常会有不同的收入水平，一般来说，成年后收入水平会逐渐达到最大值，之后随着年龄的增加而减少。因此本章预计年龄对农民收入的影响存在倒 U 型的关系。此外，年龄也是影响一个人幸福满意度的重要因素。研究表明年龄与主观幸福感之间存在着 U 型的关系，青年人和老年人往往比中年人更加幸福(Diener，2000；Frey 和 Stutzer，2002)，出现该现象的原因可能是由于中年人比青、老年人要承担更多的家庭责任和工作压力所造成的。

（3）健康状况(Health)。个人的健康状况也可能会对其收入产生影响，特别是农村地区的居民，无论是创业农民还是非创业农民，一旦健康状况恶化，很有可能对其收入产生较大影响，而且也有实证研究证明健康状况通常与收入水平成正相关(江求川，2015)，因此预计农民的身体状况越好其收入水平越高。此外，个人的健康状况通常亦会影响其对生活满意度的评价，健康状况恶化通常使得个人承受更多的病痛折磨，从而影响生活质量和幸福感，因此预计农民的健康状况越差其主观幸福感将越低。

（4）学历水平(Educ)。古人常言"书中自有黄金屋"，虽然近几十年来中国教育的投资回报率呈下降趋势①,但教育始终是一个不可忽视的影响个体收入水平的重要因素。如乐君杰(2008)的研究证实提高农民学历(受教育水平)可有效促进农民收入。此外,有研究表明学历会对个人的主观幸福感产生影响,但作用方向则存在分歧,如一些研究表明教育对主观幸福感存在正向影响(Blanchflower 和 Oswald,2004),而另一些研究表明教育水平对个人的主观幸福感有负向影响(Clark,2003)。因此本章也将学历作为控制变量纳入对农民创业投资的致富效应和幸福感效应的研究之中。

(5)体制内精英(Elite)。是指农民现在有或曾经有体制内精英身份,所谓"体制内",是指代表政府权力或者依靠国有资产而获得收益的组织或群体,包括党政机关、事业单位及国有企业等(张峰等,2017)。就职于政府部门的工作人员、人大代表和政协委员都是典型的体制内人员,而且属于核心圈内人员。本研究将该类群体人员称之为体制内精英是高稳定、高福利和高社会声望的群体(Démurger,2012)。因此无论农民曾是或现在是体制内精英都很可能影响其收入水平和主观幸福感。

(6)手艺(Skills)。一般来说,农民可以通过自己掌握的手艺获取相应的劳动报酬,因此在研究农民创业投资的致富效应时把农民是否掌握手艺作为一个控制变量。

(7)父母职业(Parents)。现有研究表明收入水平存在着代际传递(亓寿伟,2016),父辈通过放弃一部分自身消费对子女进行人力资本投资,让子女从未来的收入中受益,与低收入水平的家庭相比,富裕家庭的子女能够获得更多的教育资源(Becker 和 Tomes,1979),而父辈的收入差异主要来源于其职业,因此预计父母的职业会通过影响子女的受教育水平间接影响子女的收入水平,本章将受访农民父母所从事的职业分为双方都务农和至少有一方不务农而从事其他职业两类,父母因从事不同职业可能会对其(指受访农民)当前的收入水平产生影响。至于受访农民父母的职业对其主观幸福感的影响,一般而言父辈的职业与子女的主观幸福感之间并未存在直接影响机制,因此在分析农民创业投资的幸福感效应时并未将父母的职业纳入控制变量之中。

(8)收入水平②(Income)。现有研究表明,收入水平通常会对个人的主观幸福感产生影响,在 Easterlin(1974)提出"收入—幸福悖论"以前,人们普遍认为收入水平对个人的幸福感影响是正向的,而 Easterlin 则认为当国民收入达到一定的水平之后,收入与幸福感之间不再存在明显的正相关关系。尽管如此,收入水平会对个人幸福感产生影响已形成了普遍共识,因此本章将收入水平作为一个控制变量以分析农民创业投资的幸福感效应。

(9)地区差异(Region)。上文第四章创业投资动机与地区差异部分已阐述了中国存在明显的地区差异。虽然地区差异会对其收入水平产生影响,但本章在分析农民创业投资的致富效应时是与农民所在村庄的平均水平进行比较来遴选出高收入农民,地区差异并不会

---

① 由 1999 年大学以上群体 13.75%的收益率(李实和丁赛,2003)降至 2004 年大专以上群体的 4.18%的收益率(韩俊和郭建鑫,2007)。

② 注:在研究农民创业的致富效应时,收入水平属于因变量;在研究农民创业的幸福感效应时,收入水平会分别作为控制变量和中介变量进行研究。

对高收入农民的甄别产生影响,因而在分析农民创业投资的致富效应时并不把地区作为控制变量,而农民收入水平的地区差异可能会导致不同地区的农民幸福感产生不一样的主观评价,因而在分析农民创业投资的幸福感效应时将地区作为一个控制变量纳入。

具体的变量设置与描述性统计见表9-2。

表9-2   变量设置及描述性统计

变量类别	变量名称	赋值及含义	频数(人)	占比(%)	均值	标准差	最小值	最大值
因变量	致富效应	高收入农民(高于全村平均水平)=1	2 367	28.7	0.29	0.452	0	1
		其他农民(低于或等于全村平均水平)=0	5 875	71.3				
	幸福感效应	很不幸福=0	12	0.15	3.83	1.119	0	5
		不幸福=1	408	5.0				
		还可以=2	793	9.6				
		有些幸福=3	1 039	12.6				
		幸福=4	3 511	42.6				
		很幸福=5	2 479	30.1				
解释变量	创业投资与否	创业投资=1	3 113	37.8	0.38	0.485	0	1
		不创业投资=0	5 129	62.2				
	创业投资产业	非农创业投资=1	2 350	28.5	0.75	0.430	0	1
		农业创业投资=0	763	9.3				
控制变量	性别	男=1	5 788	70.2	0.70	0.457	0	1
		女=0	2 454	29.8				
	年龄	在20岁至80岁之间	—	—	46.43	12.179	20	80
	健康状况	1至8,数字越大身体越差	—	—	1.72	0.791	1	8
	学历水平	0至5,数字越大学历越高	—	—	2.40	1.187	0	5
	体制内精英	在政府部门有过任职或担任过人大代表或担任过政协委员=1	532	6.5	0.06	0.246	0	1
		否则=0	7 710	93.5				
控制变量	父母职业	是=1	2 780	33.7	0.34	0.473	0	1
		否=0	5 462	66.3				
	手艺	父母至少有一方不是一直务农而从事于其他职业=1	2 169	26.3	0.26	0.440	0	1
		父母双方一直都是以务农为生=0	6 073	73.7				
	地区差异	东部地区=1	3 548	43.0	1.93	0.946	1	4
		西部地区=2	2 190	26.6				
		中部地区=3	2 050	24.9				
		东北地区=4	454	5.5				

注:(1)有效样本量$N=8\ 242$;(2)上述变量将根据不同的模型灵活选取,少数变量类别也会根据不同的模型灵活定义。

第三节 计量模型

一、农民创业投资的致富效应

考虑到被解释变量致富效应是二值选择,使用普通的线性回归计量模型一方面将会使预测值出现大于 1 或者小于 0 的不现实情形,另一方面扰动项必然与解释变量相关,使得估计不一致(陈强,2014),因此在分析农民创业投资的致富效应时使用二项 Logit 模型进行实证分析,计量方程设定如下:

$$\ln\left[\frac{P(\text{Income}_i=1|X_i)}{1-P(\text{Income}_i=1|X_i)}\right]=\alpha_0+\alpha_1\text{Entrrpre}_i+\sum_j\alpha_j\times\text{Control}_i+\varepsilon_i \quad (9.1)$$

$$\ln\left[\frac{P(\text{Income}_i=1|X_i)}{1-P(\text{Income}_i=1|X_i)}\right]=\beta_0+\beta_1\text{Entrrpre}_i+\sum_j\beta_j\times\text{Control}_i+\varepsilon_i \quad (9.2)$$

其中,(1)式中 Entrepre 为解释变量创业投资与否,本章称之为模型 1,设定的目的是验证假说 H_1。(2)式中 Nonfarm 代表解释变量为创业投资产业,(2)式的设定目的是进一步探究在创业农民的子样本中,非农创业投资是否会比农业创业投资具有更强的致富效应,即验证假说 H_2,称之为模型 2。$P(\text{Income}_i=1|X_i)$ 表示第 i 个农民是高收入农民的概率,x_i 代表所有的解释变量和控制变量,依上文分析选取性别、年龄、健康状况、学历水平、体制内精英、手艺、父母职业作为控制变量。

二、农民创业投资的幸福感效应

为分析农民创业投资是否具有幸福感效应即验证假说 H_3,本章的分析将农民对于自身幸福满意度的主观评价(很不幸福=0,不幸福=1,还可以=2,有些幸福=3,幸福=4,很幸福=5)作为被解释变量,选取创业投资与否作为解释变量,代表受访农民是否选择创业投资,依上文分析选取性别、年龄、健康状况、学历水平、体制内精英、收入水平和地区差异作为控制变量。由于被解释变量属于多分类变量,且本章的数据属宽型格式,因此使用多项 Logit 模型(Multinomial Logit Model,MNL)进行实证分析,计量模型设定为(3)式,称之为模型 3。

$$P(\text{Happiness}_i=j\mid X_i)=\begin{cases}\dfrac{1}{1+\sum_{k=2}^{J}\exp(X_j\beta_k)} & (j=1)\\[3mm]\dfrac{\exp(X_i\beta_j)}{1+\sum_{k=2}^{J}\exp(X_j\beta_k)} & (j=2,\cdots,J)\end{cases} \quad (9.3)$$

三、收入水平的中介效应分析

如前文所述,创业投资带来的收入提高、自我价值实现、个人能力提升等都会提高个人的主观幸福感,为深入分析农民创业投资对其主观幸福感的影响过程和作用机制,探究农民创业投资是否通过影响收入水平进而影响农民的主观幸福感(即假说 H_4),本章构建了"农民创业投资—收入水平—主观幸福感"的中介效应模型,试图区分创业投资所带来的物质效用和精神效用对农民主观幸福感的影响程度。具体路径分析模型见图9—2,其中,农民的收入水平为中介变量,自变量为创业投资与否,因变量为主观幸福感。图9—2(a)中,∂ 表示当不考虑中介变量时,农民创业投资对其主观幸福感的影响;图9—2(b)中 β 表示农民创业投资对其收入水平的影响;δ 表示农民的收入水平对其主观幸福感的影响,∂'表示考虑中介变量(收入水平)后,农民创业投资对其主观幸福感的直接影响。

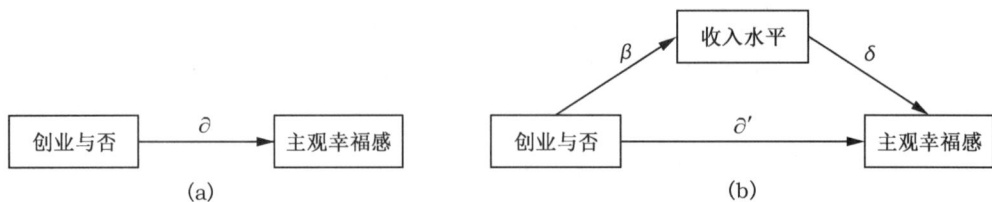

图9—2 收入水平作为中介变量的路径分析图

比较常用的中介效应检验方法是 Baron 和 Kenny(1986)提出的回归方法,检验程序为方程(4)至(6),检验步骤分为三步:第一,检验方程(4)系数 ∂ 的显著性;第二,检验方程(5)系数 β 的显著性;第三,检验方程(6)系数 δ 和∂'的显著性。如果系数 ∂,β 和δ 都显著,就表示存在中介效应。此时如果系数 ∂'不显著,那么这个中介效应是完全中介效应;如果∂'显著,但 $\partial'<\partial$,那么该中介效应为部分中介(方杰等,2012)。

$$\text{Happiness}_i = C_i + \partial \times \text{Entrepre}_i + \gamma_1 \times \text{Control}_i + e_1 \tag{9.4}$$

$$\ln\left(\frac{\text{P}(\text{Income}_i = 1 \mid X_i)}{(\text{Income}_i = 0 \mid X_i)}\right) = C_2 + \beta \times \text{Entrpre}_i + \gamma_2 \times \text{Control}_i + e_2 \tag{9.5}$$

$$\text{Happiness}_i = C_3 + \partial' \times \text{Entrepre}_i + \delta \times \text{Income} + \gamma_1 \text{Control}_i + e_3 \tag{9.6}$$

第四节 实证分析

一、相关性分析与共线性检验

由于本章是基于多元线性回归,为保证变量的适用性和有效性,首先对数据进行相关性分析和共线性检验(结果见表9—3)。从变量之间的相关系数来看,除年龄与致富效应(收入与高于全村平均水平)负相关之外,选择创业投资、非农创业投资、男性、健康的身体、更高的学历水平、是或曾是体制内精英、有手艺、父母至少一方不是一直务农与致富效应都正相关;选择创业投资、健康的身体[①]、更高的学历水平、是体制内精英、收入高于全村平均水平与主观幸福感正相关,这些都初步说明本章提出的假设具有一定的合理性。

———————————

① 注:数字越大表示农民的健康状况越差,系数为负表示健康状况越差,收入高于全村平均水平的概率越低,即健康的身体与收入高于全村平均水平的概率正相关。

表 9—3

相关系数矩阵与线性诊断

变　量	1	2	3	4	5	6	7	8	9	VIF-1	VIF-2
1. 致富效应											
2. 创业投资与否	0.32**									1.051	
3. 创业投资产业	0.05**	—									1.041
4. 性别	0.08**	0.16**	-0.09**							1.071	1.044
5. 年龄	-0.08**	-0.09**	-0.09**	0.12**						1.284	1.158
6. 健康状况	-0.07**	-0.07**	-0.03	-0.01	0.20**					1.059	1.027
7. 学历水平	0.18**	0.10**	0.14**	0.03**	-0.37**	-0.15**				1.294	1.211
8. 体制内精英	0.04**	0.02**	-0.04**	0.04**	0.10**	0.01	0.08**			1.028	1.031
9. 手艺	0.06**	0.08**	0.07**	0.10**	-0.03**	-0.02	0.03*	-0.00		1.020	1.014
10. 父母职业	0.10**	0.04**	0.10**	-0.06**	-0.17**	-0.07**	0.26**	0.03**	0.05**	1.096	1.096

变　量	1	2	3	4	5	6	7	8	9	VIF-3
1. 幸福感效应										
2. 创业投资与否	0.13**									1.152
3. 性别	-0.01	0.16**								1.059
4. 年龄	-0.01	-0.09**	-0.12**							1.296
5. 健康状况	-0.17**	-0.07**	-0.01	0.20**						1.066
6. 学历水平	0.11**	0.10**	0.03**	-0.37**	-0.15**					1.282
7. 体制内精英	0.04**	0.02*	0.04**	0.10**	0.01	0.08**				1.029
8. 收入水平	0.14**	0.32**	0.08**	-0.08**	-0.07**	0.18**	0.04**			1.151
9. 地区	-0.07**	0.02	0.03**	-0.06**	0.08**	-0.13**	-0.03*	-0.03**		1.037

注：(1)由于变量多为多分类变量，因此使用的是 Spearman 相关系数；(2)****、***、**、*表示估计结果在 0.01、0.05、0.1 的水平上显著（Two-tailed）。

二、创业投资的致富效应分析

本章的实证分析使用极大似然法和稳健的标准误进行估计。为分析创业投资是否对农民具有致富效应，模型 1 对全部 8 242 名创业农民与非创业农民进行回归，计量模型见式（1）。回归模型经过 4 次迭代后收敛，稳健的标准误与普通的标准误相差并不大（见附录 5），回归结果见表 9—4。结果显示，创业投资与否的系数为 1.332，且在 1％的水平上显著，对应的概率比为 3.790，说明在控制变量不变的情况下，选择创业投资的农民收入高于村里平均水平的概率是非创业农民的 3.79 倍，即农民创业投资有显著的致富效应，这验证了本章提出的假说 H_1，说明农民创业投资具有致富效应。

表 9—4　　　　　　基于二项 Logit 的农民创业投资致富效应模型回归结果

变量	模型 1		模型 2	
	回归系数	概率比	回归系数	概率比
创业投资与否	1.332*** (0.054)	3.790		
创业投资产业			0.183** (0.088)	1.200
性别	0.196*** (0.062)	1.216	0.380*** (0.095)	1.462
年龄	0.081*** (0.015)	1.084	0.139*** (0.026)	1.149
年龄平方	−0.001*** (0.000)	0.999	−0.001*** (0.001)	0.998
健康状况	−0.149*** (0.034)	0.861	−0.084* (0.052)	0.919
学历水平	0.291*** (0.026)	1.338	0.292*** (0.037)	1.339
体制内精英	0.229** (0.104)	1.258	0.067 (0.144)	1.069
手艺	0.159*** (0.055)	1.173	0.139* (0.076)	1.149
父母职业	0.273*** (0.060)	1.314	0.172** (0.085)	1.188
截距项	0.273*** (0.367)	0.018	−4.344*** (0.607)	0.013
参数	观测值＝8 242 伪对数似然值＝−4 362.341 Wald χ^2(9)＝994.16 Prob＞χ^2＝0.000 伪 R^2＝0.117		观测值＝3 113 伪对数似然值＝−2 077.253 Waldχ^2(9)＝142.03 Prob＞χ^2＝0.000 伪 R^2＝0.035	

注：***、**、*表示估计结果在 0.01、0.05、0.1 的水平上显著（Two-tailed）；括号内的数字为稳健的标准误。

此外，控制其他自变量不变的情况下，男性农民收入高于村里平均水平的概率要比女性农民高出 21.6％；受访农民每年长一岁，收入高于村里平均水平的概率高出 8.4％，但随着年龄的增长呈逐渐下降的趋势，因此年龄对于其收入存在倒 U 型的影响；受访农民有好的健康状况、更高的学历水平对其收入都有显著的正向影响；受访农民若有过体制内精英身份，其收入高于村上平均水平的概率要比普通农民高出 25.8％；有手艺的受访农民其收入高于村上平均水平的概率要比无手艺的农民高出 17.3％；受访农民的父母至少有一方不是一直务农而从事其他职业其收入高于村上平均水平的概率要比父母双方一直都是以务农为生的高出 31.4％。

为进一步探究受访农民是从事农业创业投资还是非农创业投资具有更强的致富效应，模型 2 对 3 113 名创业农民的子样本进行了实证分析，计量模型见式（2），结果表明创业投资产业的系数为 0.183,且在 5%的水平上显著,对应的概率比为 1.2,这验证了本章提出的假说 H_2,即受访农民选择非农创业投资比农业创业投资具有更强的致富效应:在控制变量不变的情况下,选择非农产业进行创业投资的农民收入高于村上平均水平的概率是选择农业创业投资的 1.2 倍。

三、创业投资的幸福感效应分析

(一)无关选项独立性(IIA)检验

多项 Logit 模型运用的一个关键性假定是无关选项独立性(Independence of Irrelevant Alternatives,IIA),即个体 i 选择任意两类别的优势比(Odds Ratio)独立与其他选择行为,换言之,进一步增加或减少选择行为并不影响其选择任意两类别的优势比。IIA 假定是多项 Logit 模型的运用前提,因此在使用该模型之前有必要对 IIA 假定进行检验,该假定的检验方法通常有两种:Hausman 检验和 Small-Hsiao 检验,由于 Small-Hsiao 检验在每次检验过程中都会对样本随机分组,每次得到的结果都会不同,而为了保证每次的结果都相同,需要设定随机数的种子。因此本章采用 Hausman 检验方法检验 IIA 假定是否满足,以便进行下一步的分析,表 9-5 给出了检验结果,检验结果显示去掉 6 类受访农民的主观幸福感评价中的任何一类后都不能拒绝 IIA 假定。

表 9-5　　　　　　　　多项 **Logit** 模型 **IIA** 假定的 **Hausman** 检验结果

Omitted	chi2	df	P>chi2	Evidence
0	-397.026	26	1.00	For Ho
1	-544.790	27	1.00	For Ho
2	-515.497	35	1.00	For Ho
3	-561.233	27	1.00	For Ho
4	-497.488	27	1.00	For Ho
5	-610.474	27	1.00	For Ho

注:(1)设定"还可以=2"作为基准参照项;(2)chi2 小于零虽表示模型不能满足检验的渐进性假定,但出现这样的结果是正常的,Hausman 和 McFadden(1984)证明出现这样的结果是可能的,同样没有违背 IIA 假定(张龙耀和江春,2011)。

(二)模型的回归结果

为探究创业投资对农民是否具有幸福感效应,本节使用多项 Logit 模型进行实证分析,为便于分析和理解,以农民的主观幸福感评价为"还可以=2"作为基准参照方案,计量模型见式(3),模型 3 经过 5 次迭代后收敛,回归结果见表 9-6。其中,变量创业投资与否的系数显示,在 1%的显著性水平上,"有些幸福""幸福"和"很幸福"对应的相对风险比率(Relative Risk Ratio,RRR)[①]分别为 1.485、1.431 和 1.954,说明在控制其他变量不变的情况下,相对于非创业农民,创业农民的主观幸福感是"有些幸福""幸福"和"很幸福"的相对风险比率(与"还可以"的相对概率)分别提高了 48.5%、43.1%和 95.4%,说明创业投资确实提高了农民的主观幸福感,即验证了本章的假说 H_3:农民创业投资存在幸福感效应。

① 相对风险比率是指某一类别被选择的概率与基准类别被选择的概率的比值。

表9—6

基于多项 Logit 的农民创业投资幸福感效应模型回归结果

模型 3

变量	感到很不幸福		感到不幸福		感到有些幸福		感到幸福		感到很幸福	
	回归系数	相对风险比率	回归系数	相对风险比率	回归系数	相对风险比率	回归系数	相对风险比率	回归系数	相对风险比率
创业投资与否	0.010	1.010	-0.169	0.845	0.396***	1.485	0.359***	1.431	0.670***	1.954
性别	1.384	3.989	0.038	1.038	-0.118	0.889	-0.245***	0.782	-0.317***	0.728
年龄	0.139	1.149	-0.009	0.991	-0.061**	0.941	-0.028	0.972	-0.021	0.979
年龄平方	-0.001	0.999	0.000	1.000	0.001***	1.001	0.000	1.000	0.000*	1.000
健康状况	C.426**	1.531	0.167***	1.181	-0.107**	0.898	-0.230***	0.795	-0.539***	0.583
学历水平	-0.088	0.916	-0.202***	0.817	0.028	1.029	0.167***	1.182	0.181***	1.199
体制内精英	1.160	3.190	0.190	1.209	-0.121	0.886	0.217	1.242	0.279	1.322
收入水平	-0.614	0.541	0.142	1.152	0.303**	1.354	0.604***	1.830	0.748***	2.112
地区差异	0.366	1.442	-0.013	0.987	-0.065	0.937	-0.111***	0.895	-0.115***	0.891
截距	-10.938*	0.000	-0.275	0.760	1.688***	5.410	1.948***	7.014	1.677***	5.350

观测值=8 242　　伪对数似然值=-10 976.496　　WaldX²(45)=525.69　　Prob>X²=0.000　　伪 R^2=0.027 5

注：***、**、* 表示估计结果在 0.01,0.05,0.1 的水平上显著（Two-tailed）。

此外,健康状况一行的系数均显著,表明健康状况与个人的主观幸福感评价存在显著的相关关系,健康状况越差的受访农民对自身的主观幸福感评价越低,健康状况越好的受访农民对自身的主观幸福感评价越高;学历水平一行系数中,"不幸福"的系数为负,且在1%的水平上显著,对应的相对风险比率为0.817,表明学历水平越低,受访农民的主观幸福感评价为越不幸福,而且学历水平在"幸福"和"很幸福"的系数为正且在1%的水平上显著,对应的相对风险比率为1.182和1.199,说明学历水平越高,受访农民的主观幸福感评价将越幸福。然而,数据并没有体现体制内精英身份对农民主观幸福感的正向影响,这与本章的预计并不一致:即对于受访农民来说,虽然体制内精英身份具有致富效应,但并不具有幸福感效应。最后,在收入水平一行"有些幸福""很幸福"和"幸福"的系数为正,且均在1%的显著性水平上显著,相对风险比率均大于零,说明受访农民的幸福满意度与其收入水平的高低显著相关,收入高于村上平均水平的受访农民,其幸福的概率更高。

四、收入水平的中介效应分析

上一节的实证分析发现受访农民收入水平会影响其幸福满意度,而农民创业投资又会对其收入水平产生影响。为进一步区分农民创业投资对其主观幸福感影响效应中的直接效应和间接效应,本节将收入水平作为中介变量进行分析,考察收入水平在农民创业投资对其主观幸福感作用过程中的中介效应。

本章的因变量主观幸福感为6分类等级数据,刘红云等人(2013)的模拟研究表明,当因变量类别为5类及以上时,可考虑使用通常的线性回归的分析方法进行中介效应分析,因为等级变量随着类别数的增加越来越接近于连续数据。因此,为实现中介效应的分析,本节将因变量作为连续变量进行处理。此外,由于中介变量收入水平为二分类等级数据,在研究创业投资与否对收入水平的影响时使用 logistic 回归模型(温忠麟和叶宝娟,2014)。

表9.7是方程(4)、(5)和(6)的回归结果,从中可知 ∂ 的估计量 $\hat{\partial}=0.286$,且在1%的水平上显著;β 的估计量 $\hat{\beta}=1.343$,且在1%的水平上显著;δ 的估计量 $\hat{\delta}=0.220$,且在1%的水平上显著;∂' 的估计量 $\hat{\partial}'=0.226$,且在1%的水平上显著。由于系数 ∂,β,δ 和 ∂' 都显著,且 $\hat{\partial}'<\hat{\partial}$,说明"农民创业投资"通过影响"收入水平"进而影响"主观幸福感",这个过程中收入水平发挥了中介变量作用,且为部分中介,因此验证了假说 H_4。

表 9－7　　　　　　　　农民创业投资通过收入水平影响主观幸福感的中介效应分析

被解释变量	(19)	(20)	(21)
	农民创业投资	收入水平	主观幸福感
创业投资与否	0.286***(0.025)	1.343***(0.053)	0.226***(0.026)
收入水平			0.220***(0.027)
性别	−0.111***(0.027)	0.200***(0.061)	−0.118***(0.027)
年龄	0.000(0.006)	0.079***(0.015)	−0.002(0.006)
年龄平方	0.000(0.000)	−0.001***(0.000)	0.000(0.000)
健康状况	−0.227***(0.018)	−0.147***(0.034)	−0.222***(0.018)
学历水平	0.102***(0.011)	0.307***(0.025)	0.090***(0.011)
体制内精英	0.089*(0.048)	0.238**(0.104)	0.079*(0.048)
地区差异	−0.041***(0.013)	−0.055*(0.028)	−0.039***(0.013)
截距项	3.838***(0.151)	−3.777***(0.373)	3.875***(0.151)
观测值	8 242	8 242	8 242
R^2 或伪 R^2	0.059 5	0.114 6	0.066 4

注：***、**、*表示估计结果在 0.01、0.05、0.1 的水平上显著(Two-tailed)；括号内的数字为稳健的标准误。

此外，当在连续变量的情况下，中介效应大小应为 $\partial < \hat{\partial}$ 或 $\hat{\partial}' < \hat{\partial}$，即 $\partial < \hat{\partial}' = \beta \times \delta$，但本章的中介变量是二分类变量，方程(5)是 Logistic 回归模型，回归系数 β 是以 logit 为单位与方程(6)的回归系数 δ 不在同一个尺度上，此时中介效应大小并不等于 $\beta \times \delta$，因此通过计算 $\hat{\partial} - \hat{\partial}'$ 的大小来计算中介效应，此时中介效应大小为 $\hat{\partial} - \hat{\partial}' = 0.06$，中介效应占总效应的比例为 $(\hat{\partial} - \hat{\partial}')/\hat{\partial} = 20.98\%$，意味着农民创业投资带来的幸福感效应中，因创业投资带来的收入提高贡献比例为 20.98%，收入提高可以增强农民的消费能力，这部分可归结为因物质上的满足感而产生的主观幸福感，其他很大一部分则来自创业投资本身所带来的个人成就感、个人能力提升和个人价值实现等精神满足感而产生的主观幸福感。

第五节　小　结

本章采用上海财经大学 2016 年"千村调查"数据，运用二项和多项 Logit 模型以及中介效应模型探究了农民创业投资的致富效应、农民创业投资的幸福感效应以及收入在农民创业投资的幸福感效应作用过程中的中介效应。发现中国农民创业投资具有显著的致富效应，创业农民获得高于同村平均收入水平的概率是非创业农民的 3.79 倍，且选择非农创业投资的农民其收入高于同村平均水平的概率是选择农业创业农民的 1.2 倍。经过数据分析,进一步证实中国农民创业投资具有显著的幸福感效应,农民创业投资的幸福感效应既有因创业投资提高收入给农民带来的物质满足感的贡献,也存在创业投资活动本身给农民带来的精神满足感的贡献,其中因创业投资提高收入间接贡献了约20.98%的幸福感,因此促进农民创业投资对于中国农村地区农民脱贫致富、提高农民的幸福感具有重要的作用,对于乡村振兴,全面建成农村小康和解决"三农"问题具有重要的作用。

而且,在分析中国农民创业投资的致富效应时,还得出了其他的一些结论,当控制其他变量不变的情况下:(1)受访男性农民收入高于村上平均水平的概率要比受访女性农民高出21.6%,说明收入存在性别差异;(2)受访农民的年龄对于其收入水平存在倒U型的影响;(3)受访农民有好的健康状况、更高的学历水平对其收入高于村上平均水平都有显著的正向影响;(4)受访农民若有过体制内精英身份,其收入高于村上平均水平的概率要比普通农民高出25.8%;(5)有手艺的受访农民其收入高于村上平均水平的概率要比无手艺的受访农民高出17.3%;(6)受访农民的父母至少有一方不是一直务农的其收入高于村上平均水平的概率要比父母双方一直都是务农的高出31.4%。

此外,在分析中国农民创业投资的幸福感效应时,也得出了其他的一些结论,当控制其他变量不变的情况下:(1)健康状况越差的受访农民对自身的主观幸福感评价越不幸福,健康状况越好的受访农民对自身的主观幸福感评价越幸福;(2)学历水平越低,受访农民的主观幸福感评价为越不幸福;学历水平越高,受访农民的主观幸福感评价将越幸福;(3)体制内精英身份具有致富效应,但并不具有幸福感效应;(4)受访农民的幸福满意度与其收入水平的高低显著相关,收入高于村上平均水平的受访农民幸福的概率更高等。

第十章

结论与启示

第一节 结 论

本报告基于文献研究,从创业投资的内涵出发,通过阐述农民创业投资的概念、农民创业投资行为过程各个阶段的理论和近代中国农民创业投资的历史变迁等内容来奠定本篇的理论基础。通过搜集、鉴别、整理前人关于农民创业投资理论的相关文献进行系统性的分析来获取相关信息,形成对农民创业投资的事实科学认识,并尝试发现既往研究的不足之处,探寻本篇可以拓展与创新的领域。在此基础上利用上海财经大学 2016 年组织的、以"中国农村创业投资现状调查"为主题的大型农村社会调查项目——中国"千村调查"项目所得的一手调查数据分析中国农民创业投资的现状,并实证分析了中国农民创业投资的动机、创业投资的模式和创业投资的效果。本篇对中国农民创业投资活动过程进行了较为系统和完整的分析,并尝试了一些突破与创新,得出了如下主要结论。

第一,由于国情、地理特征、文化背景、历史发展、经济环境和政治体制的不同,中国农民创业投资过程有其独特的自身特点,考虑到中国农民的特殊性,结合创业投资内涵所应有的共同要素:创业投资家、创新、组织创建、价值创造、成长和过程等。本篇将中国农民创业投资定义为农村户籍人口突破原有自给自足的小农生产思维,独自或依托家庭(亲戚朋友)关系形成的非正式组织,或依托创建的正式组织(企业或非企业形式),通过投入资本和劳动承担风险从事生产和经营等经济活动,以创造价值赚取利润谋求自身发展的经济活动过程。

第二,中国农民创业投资的活力程度表现积极但仍有很大发展空间;地区之间的农民创业投资现状存在显著差异,其中东南地区的创业投资活力要大于其他地区;农村创业农民的特征表现为男性创业投资的比例要比女性要高、多数无宗教信仰、学历水平普遍不高、创业投资经验相对不足等;农村农民创业投资的特征表现多以生存型创业投资为主,创业投资方式较为传统;家庭创业投资氛围浓厚且创业投资者面临着较大的经济压力;创业投资企业产权形式较为单一治理模式有待完善;市场竞争力偏弱,成长乏力;等等。此外,通过分析 3 113 名创业农民创业投资从事行业时发现,农村地区的农民在选择创业投资行业时,批发和零售业是选择人数最多的行业,数量占比达到了 29.36%;排名第二位的是农、林、牧、渔业,占比为 24.54%;排名第三位的是低端制造业,占比为 21.27%;排名第四位的是住宿和餐饮业,占比为 9.12%,在创业农民的有效样本中,在这四个行业创业投资的农民占到全部创业农民的 84.29%,说明绝大多数的农村创业农民在创业投资时选择这四个行业进行创业投资。排名末位的是公共管理、社会保障、社会组织和国际组织行业,在有效样本中并没有农民在这几个领域有创业投资活动,产生上述现象的原因可能与中国农村地区农民群体的初始财富水平、文化素养水平、知识储备、科技掌握程度、管理经验、农村市场的发育程度和政府政策等多种因素相关,也可能与行业创业投资的难易程度和准入门槛的高低相关等。排名前四位的批发和零售、农业、低端制造和住宿餐饮行业相对于其他行业对农村农民来说,创业投资的准入门槛可能较低,对创业投资者的要求不高,初始资本投入相对较小,成功的概率也更高,具有风险稍小、见效快等效果,因而绝大多数农村地区的创业农民选择这四个行业进行创业投资。而需要掌握一定的科学技术和管理经验或具有一定的行业门槛的其他行业(如代码为 G、R、L、Q、B、P、K、I、J、N、D、M、S 和 T 的行业)对于农村地区的农民来说创业投资要求高、难度大,成功的概率也较低,因此较少的农村创业农民选择这些行业进行创业投资。而且,通过将创业投资行业区分为农业创业投资和非农创业投资进行分析时发现,3 113 名样本中有约 75.5% 的创业农民从事非农领域的创业投资活动,说明目前中国农村农民多从事非农创业投资,农业创业投资比例相对较小,农民创业投资非农化转移现象明显等。

第三,创业投资动机可分为机会型创业投资和生存型创业投资,前者是受"机会拉动"的主动型创业投资,后者是受"压力推动"的被动型创业投资。在中国的农村地区,农民的家庭背景会对其创业投资动机产生影响,在其他条件不变的情况下,比起普通家庭背景的创业农民,精英家庭背景的创业农民机会型创业投资动机的概率提升了 10.16%。地区的差异对精英家庭背景的创业农民创业投资动机无显著性的影响,却能显著影响普通家庭背景创业农民的创业投资动机,表现为东部地区普通家庭背景的创业农民机会型创业投资动机的概率要显著高于其他地区。而且,男性比女性、更高的学历水平、更好的健康状况、服兵役的经历能够显著提高农村农民机会型创业投资动机的概率;此外,通过进一步分析不同家庭背景的创业农民创业投资动机的异质性发现:健康状况越好、有手艺比没有手艺、有服兵役的经历比没有服过兵役的普通家庭背景的创业农民机会型创业投资动机的概率更高。

第四,创业投资模式可分为模仿创业投资和创新创业投资,模仿创业投资是当下中国农民创业投资的主流形式,在全国范围调查的有效创业农民样本中,近90%的创业农民属于模仿创业投资类别。其他条件不变的情况下,比起普通家庭,精英家庭背景出身的农民创新创业投资的可能性更高。此外,年龄、创业投资时间、打工经历、核心技术的掌握和地区差异对农民创新创业投资的概率均存在显著性的影响,其中创业农民的年龄越大其创新创业投资的概率将越低,但降低幅度会随着年龄的增大而逐渐减小;创业农民随着创业投资时间的不断推移,其创新创业投资的概率将越来越低模仿创业投资的概率越来越高;打工经历、核心技术的掌握均有助于提高农民创新创业投资的概率。而且,普通家庭和精英家庭创业农民在创业投资模式的影响因素上也存在一些异质性:如外出打工经历、所在地区对普通家庭背景出身的农民创业投资模式影响显著,而年龄、个人的风险偏好程度和创业投资时间对精英家庭背景出身的农民创业投资模式影响显著等。不仅如此,东部地区普通家庭背景出身的农民创新创业投资的概率要显著的低于中部地区和西部地区,分别约低4.7和3.8个百分点,出现这种现象的原因,本研究推测可能与商品经济欠发达地区的新市场、新产品形成时间滞后于发达地区有关。

第五,实证分析表明,创业投资对中国农村农民具有显著的致富效应,创业农民获得高于同村平均收入水平的概率是非创业农民的3.79倍,选择非农创业投资的农民收入高于同村平均水平的概率是选择农业创业农民的1.2倍。而且,创业投资对中国农村农民也具有显著的幸福感效应,农民创业投资的幸福感效应既有因创业投资提高收入给农民带来的物质满足感的贡献,也存在创业投资活动本身给农民带来的精神满足感的贡献,"农民创业投资"通过影响"收入水平"进而影响"农民的主观幸福感",这个过程中收入水平发挥了部分中介变量作用,其中因创业投资提高收入间接贡献了约20.98%的幸福感,因此促进农民创业投资对于中国农村地区农民脱贫致富、提高农民的幸福感具有重要的作用,对于乡村振兴、全面建成农村小康和解决"三农"问题具有重要的意义。此外,当控制其他变量不变的情况下,还得出了如下结论:(1)男性比女性、更好的健康状况、更高的学历水平、有体制内精英身份比没有体制内精英身份、有手艺比没有手艺、父母至少有一方不是一直务农比父母双方一直是以务农为生的农民收入高于村上平均水平的概率都更高;(2)年龄对农民的收入水平也存在倒U型的影响;(3)健康状况越好、学历水平越高、收入水平越高的农民越幸福;(4)体制内精英身份具有致富效应,但并不具有幸福感效应;等等。

第二节 启 示

促进农民创业投资对全面建成农村小康、加快农民脱贫致富、提高农村地区农民的幸福满意度,对解决"三农"问题和振兴乡村都具有重要的作用。

分析表明,现阶段中国农民创业投资存在如下现象:从创业投资行业来看,农民创业投资多集中于批发和零售、农林牧渔、低端制造、住宿和餐饮等一些科技含量低、准入门槛低、产出附加值低的行业。从创业投资组织形式来看,创业农民多依赖家庭、亲戚朋友等形成的非正式组织形式进行创业投资,依赖正式的企业组织形式进行创业投资的很少,且创业投资企业的产权形式也较为单一,治理模式还不完善,市场竞争力偏弱,成长乏力等。从创业投资动机来看,生存型创业投资是主流的创业投资形式。从创业投资模式来看,大多数创业农民均以模仿他人创业投资为主,创业投资项目的技术含量普遍较低,很少有农民创业投资企业掌握一定的核心技术等。以上这些现象表明中国农民创业投资的整体层次和质量水平均不高。

现阶段中国农民创业投资也存在如下问题:第一,从创业农民个体来看,创业农民存在受教育程度低、创业投资培训经历不够、创业投资经验不足、互联网创业投资和品牌意识不强等问题。第二,从创业投资的环境来看,创业农民面临的创业投资环境还有待改善,比如,农村市场发育落后,各种配套的创业投资软硬件基础设施不完善;农民创业投资启动资金筹措困难,鼓励农民创业投资配套的政策和法规制度不完善等。第三,从创业农民受到的保险保障来看,商业保险和社会保障的不足使得农民在创业投资时承受着很大的风险,束缚了农民的创业投资行为。大部分的农村农民既有老人需要赡养,也有小孩需要抚养,农民的家庭负担很重,而创业投资是一种高投入、高风险的经济活动,商业保险和社会保障的不足使得农民一旦创业投资失败就很有可能恶化家庭的经济状况,从而出现因创业投资失败导致的返贫现象让自己和家庭成员的基本生活受到影响。以上这些问题均阻碍着农村农民的创业投资活动。

综合考虑现阶段中国农民创业投资的整体层次和质量水平,针对上述存在的三方面问题,结合上述研究结论,提出以下启示和建议。

(一)提高农民的教育水平和创业投资技能,培养能够运用科学技术进行创业投资的知识型农民

针对农村地区农民创业投资的整体层次和质量水平不高的现象和创业农民个体存在的受教育程度低、创业投资培训经历不够、创业投资经验不足、互联网创业投资和品牌意识不强等问题,需要提高农民的教育水平和创业投资技能,培养能够运用科学技术进行创业投资的知识型农民。

提高农民的教育水平和创业投资技能让更多的农民转变为知识型农民,不仅能够提高农民创业投资的概率,而且有助于促使农民的创业投资动机向机会型转型、创业投资模式向创新创业投资转变。创业投资动机和创业投资模式的转型有助于创业农民从创业投资的起始点就改变其对于创业投资目标、创业投资方式和创业投资内容的定位,引导其后续的创业投资行为向创新创业投资和高端创业投资方向发展,从而提高中国农村农民创业投资的整体层次和质量水平。另外,超过八成的农村创业农民选择从事批发和零售、农林牧渔、低端制造和住宿餐饮等行业进行创业投资活动,其中一个很重要的因素是因为受教育程度的限制使得无相应的知识基础和技能从事那些技术含量高的行业进行创业投资。

1. 加强农民的学历教育,提高专科和本科学历的农民比重

图 10-1 显示了本次调查所分析的 8 242 名非创业农民和创业农民的学历层次分布情况,从中可以看出当下中国农村地区的农民受教育水平现状:农民的学历水平主要以小学、

初中和高中学历为主，分别占比为 16%、39% 和 25%，合计占比为 80%。其中以初中学历占比最大，达到 39%，专科学历和本科学历总计只占全部的 16%，甚至还有 4% 比例的文盲。因此，提高农村地区人口的学历教育水平可以通过提高专科和本科学历的农民比重来实现，为他们在创业投资时运用先进科学技术和现代管理经验从事高端、精细、尖端行业进行创新创业投资打下良好的学历基础。

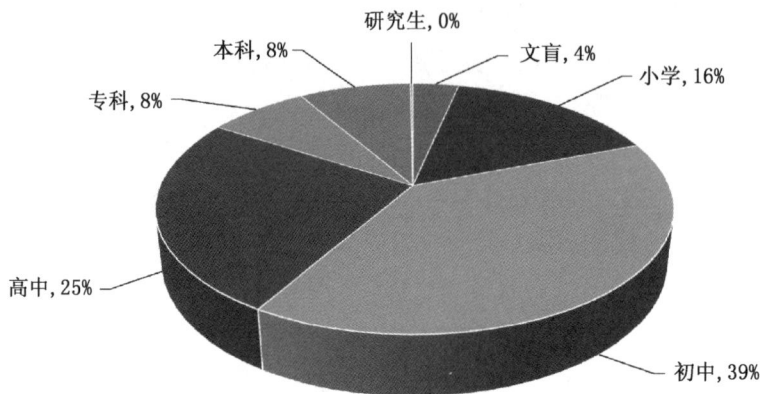

图 10—1　中国农村地区人口的学历层次分布

2. 重视农民的技能教育，鼓励农民进入技工学校学习创业投资技能

实证分析表明，是否拥有手艺是影响农民创业投资的重要因素，技工学校侧重于应用型、技能型人才的培养，它对于农民创业投资技能的培养具有重要的作用。建议政府部门建立相应的政策鼓励技工学校的设立和发展，提高技工学校的教学水平，让技工学校真正能为社会培养一批懂技术、能实操、会创业投资的创新型人才。而且，政府部门也应该设立相应的政策鼓励农民进入技工学校学习，并激励他们掌握一定技能后进行创业投资活动，尤其是处于待业和失业状态的农民群体。

3. 设立农民创业投资培训学校，培训农民的创业投资意识、创业投资技能、法律观念和社会责任感

农村地区的农民常常因为没有创业投资意识导致不愿创业投资，或者因为在创业投资时缺乏市场意识、竞争意识和创新意识，没有经营、财务、市场判断等创业投资所需的财经素养，无法获取最新的市场信息等导致创业投资举步维艰甚至得到最终失败的结局；或者因为在创业投资时没有法律意识和社会责任感，制假、售假、生产有害消费者的商品等。因此，农民的创业投资意识、创业投资技能、法律观念和社会责任感的培训对农民创业投资非常重要。建议政府部门开设并普及专门培养农民企业家的非营利性公益性组织——农民创业投资培训学校，对农民进行系统性的创业投资培训，培训农民的创业投资意识、创业投资技能、法律观念和社会责任感，指导创业农民建立健全现代企业管理制度，帮助创业农民树立品牌意识，提高创业农民的财经素养，教授农民熟练运用互联网、电子商务等新知识进行创业投资来改变农民传统的创业投资模式，并为创业农民提供及时丰富的市场信息服务等。

4. 建立农民与高校、科研院所合作创业投资的机制

实证分析还表明，核心技术(秘方)可显著地提高农民创新创业投资的概率，而高校是创新人才培养和汇聚的主要阵地，是基础研究和前沿技术领域的原始创新源头，培养能够运用科学技术进行创业投资的知识型农民，需要把农民和知识进行有机的结合。因此建议政府部门牵头建立农民与高校合作创业投资的机制，充分利用高校、科研院所知识转化成产出的能力，高校通过借助自身科学技术掌握的优势进行新产品的研发、新市场的培育，研发适合农民创业投资的产品并推广给农民进行创业投资，分享创业投资利润实现创业投资共赢。通过畅通现代科学技术与农民创业投资的渠道，使创业农民的产品拥有核心技术优势，提高农民创业投资内容的科技含量和竞争力来提升农民创业投资的整体层次和质量水平。

(二)营造良好的农村创业投资环境，为农民创业投资提供成长的土壤

针对农村地区的创业农民面临农村市场发育落后，各种配套的创业投资软硬件基础设施不完善，创业投资启动资金筹措困难，鼓励创业投资配套的政策和法规制度不完善等问题，可以采取如下措施：

1. 立法保障农民创业投资者的合法权益，并建立起完善的农民创业投资税收优惠与财政补贴政策体系

农民一旦开始创业投资，国家和社会就有责任善待和保护农民创业投资者，农民创业投资者是对农村社会最大的贡献者，他们承担了社会责任，促进了农村发展。建议人大立法部门出台一部《农民创业投资者权益保护法》，对农民在创业投资申请使用土地、行业经营牌照、享受政府补贴和税收优惠时提供绿色通道，在创业投资遇到纠纷和困难时及时优先给予妥善解决，防止村、乡干部滥用职权以及不法村民阻碍农民合法创业投资等损害创业农民权益的行为，有法可依的保护农民创业投资者的正当合法的权益和生命财产安全。

此外，鼓励农民创业投资也需要建立完善的农民创业投资税收优惠与财政补贴的政策体系，应根据创业农民所在的不同地域、创业投资的不同阶段、不同行业等创业投资特征确定不同的税收优惠与财政补贴标准，尤其是当农民在创业投资起步阶段和起初成长阶段时，应免税并给予财政补贴的政策来减轻创业农民在创业投资初期的经济负担。

2. 完善农村市场体系，强化交通、物流、网络、电子商务平台等基础设施建设

完善农村市场体系要建立现代农村市场经济，这个市场要有独立的市场主体、竞争性的市场体系和较为成熟的政府宏观调控体系，拥有发达的商品市场和要素市场，拥有完善的软硬件设施条件。可采取的措施包括：(1)鼓励农民和集体拥有的土地、山地、林地、房屋使用权和农村技术的流动、抵押、入股和有偿转让，盘活农村资源，促进农业向规模化、集约化、农场化经营方向发展，提高要素生产率，增加农民收入，健全要素市场促进各种农业资源的有效配置；(2)由于中国农村地区的农产品或手工业产品呈现千家万户分散化经营的特征，因此需要建立产地批发市场到各大城市的零售超市、集贸市场点对点的产销格局，制定科学合理的价格机制防止在这个过程中中间商攫取本属于创业农民的利润，减少商品的运输成本

和税费成本，避免出现农民生产的农产品即使价格低也无法卖出而"含泪倒掉"，而城市市民却面临着同一件农产品价格太高而需求又不足的现象出现，建议政府承担农民创业投资产出的产品到城市超市货架上的职能，尽可能让利于创业农民；(3)建设完善的产地批发市场和销售地零售市场的场地硬环境和信息系统支持的软环境，健全信息收集、分析、交换和发布制度，让信息采集、传输和发布工作常态化、规范化(乔晶，2004)，给创业农民提供及时的市场信息，以便创业农民在经营时对产品和市场战略的及时调整。实行电脑统一结算制度，规范市场交易活动，提高交易效率，鼓励电子支付形式来杜绝扯皮纠纷、滋生腐败等损害创业农民利益的情况，尽可能地保证创业农民获取较高的创业投资回报；(4)加强交通、物流、网络、农村电子商务平台等基础设施建设等以便利农民的创业投资活动。

3.优化农村创业投资融资环境，让普惠金融服务于农民创业投资

金融环境是影响农民创业投资的重要方面，在广大的中国农村地区，农民普遍持有比较少的资本，创业投资启动资金筹措困难，创业投资的原始资本大多来自自有资金和亲友借贷，农民一旦创业投资便可能面临着创业投资失败导致的返贫风险，这使得农民即使发现了很好的创业投资机会也容易对创业投资望而却步，而且也容易滋生民间高利贷等金融乱象，从而进一步提高农民创业投资的资金成本而损害创业农民的利益。因此需要优化农村创业投资融资环境，让普惠金融真正服务于创业农民，建议从金融立法、行政管理、多级信用担保体系的构建、金融创新等维度着手。如(1)出台有利于农民创业投资企业融资的金融法律，规定商业银行不得歧视创业投资型农民企业。由于中国农民创业投资的整体层次和质量水平较低，商业银行基于风险和收益的考量对于创业农民发放贷款的积极性并不高，因此经常出现农村金融机构的存款大多没有服务于农村经济发展，反而流向城市工商企业的现象，导致创业农民面临信贷约束的难题。因此有必要立法对农村商业银行的经营活动和经营范围进行限制，确保为创业投资型农民企业获取贷款保留充裕的资金池，引导资金向创业投资型农民企业流动，从供给侧方向缓解农民创业投资所面临的融资困境。(2)以中央政府的信用为农民创业投资融资提供担保，通过风险补偿等方式撬动社会资本参与，制定农村担保法律，清除农民利用土地承包经营权、林权、房屋所有权进行抵押贷款等若干法律障碍，积极拓展农民创业投资抵押贷款的新途径。(3)构建起农村信用体系，以方便商业银行、保险公司等金融机构获取农民的信用信息来提供相应的金融服务；与金融机构合作设立农村创业投资产业基金进行金融创新，为农民提供低利率的创业投资贷款服务、安全可靠的创业投资保险服务以激发农民的创业投资积极性，同时亦可通过投资入股等方式减轻创业农民初始资本投入的经济负担，与创业农民分享创业投资利润实现合作共赢；等等。

4.搭建"农村—企业"的合作机制，主动为农民创造创业投资机会

建议政府部门组织搭建"农村—企业"的合作平台，如引导更多企业的原材料采购渠道通向农村，主动为农民创造市场和创业投资机会。

5.树立"榜样作用"，发掘广大农民投身于创业投资的潜质

针对农村地区的农民偏好于模仿创业投资这一现实,可充分发挥农民创业投资的"羊群效应":一方面,通过成功创业投资者的典型示范与激励作用,树立模范创业投资者,以激励更多的农民投身于创业投资;另一方面,建立创业投资示范村,鼓励全国各地的农民学习观摩,将成功的创业投资模式复制推广到自己的家乡,并结合本地特色模仿创业投资,如类似浙江"安吉模式"[①]示范村的复制推广。

6.设立吸引城市人才、资本等资源流向农村的政策

农村社会振兴最终依靠的是人才(郭正林,2003),人才是技术和科学管理经验的载体,营造良好的农村创业投资环境,一个重要的方面是需要引入人才到农村干事创业投资,通过设立相应的政策吸引青壮劳动力回流农村干事创业投资、扎根发展,这也是缓解目前的"农村危机"、恢复农村活力的有效方法。设立政策吸引大学生、退役军人、企业家、农民工等到农村干事创业投资,通过引入多方创业投资主体为农村创业投资注入活力等。此外,需要解放思想破除陈旧思维,想方设法吸引城市资本流入农村,如通过允许城市市民在农村地区安家、休闲、养老等方式,吸引城市资本建设农村,将农村打造为城市市民的第二家园等。

(三)加大农民创业投资的商业保险参与程度,建立更加完善的、城乡统一的、可持续的社会保障制度

创业投资是一种高风险的经济活动。一方面,创业投资的高风险阻碍了更多的农民选择创业投资,因为家庭风险暴露越多潜在损失越大,农民就越会减少风险承担放弃创业投资。另一方面,更多的创业农民为了规避风险主动选择低风险、低质量、低层次的创业投资活动,通过模仿他人,从事简单的、见效快的、低利润的创业投资行业领域而阻碍了农村创业投资整体层次和质量水平的提高。保险制度是风险管理的有效手段,只有得到有效的保险保障减少风险敞口后,农民才更倾向于冒更大的风险追求长期的收益,通过耐心的付出,追求更高标准的创业投资目标,进行高质量的创业投资。而且,保险保障也能够缓解农民的创业投资顾虑,大部分的农村地区的农民既有老人需要赡养,也有小孩需要抚养,农民的家庭负担很重,只有足够的保险保障才能够改变农民的风险态度,激励更多的农民选择创业投资,化解农民心中因创业投资失败导致的返贫担忧。为了提高农村农民创业投资的整体层次和质量水平,针对创业农民受到的保险保障不足的问题,建议一方面要加大农民创业投资的商业保险参与程度,另一方面也要建立更加完善的、城乡统一的、可持续的社会保障制度。

首先,要加大农民创业投资的商业保险参与程度,建立"政府部门+保险机构+创业农民+银行+其他方"等多方主体参与的农民创业投资商业保险运行机制,降低农民的创业投资风险,减少创业投资失败给农民带来的损失。其次,要建立更加完善的、城乡统一的、可持续的社会保障制度。由于历史和早期政策的原因,城乡二元体制下造成城乡社会保障呈现相互独立且不同制度的格局,与城镇相比,农村社会保障总体表现为社会保障水平低、项目

---

① 安吉县是浙江省的一个偏远小县城,经过十余年坚持不懈的探索努力,安吉县为中国县域经济的创新发展提供了一个很好的典范。

少、应急性、短期性以及社会化程度低、非制度化等特点(陈鹏联和王桃清,2011)。农民暂时不能与城市居民享受同等的社会保障服务,但按照社会保障的原则,社会保障应该优先帮助那些最需要帮助的社会群体,而中国农村地区的农民恰恰是最需要得到社会保障的弱势群体。因此,需要设计和完善一个科学的农村社会保障制度,破除农民可依靠土地得到社会保障的传统观念,建立一套有效的、统一的、公平的、能够可持续发展的城乡居民社会保障制度,让农民能够与城市居民一样得到较好的社会保障,减少农村地区的农民在创业投资时的后顾之忧,以充分发挥出农民的创业投资智慧。

第三篇

专题研究：普惠金融对农民投资的影响

　　研究表明：第一，金融渗透度的提高显著促进了农民参与正规投资活动；第二，普惠金融在实际运行过程中，正规金融和非正规金融对农民投资的影响是不一致的，正规金融机构的服务促进农民参与正规投资活动，非正规金融机构的服务抑制农民参与正规投资活动，而且非正规金融机构往往会导致农民投资陷入恶性循环之中，因此不推荐发展非正规金融机构；第三，降低金融排斥有利于促进农民参与正规投资活动；第四，"涓滴效应"对于我国农民投资不成立；第五，农村保险市场发展不健全，保险消费的增加有利于农民参与正规投资活动。

　　其政策启示为：完善金融基础设施建设，逐步消除金融排斥；加强对金融和保险知识的普及，正确引导农民的投资观念；加强相关法律体系的完善，增强市场监督。

第十一章

相关理论与计量模型

本专题研究聚焦普惠金融对中国农民投资的影响,作为主题报告的一个补充。所用调查数据依然来自上海财经大学千村调查项目。

专题研究首先对所涉及的相关概念进行界定,在此基础上建立分析框架。涉及的内容包括:普惠金融、普惠金融维度理论、普惠金融市场体系、农民投资分类、农民投资的微观经济基础、普惠金融对农民投资的理论传导路径、计量方法和内生性的处理方式。

第一节 普惠金融的维度理论

一、普惠金融的发展背景

普惠金融研究,可以追溯到 20 世纪 60 年代的金融发展理论(刘萍萍和钟秋波,2014)。20 世纪 50 年代初期,凯恩斯学派占据经济学主流地位,他们虽然承认金融对经济发展起着很大的作用,但这个作用也仅限于满足基本融资需求,却不承认金融对生产力的提高有显著影响,甚至认为金融的发展是以牺牲实体经济为代价的。在这种思想主导下,出现了严重的金融抑制,相当严厉的金融管制所造成的巨额监管成本成为阻碍经济发展的重要因素。在这一背景下,理论界开始重新思考金融对经济发展的作用。

1969 年,戈德史密斯发表了《金融结构与金融发展》一书,这一著作的发表成为金融发展理论的开端,为后来的金融发展在各国的实践打下了理论基础,而戈德史密斯也成为金融发展论的鼻祖。这本书主要包括两个内容:其一,提出了金融结构的概念①,并设计了包含"金融结构比率"等的八个具体指标来评价金融结构;其二,指出了金融结构发展趋势的变化路径,说明了虽然每个国家的金融体系都不一样,但是其结构变化的趋势是完全一致的。20世纪70年代麦金农出版了《经济发展中的货币与资本》②,同一时间爱德华·肖恩也出版了《经济发展中的金融深化》③,这两部巨作是对戈德史密斯的金融发展理论的深化,他们两人是首次将研究对象设定为发展中国家的金融体系,将发展中国家的金融和经济发展的关系作为研究变量,提出了著名的"金融抑制理论"以及"金融深化理论"。

麦金农和肖恩的研究主要包含以下三个方面:第一,他们对发展中国家的金融体系进行研究,发现在这些国家中,金融的发展受到了极大的抑制,并试图通过理论对这种抑制现象进行解释。他们认为这种抑制现象存在的原因就是政府极大的干预金融市场,阻碍了金融市场自身的发展,产生了二元结构。第二,他们通过构造理论模型的推导,得出了与传统的经济理论相反的结论:利率与投资呈现正相关的关系(传统经济理论认为利率和投资成负相关关系)。这一理论模型就是后来著名的金融深化理论,麦金农和肖恩将这一现象定义为发展中国家的渠道效应。同时,他们还证明了,当利率超过某个临界点时,货币与资本由互补关系转变为替代关系。第三,对金融深化论给出了相应的政策,那就是如果发展中国家想要解除金融抑制,就要进行金融自由化改革,政府不应该干预金融行业的发展。

金融自由化的思想引起了一时轰动,许多国家依照这个理论进行改革,然而结果却不尽如人意。20世纪90年代,大部分实施金融自由化改革的国家宣布失败(米军,2012),由此引发了学术界的思考。在这一背景下,赫尔曼和斯蒂格利茨提出了金融约束理论,他们的假设与麦金农和肖恩的将金融市场看做完全竞争市场的假设不同,他们从不完全竞争假设出发,将经济学中对于不完全信息的研究应用到金融领域,分析了金融自由化和政府监管的问题,推导出著名的金融约束理论。

金融约束论的主要观点是:与所有现实经济体中的市场一样,金融市场也是一个不完全竞争的市场,其中也存在市场本身无法解决的事情,即所谓的市场失灵,这个时候政府的作用就体现出来,政府应该对于金融市场中的市场失灵进行调控。同时,他们还认为发展中国家想要完善金融体系,政府要进行适当的干预,而这种干预是一种相对温和的金融抑制,但是他们也同样认为金融自由化的重要性,在金融市场自身可以解决的地方,政府不应当进行干预。

20世纪90年代中后期,虽然政府仍然对金融机构进行监管,但管制的力度不强。一些

---

① 金融结构理论(Financial Structure Theory),是研究金融发展问题的最早和最有影响的理论之一,其创立者和主要代表人物是出生于比利时的美籍经济学家、耶鲁大学教授雷蒙德·W.戈德史密斯(Raymond W. Goldsmith),代表作是1969年出版的《金融结构与金融发展》。该理论对金融发展的过程及规律进行了描述和分析。

② 罗纳德·麦金农,当代金融发展理论奠基人,长期为国际货币基金组织、世界银行、亚洲发展银行以及广大发展中国家政府提供货币政策和经济金融发展的专业咨询。麦金农教授是世界上首先分析"金融压抑"对经济发展构成严重障碍的经济学家。他的第一本著作《经济发展中的货币与资本》成功地分析了金融压抑的危害,成为金融发展理论的奠基之作。

③ 爱德华·S.肖恩,1908年出生于美国,斯坦福经济学教授,金融发展理论奠基人之一,他对金融和经济的发展研究开创了一种全新的研究方式。

金融机构为了提高利润率,降低运营成本,关闭了一些偏远贫困地区的分支机构,提高了金融准入门槛,将低收入者排斥于金融体系之外,形成了"金融排斥"。金融排斥的存在虽然在一定程度上提高了金融机构的利润率,但是对于整个社会经济的可持续发展造成了不利影响,而这种不利影响最终也会反过来阻碍金融行业的发展,为此,联合国在 2005 年提出了普惠金融的概念。

二、普惠金融的概念与内涵

(一)普惠金融的提出

普惠金融的概念最早由联合国在 2005 年"国际小额信贷年"提出。紧接着联合国在 2006 年发布《建设普惠金融体系》蓝皮书,提出普惠金融目标:"在完善的法律法规和制度框架内,所有的国家都应该具有完整的金融机构服务系统,可以为不同层次的群体或个人提供符合其需求的服务。"联合国之所以要大力发展普惠金融体系,是因为当时的金融体系存在较大缺陷,最大的缺陷就是金融体系内资源配置存在着歧视,配置不平等。表 11-1 是一些国际组织对于普惠金融概念的定义。

表 11-1 国际组织对于普惠金融的定义

国际组织	普惠金融概念定义
联合国 (United Nations)	在完善的法律法规和制度框架内,所有的国家都应该具有完整的金融机构服务系统,可以为不同层次的群体或个人提供符合其需求的服务
世界银行 (The World Bank)	个人和企业可以获得负责任和持续提供的、有用且负担得起的金融产品和服务,用以满足其交易、支付、储蓄、信贷和保险需求
亚洲开发银行 (Asian Development Bank)	为贫困和低收入家庭及其开办的微型企业提供广泛的金融服务,如存款、贷款、支付、转账和保险服务
全球普惠金融合作组织 (Global Partnership of Financial Inclusion)	所有工作年龄的成年人都能从正规金融机构有效地获取信贷、储蓄、支付和保险服务,其中,"有效"是指客户在可负担的成本下能够轻松获取金融服务,金融机构在可持续的前提下能够负责任地提供金融服务
联合国资本开发基金组织 (United Nations Capital Development Fund)	个人或企业能够在一个规范的环境中获得并使用一系列以负责任的方式提供的合适的金融服务

资料来源:李志创. 中国普惠金融发展与包容性经济增长问题研究[D]. 吉林大学,2019.

除了国际组织对普惠金融的概念进行了定义外,有很多发展中国家根据其自身的制度和经济环境定义了符合他们国家国情的普惠金融的定义。巴基斯坦对于普惠金融的定义为:为低收入和金融服务不足的部门提供满足其需求的金融服务,如中小企业金融服务、农村和农业金融服务、低收入群体住房金融服务、微型金融服务、支付、汇款、保险等。[1] 土耳其对于普惠金融的定义为:普惠金融是一个广泛的概念,包含金融服务可得、金融教育和金融消费者保护。[2]

---

① 资料来源:普惠金融联盟 2017 年指导说明。
② 同上。

我国国务院对普惠金融的表述是："普惠金融是指立足机会平等要求和商业可持续原则，以可负担的成本为有金融服务需求的社会各阶层和群体提供适当、有效的金融服务。小微企业、农民、城镇低收入人群、贫困人群和残疾人、老年人等特殊群体是当前我国普惠金融重点服务对象。大力发展普惠金融，是我国全面建成小康社会的必然要求，有利于促进金融业可持续均衡发展，推动大众创业、万众创新，助推经济发展方式转型升级，增进社会公平和社会和谐。"①

综合国际组织和不同国家对普惠金融体系的界定，并结合学术界对普惠金融的研究，本报告对普惠金融给出表述：普惠金融是一个完整的金融体系，这个体系依托于完整的法律和制度的框架内，受到法律法规的监督管理和一定的制度约束，坚持社会平等和经济可持续发展的基本原则，在金融机构根据其自身发展状况所确定的成本范围内，为社会不同资源禀赋的群体或个人提供他们所需要的服务，这种服务是适当的和有效的。

（二）普惠金融的内涵

从国际组织和不同国家对于普惠金融概念的界定，可以发现虽然略有差异，但是他们定义的核心内容都是一致的。具体而言，对于普惠金融概念的理解包含以下四个方面的内容：

第一，普惠金融是一个完备的金融体系。普惠金融体系包含金融体系的所有组成要素，对普惠金融概念的理解应该集中在"普惠"两个字上面，而不能错误地认为普惠金融是一种新的金融形式或者单纯的金融服务。

需要特别指出的一个错误观点，同时也是大部分人经常犯的错误，那就是认为普惠金融是一种新的金融服务方式。比如，有人认为"金融下乡"是普惠金融，而平时接触到的资本市场投资、银行信贷、保险等就不是普惠金融。这是错误的观点。实际上，普惠金融的核心在于"普惠"，它要求在已有的完备的金融体系之内，消除"金融排斥"，使得全社会不同阶层的人可以获得满足他们需求的金融服务，而不是为满足特定群体而出现的一种新的金融服务形式。通常情况下，社会上被金融机构所排斥的群体，除了信用风险较差的人，基本上都是资源禀赋较差的群体，如农民等。因此发展普惠金融主要的针对目标虽然是这些群体，但也不仅仅为满足这些群体，普惠金融是为全社会所服务的。

还有一种错误的观点认为普惠金融是一种政策，对其研究应该从政策前后进行对比来评价普惠金融的绩效。这同样也属于一种常见的错误观点，实际上，普惠金融不仅是一种完备的金融体系，它还是一种金融的发展趋势，是未来金融发展的方向，并不是一种政策。普惠金融属于金融发展理论，它的发展是一个从量变到质变的过程，并不是政策的改变就能让普惠金融立刻发展起来的，它首先需要建立起一个完备的金融体系，在此基础上，逐步消除金融排斥，使得全社会各阶层都可以享受到金融发展所带来的福利。

第二，普惠金融是受法律监管和制度约束的。普惠金融的发展是在一定的法律法规和制度的框架内进行的，不能任其肆意发展。20 世纪 90 年代金融自由化思想引导的部分国家改革失败就是最好的例子，由此也出现了金融约束理论。因为金融市场也存在市场失灵，而

---

① 详见 2015 年国务院发布的《推进普惠金融发展规划》。

且人为恶意操纵市场的可能性极大,舆论导向也影响着人们对于市场的预期,而预期对于金融市场的发展是极为敏感的。类似于预期在经济学中可以无痛苦的降低通货膨胀率一样,预期在金融市场的发展,影响着未来对经济形势的估计,是未来经济发展的一个先导指标。因此不能放任金融市场肆意发展,而是要对其进行适当的监管,但又不能过度管理,毕竟金融市场也有其自身的发展规律,过度的管理,违背了市场的发展规律,会导致市场的畸形发展,给经济发展带来负面影响。普惠金融的发展要在一个健全的法律法规制度下,受到法律保护的同时,也受到法律的监督。

第三,普惠金融体系的完善是以公平公正为基本原则,同时兼顾经济的健康发展为准则。普惠金融的主要目标就是为社会各个阶层提供满足其需求的金融服务,因此普惠金融也称为"包容性金融",而金融包容性的内在要求是,在完善的法律制度下,实现经济的包容增长是以金融体系的包容完善为前提的,要使得全社会的每个人,不论何种阶层都可以享受经济增长所带来的金融便利性,使其"普惠"到所有人群,特别是要"普惠"到弱势群体,这对于改善社会公平具有突出贡献。

第四,普惠金融的运行以可负担的成本为前提。虽然普惠金融最大限度地满足社会各阶层的金融服务,但也并不是全部。普惠金融的正常运行是需要一定成本的,普惠金融体系并不是非营利的体系。20 世纪 70 年代曾经出现的给予贫困人口的小额信贷,就是因为其运营收入无法弥补其成本,结果昙花一现。所以在发展普惠金融体系的同时,一定要考虑普惠金融体系的运营成本,政府也应当给予一定的优惠支持。

三、六维理论与三维理论

(一)金融排斥的六维理论

学术界对普惠金融的理论研究从金融排斥的研究转化而来,而普惠金融的六维度理论是以研究普惠金融的对立面金融排斥为主要研究对象的。肯普森(Kempson,1999)是第一个提出六维度理论的学者,随后关于六维度理论的其他研究都建立其基础上。Kempson 认为金融排斥是一个"动态的复合概念",包含了六个维度,分别为:地理排斥、价格排斥、条件排斥、营销排斥、评估排斥、自我排斥。图 11—1 展现了金融排斥的六个维度。

图中,地理排斥是金融排斥形成的最初形式,它是指由于在地理上无法尽可能地在附近的范围内获得金融服务,如想要获得金融服务就需要花费很高的交通成本去相对较远的金融机构办理业务。这些高额的交通费往往成为使资源禀赋较差的弱势群体放弃寻求金融服务的原因;评估排斥也被称为门槛排斥,是指正规金融机构为了降低风险和运营成本,通过一些风险规避的手段,提高获得金融服务的准入门槛所造成的一种排斥现象;条件排斥指的是在签订金融服务的相关合同时,金融机构在附加条款增加额外的不合理的条件,将资源禀赋较差的弱势群体排斥在外;价格排斥的一种常见的排斥手段就是提高贷款利息,但不仅仅包括提高利息,它是指金融机构提高金融产品或者金融服务的价格,并且超过需求者的偿还能力的一种手段,这样资源禀赋低的弱势群体因无法偿还金融服务所需的过高价格,就被排除在金融体系之外;

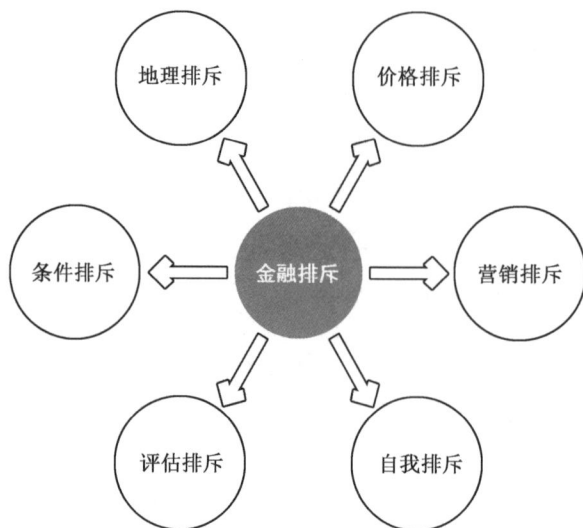

图 11－1　金融排斥六维度

营销排斥指的是正规机构在销售金融产品或者服务的时候,通过营销手段,将弱势群体排除在外的一种方式;自我排斥是最后一种排斥方式,通常是由于弱势群体在经历过以上种种排斥后,产生的对自我否定的一种心理,将自己主动排斥到金融体系之外。

金融排斥的六个维度在我国农村地区表现十分明显。我国随着金融自由化改革的推进,金融市场越来越开放,市场化也越来越普及,这加剧金融机构的竞争,经营风险和经营成本一定程度上升。因而,一些金融机构为了规避风险,对金融服务对象进行风险评估时设定了很高的门槛。而农业产业所具有的生产周期长、自然条件气候风险的不确定特征,会给农村地区带来较大的风险,导致农户通常达不到金融机构的风控标准而被排斥在金融体系之外,形成了评估排斥。此外,金融机构在对农民发放贷款的时候往往需要附加条件,比如信用贷款或者抵押贷款,但由于农村金融体系不完善,信用体系不够健全,使得农民通常只能选择抵押贷款。农村资源相对匮乏,农民又往往收入不高,缺乏满足金融机构要求的抵押物,由此被排除在金融体系之外,造成了条件排斥。此外,我国农村地区由于金融机构分布较少,一些乡村信用社为了自身利益,在政策允许的前提下尽可能地提高贷款利息,造成了价格排斥。

（二）普惠金融的三维理论

随着普惠金融概念的提出,学术界对于金融排斥的研究转变为对普惠金融体系的研究。贝克(Beck,2007)通过对普惠金融的深入分析,在金融排斥六维度理论研究的基础上,凝练了普惠金融的三维理论。该理论为后续研究普惠金融体系,建立相关体系指标,并进行实证分析奠定了基础。图 11－2 是普惠金融三维度理论和金融排斥六维度理论之间的对应关系。

图中,第一个维度是地理渗透性。该维度对标的是金融排斥六维理论中的地理排斥,是指金融机构或者金融服务渗透到农村边远地区的程度。地理渗透度越高,在其他条件不变的情况下,普惠金融发展水平越高。第二个维度是金融产品或者金融服务使用的效用性,它

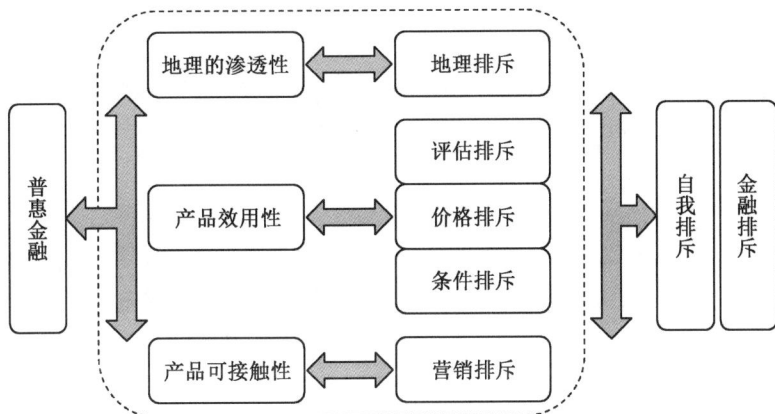

图 11-2 普惠金融三维度理论与金融排斥六维度理论

是指普惠金融可以最大效用地为客户提供他们所有需要的金融服务。该维度对标的是六维度理论中的评估排斥、价格排斥、条件排斥,在其他条件不变的情况下,金融产品使用的效应性水平越高,普惠金融发展水平越高。第三个维度是金融产品的可接触性,它是指普惠金融产品在设计的时候应尽可能地易于被客户理解,并尽可能地满足不同层次的用户需求。它所对标的是六维度理论中的营销排斥,在其他条件不变的前提下,金融产品的可接触性越高,满足客户需要的覆盖面越广,普惠金融程度越高。三维度理论在整体上对标的是六维度理论中的自我排斥,因为普惠金融三维度的水平越高,代表普惠金融的发展程度就会越高,相应的金融排斥水平就会降低,用户的自我排斥就会降低。

（三）普惠金融的测度

三维度理论比较广泛的应用就是基于普惠金融的测度应用。其中较为经典的是萨尔马(Sarma,2010)提出的普惠金融指数,也被称为"金融包容性指数"。他的测算方法是借鉴联合国开发计划署的一些重要发展指标的测算,比如 GDI、HPI[①] 等,依次从三个维度选择指标来测算普惠金融指数:第一个维度是银行业的渗透,可以理解为金融机构的覆盖率,用地区内全部银行的个数与每千人的比值来表示;第二个维度是金融的可获得性,用包括代理银行在内的所有金融机构的数量来除以每十万人的值;第三个维度是金融产品的使用情况,用一个国家或地区的信贷规模与 GDP 的比值来表示。

首先,为每一个测量维度计算一个金融包容性指数,计算公式如式 11.1 所示:

$$d_i = \frac{A_i - M_i}{M_i - m_i} \tag{11.1}$$

[①] 人类发展指数(HDI)反映的是人类发展的平均成就。性别发展指数(Gender-related Development Index,GDI)是对平均成就进行调整,以反映与性别相关的人类发展指数。根据分性别的出生时预期寿命、成人识字率、大中小学综合毛入学率、估计收入而计算出分值,分值越接近于 1,表明人类基本能力发展中的性别差异越小,男女能力平等发展的程度越高。性别发展指数实际是人类发展指数的补充,它使用的指标主要有三个:一是分性别的预期寿命,第二个是分性别的受教育程度,第三个是调整男女两性的实际收入,主要用这三个指标来评价性别发展的程度。

其中，A_i 表示第 i 个维度的实际价值，M_i 表示第 i 个维度的最大值，m_i 表示第 i 个维度的最小值。

然后，计算一个社会或地区的普惠金融指数，计算公式如式 11.2 所示：

$$IFI = \frac{\sqrt{\sum_{i=1}^{3}(1-d_i)^2}}{\sqrt{3}} \tag{11.2}$$

IFI(Index of Financial Inclusive)即普惠金融指数。根据测算出的结果，分为三个类别，当 $0 \leqslant IFI < 0.3$ 时，说明普惠金融程度很低，当 $0.3 \leqslant IFI < 0.5$，代表着中等范围的普惠金融程度，当 $0.5 \leqslant IFI < 1$ 时，代表着普惠金融程度很高。也就是说普惠金融指数越接近于 1，普惠金融程度越高。

不同于萨尔马对于普惠金融维度的划分，Arora(2010)虽然也用了银行渗透性这个维度，但将另外两个维度更换成金融的便利性和金融成本。萨尔马忽略了金融体系的运营成本，而 Arora 忽略了金融体系的服务状况。

我国基于建构普惠金融体系的目标，也从相应维度进行了阐释[1]，其整体思路与三维度理论高度一致。

第一个维度是金融服务的可获得性。对这一维度，国务院的目标是到 2020 年建立起我国的普惠金融体系，包括信贷和保险两个子体系，其中，信贷起到主要的金融服务作用，而保险起到了保障的作用。增强不同群体对金融服务的满意度，使得金融服务确实做到对于所有群体都具有可获得性，以此来满足不同群体的金融需求，尤其是针对那些资源禀赋差的群体，比如农民、残疾人，也包括中小企业、乡镇企业等。要给予这些群体更多的扶持，使我国的普惠金融在国际上占据中上等级。

第二个维度是提高金融网点的覆盖率。对这一维度，它和学术界关系银行的渗透性是同一个意思。要基本实现金融网点的村镇普及，而且镇级的网点要实现信贷和保险这两种服务机构的全面包含。

第三个维度是金融服务的便利性。该维度是要求对资源禀赋差的群体的金融服务进行改善，使他们可以更加方便地获得金融支持，尤其是边远地区的贫困人口，以及自主创业的农民等这一类人群，使他们可以更加无障碍的享受到金融发展所带来的优惠。

因此，我国是从金融的可获得性、便利性、以及渗透性三个维度为目标进行普惠金融体系构建的。

(四)普惠金融体系的市场构成

现有关于普惠金融体系的市场构成研究中，有代表性的是 Onaolapo(2015)的成果。他将普惠金融市场按照普惠金融服务满足用户需求的程度划分为以下五个市场：第一个市场是最基本的满足资金存储安全的市场；第二个市场是满足交易需求的支付市场；第三个市场是信贷市场；第四个市场是满足投资和储蓄需求的市场；第五个市场是保险市场。以上几个

---

[1] 详见国务院 2015 年关于《推进普惠金融发展规划》。

市场的金融需求程度是从简单到复杂逐步过渡的。图 11-3 显示了普惠金融体系各市场发展程度与普惠金融发展程度的关系。越往复杂需要市场发展,普惠金融市场体系越完善。

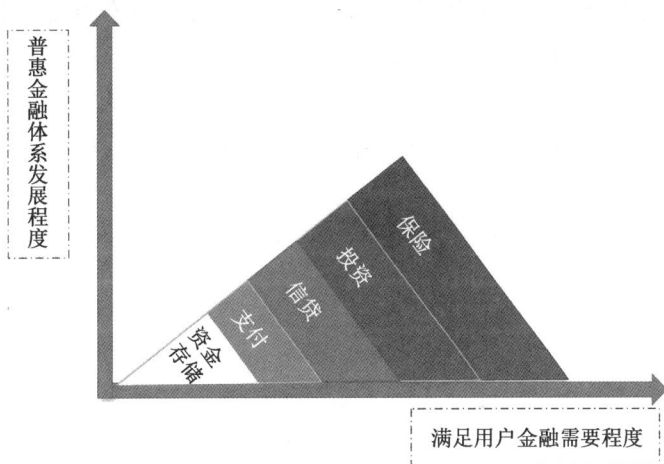

图 11-3　普惠金融市场体系的理论划分

我国在普惠金融发展规划中明确提出:"健全多元化广覆盖的机构体系。充分调动、发挥传统金融机构和新型业态主体的积极性、能动性,引导各类型机构和组织结合自身特点,找准市场定位,完善机制建设,发挥各自优势,为所有市场主体和广大人民群众提供多层次全覆盖的金融服务。"[①]

其中,构成普惠金融体系的第一个市场就是信贷市场,这是体系中最基本的市场,在这个市场中要充分发挥银行业的作用。信贷市场中,政策性的开发银行往往起着引导作用,因为他们可以通过国家政策直接参与到市场的活动中,例如这些政策银行可以通过批发资金来和别的商业银行进行交易,以此来降低金融机构所设置的进入门槛;又例如可以专门设立服务农民进行信贷业务的分部,专门用来帮助进行信贷服务,以此来稳步我国农业的发展。

构成普惠金融体系的另一个重要市场就是保险市场,这个市场对于给弱势群体提供保障起到了重要的作用,有利于金融市场甚至整个经济社会健康持续的发展。例如,为农民提供保险服务,可以有效减弱农业生产的不确定性,因为农业生产受到外部天气自然等的影响是极其严重的,自然灾害的发生会导致极大的财产损失,而完善的保险体系,可以有效保障农民的财产安全,极大地提高农民生产的积极性,促进农民收入的提高。

同时,现有研究也提出了普惠金融市场中金融机构的划分。通常分成两种类型:第一个类型是正规金融机构,它们在法律和制度的监管下开展相关的金融业务,包括商业银行、政策性银行、保险公司、证券公司等;第二个类型是非正规金融机构,非正规金融机构是超出了一个国家或者地区的法律制度,不被当地的法律体系所承认,有时候为了钻法律的空子铤而走险地进行金融活动的金融机构,这种类型的金融服务通常为了获得高额的金融利润,而开

---

① 参见《推进普惠金融发展规划(2016—2020 年)》(国务院 2015 年 12 月 31 日印发)。

展风险极高的金融活动,例如非法融资、高利贷、民间非法集资等。虽然普惠金融的建立是必须在法律制度框架下进行的,但是非正规金融机构作为在金融排斥存在的情况下,资源禀赋低的群体寻求金融服务的一种替代品,其对普惠金融的发展具有重要影响,普惠金融是否应当将一部分非正规金融机构纳入进来,或者如何管控非正规金融机构,需要进行深入分析。因此本报告按照我国普惠金融体系发展要求,将普惠金融市场体系划分为信贷市场和保险市场两部分,并将金融机构划分为正规金融机构和非正规金融机构进行分析。

（五）本报告的普惠金融理论框架

基于上述分析,本报告构建了一个普惠金融的分析框架（见图11-4）,为下文变量选择提供支撑。

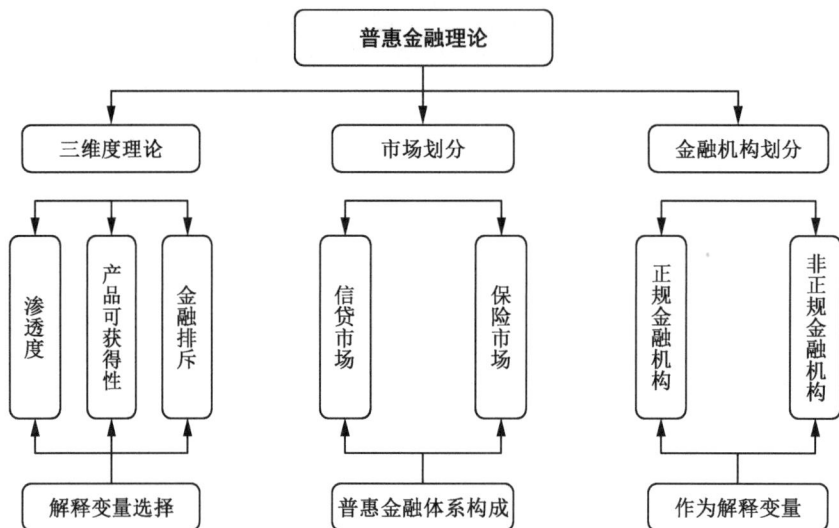

图 11-4　普惠金融分析框架

第二节　农民投资的偏好理论

一、农民投资选择的分类

投资对于经济体的发展扮演着一个非常重要的角色。投资活动在整个经济社会中占有举足轻重的地位。马克思主义经济学认为经济社会的基本矛盾是供求之间的矛盾。从供给角度看,供给的情况直接由生产情况所决定,而产能又是由劳动手段（通常是固定资产）的多少所决定。在投资过程中,现有的资产是由过去的资金投入所产生的,未来资产的多少又是由现在的资金投入所决定的。从需求层面来看,一个社会的需求是由三方面的需求组成:消费需求、进出口需求、投资需求。由于前二者的需求弹性相对较小,当社会供求失衡时,各国政府往往首先通过调控投资需求,来促使供求平衡。

通常认为,投资是经济体中某一个体或者组织为了取得未来的某种收入,而将现有的资产投入某种活动中,这种活动可以将现有的这些资产转变为实物资本投入再生产中,也可以转变为金融资本,参与资金的流动过程。其中含义有:首先,在投资中,占主导地位的是发起投资的个体或者组织,通常将其称为投资主体;其次,投资的目的是获得未来的某种收益;最后,在投资中,必须预先投入适当数量的资金或者某种资产,这是实现投资收益的前提条件。

我国的农民投资是投资活动中的一种,其投资主体是农民,其目的具有多样性,包括但不限于农业再生产、资产保值、投机活动等。改革开放以来,生产力得到了极大的释放,而经济的发展使得人们投融资的需求也在不断增加。家庭承包制改革后,农民获得了独立的财产权和择业权,与此同时,农民作为微观个体决策单位,成为农业生产的基本单位。由此农民以独立的商业生产者身份登上历史舞台。而普惠金融体系的完善不仅有助于增加农民收入,而且也是社会主义现代化农业建设的一部分。而投融资体制的改革使得我国投资主体呈现多元化趋势。在此背景下,研究普惠金融对农民投资的影响具有重要现实意义。因为研究清楚农民投资活动的特征和规律,一方面可以根据农民的投资规律或者倾向,制定出正确的经济政策,并通过这些政策引导农民进行更有利的投资;另一方面才有可能进一步完善我国普惠金融体系,使更多农民受益,从而促进农业经济持续发展。

投资经济学中按照不同的标准,将投资分为不同的类型,如按照资金的转化形式分为直接投资(非金融投资)和间接投资(金融投资)、按照投资的目的分为经营性投资和非经营性投资、按照资金的来源可分为国家预算内投资和金融机构贷款投资等。本报告按照资金的转化形式,将农民投资分为非金融投资和金融投资两大类。对于金融投资则进一步分为正规金融投资和非正规金融投资两类。这里的农民金融投资指的是农民作为发起投资的个体,为了获得未来的收益,将资金投入到金融市场中的一种行为。按照投资风险的由低到高,将农民间接投资分为预防性储蓄、证券投资、非正规金融投资。农民非金融投资是指,农民作为投资发起人,将他们的资产用于购买为了支持农业生产经营活动的固定或者流动资产上,以期未来可以从农业生产中获得收益。

二、农民投资消费与保险消费的收入和替代效应

对于农民购买保险和投资的分析,是基于微观经济学中的替代效应和收入效应进行的,实际上是资产配置方式的一种拓展,假设将农民的消费定义为广义上的消费,即把农民的保险消费和投资支出都看作是农民消费中的一部分。需要说明的是,这两种消费与传统意义上的消费不同,这两种消费可能产生未来资金的现金流,因此将这两种消费看作是广义上的消费。

一方面,在控制农民收入的情况下,即在预算约束一定的情况下,如果农民增加保险消费,必然会导致农民减少其他消费品的支出。如果农民出于某些动机[①]不愿意降低储蓄来扩张其预算约束,或者没有其他资金来源来增加其收入,那么保险消费的支出必然挤占投资消

---

① 这些动机包括:自我约束型储蓄或者目标型储蓄,即农民通常出于保障需要为自己设定的最低储蓄量,如果低于这个量,则农民不会继续降低储蓄来扩大消费。

费的支出,理论界称这种情况为替代效应。

另一方面,保险消费的支出在一定程度上可以降低由于未来的不确定性而带来的风险,从而使得农民降低现期的预防性储蓄,收入的预算约束线向外扩张,最终农民会增加投资消费的支出,表现为保险消费支出对投资消费支出的收入效应。

可以看出,保险对投资的替代效应和收入效应是相互相反的两种效应,在一定程度上可以相互抵消,同时由于不同国家或地区存在差异,因此经济学理论无法对于哪种效应占主导地位给出明确的回答,因此,通过实证分析普惠金融视角下农民保险消费对投资的影响就显得十分重要了。

第三节 普惠金融影响农民投资的传导路径

现有的研究中,尚没有直接的理论来说明普惠金融是如何影响农民投资的。而普惠金融是属于金融发展理论的范畴,因此本报告试图通过金融发展中的相关理论来解释其中的影响途径。综合而言主要通过金融发展理论中的三大效应来实现,即门限效应(Threshold Effects)、降低贫困效应(Reduce Poverty Effects)和排除效应(Exclusive Effects)。此外,涓滴效应(Trickle-down Effects)也在一定程度上成为金融影响个人投资的传导机制之一。

一、门限效应

门限效应是指,在金融排斥存在的情况下,可以获得的金融服务存在约束性,这是因为在这种条件下想要获得所需的金融服务是需要一定的成本的,这一成本就被称之为“门限”或者“门槛”。由于资源禀赋低的人没有能力付出这一成本,达不到财富门限水平,导致他们被排除在金融体系之外,而资源禀赋高的人可以达到这一门限水平,从而相对的他们可以得到更丰富、更专业的金融服务,使得他们可以了解懂得更全面的投资方式和获得更高的投资回报率。

同时,金融的门限效应也体现在正规金融投资和非正规金融投资当中,一个常见的情况是,正规金融的门限水平较高,而非正规金融的门限水平通常较低,因此受到金融排斥的人寻求非正规金融,这就导致了一些研究认为,由于低门槛的“非正规金融”可以在一定程度上满足弱势群体的金融需求,因此应将其纳入正规金融体系的观点。

二、降低贫困效应

降低贫困效应是指,通过扩大金融服务,发展微型金融,扩大金融服务的覆盖度,比如降低对资源禀赋低群体的贷款条件、提供更加广泛的保险服务等,将原本排斥在金融服务体系之外的弱势群体纳入到金融服务体系之内,使得他们可以公平的享受到经济发展所带来的好处,从而改善这些弱势群体的资源禀赋,使他们有能力去选择更多的投资渠道。

三、排除效应

排除效应是“金融排斥”的直接体现。它是指金融机构出于对风险和成本的考量,在扩大其经营种类和机构分部的同时,反而将偏远地区的金融机构分部关闭,减少对弱势群体的金融服务,将其排斥于金融体系之外,又通过"马太效应[①]"使得偏远地区的弱势群体陷入恶性循环当中。

四、涓滴效应

在金融发展论之中还有一种理论认为金融发展通过涓滴效应来影响投资的。这种理论认为:首先,金融体系的不断完善,会使得储蓄呈现明显的上升趋势,这在一定程度上会促进投资,增加消费,以此来使经济得到一定程度的提升;其次,随着经济的发展,资源禀赋较高的群体投资需求增加,这就会使得利率上升,这样资源禀赋较低的人就可以凭借高利率将钱放贷出去,从而获得高收益。这样资源禀赋较高的群体就可以将资源禀赋低的群体从贫困中解救出来。

第四节　计量方法与内生性处理

一、二值选择模型(Logit)

本报告采用微观调查数据进行分析,其中间接投资部分,被解释变量是离散的。如,对于间接投资部分中的被解释变量"是否参与到资本市场投资(是否参与股票、基金等投资)",对其选择只有"是与否",对其定量化处理是转化为"0—1"的变量,其中 0 代表未参与,1 代表参与。其定量化后不是连续变量,而是离散的变量,且只有两个值,对于这种离散被解释变量的情况,采用最小二乘法,会出现被解释变量大于 1 或者小于 0 的情况,这与现实情况相违背,因此,采用二值选择模型中的 Logit 模型对数据进行实证分析。

需要指出的是,二值选择模型还包括 Probit 模型,之所以采用 Logit 模型对数据进行分析,而不是采用 Probity 模型,是因为相较于 Probit 模型,Logit 模型的累积分布函数有解析表达式,可以求出概率比,其对回归结果的解释更加具有实际含义。

假设线性概率模型如式 11.3 所示,其中 y_i 为被解释变量,其取值为 0 或者 1,对其预测值介于 $[0,1]$ 之间。x_i' 为解释向量,β 回归系数。

$$y_i = x_i'\beta + \varepsilon_i \tag{11.3}$$

为了使得被解释变量的预测值介于 $[0,1]$ 之间,通过构造连接函数,使其满足其累积分布函数满足"逻辑分布",即式 11.4:

$$P(y=1|x) = F(x,\beta) \equiv \frac{\exp(x'\beta)}{1+\exp(x'\beta)} \tag{11.4}$$

则第 i 个观测值的概率密度函数可以写成式 11.5,通过两边取对数,并假设样本中的个

---

①　马太效应(Matthew Effect),指强者愈强、弱者愈弱的现象,广泛应用于社会心理学、教育、金融以及科学领域。马太效应是社会学家和经济学家们常用的术语,反映的是两极分化的社会现象,即富的更富,穷的更穷。

体相互独立,则可以构造出似然函数,通过最大似然估计(MLE)来估计出系数的估计值 β_{MLE}。

$$f(y_i|x_i,\beta)=[F(x,\beta)]^{y_i}[1-F(x,\beta)]^{y_i} \tag{11.5}$$

对于估计值 β_{MLE} 并不能直接进行解释,以为其并非边际效应,对于回归结果的解释,通过概率比进行解释。假设 $p\equiv P(y=1|x)$,则 $1-p\equiv P(y=0|x)$。联合式(11.4)可以得到:

$$\frac{p}{1-p}=\exp(x'\beta) \tag{11.6}$$

其中 $\exp\hat{\beta}_j$ 被称为概率比,它表示当 $\hat{\beta}_j$ 变化 1 单位时,$y=1$ 的概率是 $y=0$ 的概率的倍数。

二、内生性问题

内生性问题在回归分析中通常是通过以下两种方式出现的。第一种为扰动项与解释变量相关,而导致违背了计量经济学中的经典假设,从而无法得出正确回归结果。这种情况下,解释变量与回归模型的误差项表现为相关,违背了经典最小二乘法关于解释变量与扰动项不相关的假设。此时,在回归分析中很难估计自变量和因变量之间的真正关系,即在经典回归假设下,估计出的回归系数是有偏的。这是造成内生性的情况之一。第二种情况是解释变量在变,其他影响被解释变量的因素也在变(因为除了解释变量影响被解释变量外,也有其他因素在影响被解释变量),但这些因素没有纳入模型的解释变量中,此时解释变量与回归模型的误差项也表现为相关(因为遗漏因素的影响归入了误差项)。

对于第二种情况的内生性问题的解决办法通常是通过增加控制变量的方式来解决,但是如果遇到第一种情况,仅仅依靠增加控制变量的方式也得不到无偏的回归结果。理论界对于第一种内生性问题的解决办法主要有以下几种方法:工具变量法、面板数据模型、Heckman 选择模型、双重差分法(DID)、倾向匹配得分法(PSM)、断点回归法(RDD)、合成控制法(SCM)、结构方程模型法(SEM)。

根据所研究问题及所采用的数据,通过控制变量以及倾向匹配得分法(PSM)来尽量排除内生性所带来的回归偏误。首先,本报告所采用的是微观调查截面数据,无法采用双重差分(DID)、面板数据模型、合成控制法(SCM)、结构方程模型(SEM)等;其次,虽然工具变量法是解决内生性问题的很常用的一种方式,但是它要求找到一个很好的工具变量,这个工具变量与解释变量相关又不能与被解释变量相关,这在现实情况中往往难以得到满足,而本报告受到数据限制,无法找到一个满意的工具变量来进行回归分析;最后,普惠金融与投资之间可能存在双向因果关系即自选择过程,而倾向匹配得分法(PSM)可以在一定程度上剔除这种自选择过程所产生的偏误。

三、倾向匹配得分法(PSM)

在本报告中,是否获得贷款作为一种重要的处理变量,研究获得贷款的人相较于如果他们没有获得贷款是否更倾向于参与某种投资活动。但是,现实的情况是这些已经获得贷款的人,没法观测到如果他们没有获得贷款会怎样选择投资,而是仅仅可以观测到没有获得贷款的人会选择什么投资。问题是如果将获得贷款的人与未获得贷款的人的投资选择进行比较,就会存在内生性问题。因为这里存在自选择过程(Self-selection),可以获得贷款的人往往可以达到"门限效应"的门限值,他们的资源禀赋往往较高,本身可能就倾向于从事高风险高收益的投资选择,他们本身可能没有贷款需求,也就没有获得贷款;同样地,未获得贷款的人,往往是资源禀赋较低的人,他们没有达到"门限效应"中的门限值,因此也无法获得贷款,他们只能进行一些风险程度较低的投资活动。如果直接将获得贷款的人与未获得贷款的人进行比较,将无法获得正确的回归结果。

假设处理变量 D_i 取值为 0 或者 1(如是否可以获得贷款)。当 $D_i=1$ 时(获得贷款),被解释变量为 y_{1i};当 $D_i=0$ 时(未获得贷款),被解释变量为 y_{0i}。

$$y_i=\begin{cases}y_{1i}, D_i=1\\ y_{0i}, D_i=0\end{cases} \tag{11.7}$$

我们想知道$(y_{1i}-y_{0i})$,即个体 i 获得贷款的因果效应。但是现实情况是,当 $D_i=1$ 时 y_{0i} 并不能被观测到;或者当 $D_i=0$ 时,y_{1i} 不能被观测到,这是因为现实情况中获得贷款与未获得贷款只能处于其中的一种情况,没有介于中间状态的。我们将$(y_{1i}-y_{0i})$定义为个体的处理效应,但是不同个体的处理效应可能不同,$(y_{1i}-y_{0i})$为随机变量,因此我们更关心的是其期望值,即"平均处理效应(ATE)",如式 11.8 所示:

$$ATE=E(y_{1i}-y_{0i}) \tag{11.8}$$

由于 ATE 的定义过于宽泛,因为总体中的某些个体可能根本无贷款资格。更为常用的定义是"平均处理效应(ATT)",ATT 表示获得贷款的人比如果他没获得贷款,更倾向于哪种投资。如式 11.9 所示:

$$ATT=E(y_{1i}-y_{0i}|D_i=1) \tag{11.9}$$

由于当 $D_i=1$ 时,y_{0i} 并不能被观测到,匹配估计量的思想是,假设个体 i 属于处理组,找到属于控制组$(D_i=0)$某个个体 j,使得个体 j 与个体 i 的可测变量取值尽可能相似,或者称之为匹配,即 $x_i\approx x_j$。基于可忽略性假设,则个体 i 与个体 j 进入处理组概率相近,具有可比性;故可将 y_j 作为 $\hat{y}_{0i}=y_j$。因此,可将$(y_i-\hat{y}_{0i})=y_i-y_j$ 作为对个体 i 处理效应的度量,然后对处理组中的每个个体都进行如此匹配后,进行平均,即可得"匹配估计量(Matching Estimators)"。而使用倾向匹配得分作为距离函数进行匹配,称为"倾向匹配得分法"(Propensity Score Matching,简记 PSM)。根据不同的倾向匹配函数,得到的回归结果略有差异,本报告采用 K 临近匹配法、半径匹配以及核匹配对数据进行分析,来相互验证回归结果。

第十二章

实业投资与金融投资

本专题利用上海财经大学千村调查项目数据,基于普惠金融三维度理论及其投资传导路径的分析框架,研究普惠金融对农民金融投资和非金融投资的影响。通过构建二值选择模型,运用倾向匹配得分法进行实证分析发现,金融渗透度提高对农民证券投资具有正向影响,降低金融准入门槛,增加正规金融机构服务供给,消除金融排斥同样也有利于提高农民投资积极性,可以使农民将资金投资到收益更高的固定资产投资和证券投资,而不是单纯将资金存入银行,但非正规金融对农民投资具有抑制作用,不利于农民正确投资观的形成。因此,在发展普惠金融的同时,需要引导农民树立正确的投资观念,给予农民正规的金融服务,并建立相应监管机制,使全民可以共享普惠金融福利。

第一节　普惠金融下信贷市场的发展

根据央行数据[①]显示,2017 年全国范围内,人均拥有银行账户数量为 6.6 个,人均持有银行卡的数量为 4.81 张。地理分布上表现为东部地区要高于中西部地区。具体到农村地区来看,农村地区个人银行结算账户为 39.66 亿户,人均 4.08 户,农村银行卡总量为 28.81 亿张,人均持有量为 2.97 张,其中借记卡数量为 26.91 亿张,信用卡为 1.75 亿张。整体上

---

① 　中国人民银行普惠金融工作小组从 2017 年起每年发布中国普惠金融指标分析报告。

我国农村地区基本实现了人人拥有银行账户。

根据央行对农村地区个人投资理财的调查显示,农村地区购买投资理财产品发展迅速。2018年,全国范围内,购买理财产品的成年人比例达到了47.81%,其中农村地区的比例达到了36.11%,较2017年同期水平高了3.32个百分点,远高于同期全国水平的增速(全国增长为1.84个百分点)。其中购买投资理财产品的前几个省份为上海、北京、天津、浙江等,这些省份参与投资、购买理财的人数比例超过了60%,经济发达地区的投资理财意识高于欠发达地区。总体而言,参与投资、购买理财的人群比例持续提高,农村地区增速尤为显著。

对于个人信贷情况,根据调查显示,我国信贷发展水平城乡差距已基本持平。2018年,全国范围内个人通过银行获得贷款的比例为39.88%,而农村地区为34.62%;银行外获得借款的比例为22.85%,农村为21.08%。

截至2022年末,农户生产经营贷款余额7.83万亿元,同比增长14.5%,增速比上年末高0.5个百分点。浙江、江苏、山东、福建、四川等地农户生产经营贷款余额较高,湖北、广东、海南、浙江、上海等地农户生产经营贷款余额增速较快,均超过20%。总体而言,我国普惠金融发展总体上呈现不断增长的趋势,农村地区金融服务不断深化,基础金融服务持续巩固完善,涉农信贷投放继续扩大,农户信用贷款占比持续提升[①]。

第二节 理论分析与研究假说

一、理论分析

本章基于普惠金融三维度理论,从以下三个维度对普惠金融指标进行度量:金融的渗透度、金融产品或服务的可获得性、金融排斥。鉴于普惠金融属于金融发展理论的一部分,所以可以用金融发展论中的相关理论来解释普惠金融是如何影响农民进行投资的。金融发展理论中的减贫效应、门限效应和排除效应分别对应着普惠金融的三个维度来实现农民投资的传递机制。其的中普惠金融的三个维度对应着的不同传导路径所具有不同的影响,具体来看:

首先,从金融渗透维度看,主要通过门限效应来促进农民进行投资。门限效应是指在金融发展中,由于金融服务需要成本,因此获得金融服务就具有一定的约束,或者准入门槛,这一成本或者门槛就被称之为"门限",由于农民群体在金融发展中属于弱势群体,而且所处地区相对偏远,他们想要获得金融服务的门限较高,因此他们被排除在金融体系之外。金融渗透的门限效应是指通过金融渗透,拓展金融业务,降低金融服务的门限,使得农民可以获得他们所需的适当的金融服务,来促进农民进行投资。金融渗透的门限效应在实际中主要通过两个层面来促进农民进行投资。第一层面,金融渗透通过基础设施建设来促进农民增加投资。金融渗透度的提高,会降低融资门限,必然加快农村基础设施的完善,促进农村乡镇企业发展,带动农村就业,同时提高农民收入,进而促进农民进行投资。第二个层面,金融渗

---

① 资料来源:中国人民银行普惠金融工作小组编,《中国普惠金融指标分析报告(2022年)》。

透度的提高,会给农民进一步强化金融知识,使得农民可以获得正确的金融引导,提高他们的投资积极性,从而增加他们的投资(苏岚岚,2018)。

其次,从金融可获得性维度看,主要通过减贫效应来促进农民投资。金融可获得性的减贫作用是指,通过发展普惠金融,将原本被排斥在金融体系之外的群体纳入到金融体内,使得他们可以获得更多的融资渠道,进而促进他们的投资,增加他们的收入。韩晓宇(2017)指出,金融可获得性的减贫作用主要通过直接和间接两个路径来促进农民投资。直接路径是指通过发展普惠金融,提高农民的融资能力,为他们提供更多的外源性融资,当农民获得了足够的资金支持才能促使他们进行更大规模的生产和投资,这表现出一种"物质资本效应"。间接路径是指普惠金融的发展同时可以提高农民其他方面的投入,比如教育等,这可以提高农民的整体素质,增强农民的理财观念,进而间接提高投资水平。

最后,从金融排斥维度看,主要通过排除效应来抑制农民进行投资。排除效应是金融排斥的直接体现。金融机构为了自身减少成本以及降低风险等原因,关闭偏远地区的分支机构,同时提高对弱势群体的准入门槛,因为在这些地区,经济发展相对落后,人们收入普遍不高,信用违约风险极大,从而将这些群体排除在金融体系之外,久而久之,便形成了恶性循环。这一现象又被称为"金融排斥的马太效应"。当农民被排除在金融体系之外,外源性融资渠道被切断,从而造成间接路径的人力资本的损失,金融知识更加匮乏,农民生产投资都遭到了极大的抑制,严重阻碍着农村地区的经济发展。

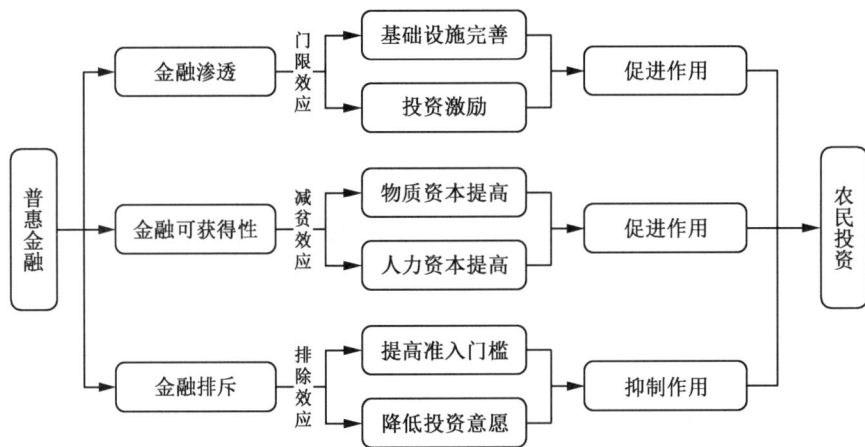

图 12-1 普惠金融对农民投资的传递机制

综上所述,普惠金融对于农民投资的传递机制可以用图 12-1 表示,从左往右,普惠金融通过三个维度,分别对应于金融发展理论的不同效应,进而影响农民进行投资决策。

如果用 Personal Investment 代表农民的个人投资,infiltration 代表金融渗透,available 代表金融可获得性,exclusion 代表金融排斥,则可以得到如式 12.1 的函数关系式:

$$\text{Personal Invest} = f(\text{infiltration}, \text{available}, \text{exclusion}, X) \tag{12.1}$$

根据理论分析和文献研究,综合选择金融渗透(infiltration)、金融可获得性(available)、金融排斥(exclusion)三个维度刻画普惠金融,同时研究普惠金融对于农民投资(Personal Investment)的影响。本报告将农民投资分为金融投资和非金融投资两大类,并将金融投资细分为银行理财和证券投资两类,总共三个类别的投资选择,其中非金融投资主要是农民的固定资产投资,包括住房、生产性投资等,因为这部分投资在农民非金融投资所占的比重较大,其余类型的投资相对于农民的固定资产投资比较相对较小。式 12.1 中的 X 为农民的个体特征变量,包括农民的年龄、学历等控制变量。

二、研究假说

从普惠金融对于农民投资的传递机制可以看出,普惠金融的三个维度通过不同的理论效应对农民投资的作用是不同的,其中金融渗透和金融可获得性的提高对于农民投资具有促进作用,而金融排斥的扩大则严重抑制农民投资。具体用式 12.1 表述,分别对 infiltration、available、exclusion 求一阶导数,则所得一阶导数值前两个变量应该大于零,最后一个变量小于零。但是在发展普惠金融的过程中,金融服务的提供不仅仅是来自正规的金融机构,同时也伴随着非正规金融机构的加入,这些非正规金融机构包括民间借贷、高利贷、地下钱庄等,这些金融机构所提供的金融服务对于农民往往具有不利的影响,因此对于金融可获得性这个变量,需要分别划分为正规金融和非正规金融所提供的服务,他们的一阶导数的符号是完全不一致的,由此提出第一个研究假说:

假说一:正规金融支持和非正规金融支持,对于农民投资选择的影响是不一致的,正规金融有促进农民投资的作用,引导农民将资金投入到更高收益的非金融投资,而不单单将资金存放于银行。而非正规金融在一定程度上甚至抑制农民正确投资。

此外,由于不同类型的投资风险收益不同,可以获得更多融资机会的农民理论上会选择收益较高的投资,在本报告的三类投资类型中,银行理财的投资收益最低,如果农民没有受到金融排斥,有更多机会获得融资,那么他们应该不会选择银行理财类的投资,由此提出第二个研究假说:

假说二:没有受到金融排斥的人,有能力筹措更多的资金,他们会把资金投入收益更高的非金融类投资和金融投资类中的证券投资,而不会选择银行理财。

第三节 研究设计

一、模型设定

为了验证以上假说,通过建立实证模型进行回归分析。首先对式 12.1 中的各变量进行具体量化。对于金融渗透这个变量,结合调查问卷数据,选择平均到银行所需的时间和在银行办理业务的等待时间之和来度量金融渗透这个变量。对金融可获得性变量,由于在普惠金融中存在着正规金融机构和非正规金融机构,故选择"从正规金融机构获得金融服务(formal)"和"从非正规金融机构获得金融服务(informal)"两个变量来度量金融可获得性这个变量,具体函数关系如式12.2所示:

$$available = g(formal, infomal) \tag{12.2}$$

对金融排斥变量,选择"是否可以从银行处获得贷款"来进行度量。而控制变量 X,则主要是农民的个体特征变量:性别、年龄、学历、收入以及是否主要从事农业活动。这些变量在其他学者的研究内容中也都有出现,并且这些变量理论上也确实影响农民个体的投资决策。

为了得到基本回归模型,首先对式12.1和式12.2分别进行全微分,然后将式12.2的微分后的结果带入式12.1,进行简化后得到式12.3:

$$Invest = \frac{\partial f}{\partial infiltration} dinfiltration + \frac{\partial f}{\partial X} dX \tag{12.3}$$

对式12.3两边同时积分简化后就得到本报告的基本回归模型:

$$Invest = \beta_1 infiltration + \beta_2 formal + \beta_3 informal + \beta_4 exclu + \beta_5 X + C + \mu \tag{12.4}$$

式12.4中 C 为常数项,μ 为误差项。

因为被解释变量为离散的二元变量,故采用二值选择模型中的 Logit 模型进行回归,Logit 模型直接回归得到的回归系数只有符号有意义,具体数值并没有太大意义,虽然也可以求出边际量,但这个边际量是相对的,因此可以求出概率比来帮助解释其经济意义。相较于二值选择模型中的 Probit 模型,Logit 模型可以求出累计分布函数的解析式,从而可以求出概率比,所以采用 Logit 模型。假设因变量 y 为二元离散变量,取值为0或者1,解释变量为 t,其回归系数为 β,则 Logit 模型的累计分布函数的解析式为:

$$P(y=1|t) \equiv \frac{\exp(t'\beta)}{1+\exp(t'\beta)} \tag{12.5}$$

如果我们记 $p \equiv P(y=1|t)$,则 $1-p \equiv P(y=0|t)$,将概率 p 和 $1-p$ 的表达式带入式12.5中,并简化后,就可以求出概率比的表达式:

$$\exp(z'\beta) = \frac{p}{1-p} \tag{12.6}$$

式12.6的左边就是概率比,从式中可以看出其经济意义:当 $\hat{\beta}_j$ 变化1单位时,$y=1$ 的概率是 $y=0$ 的概率的倍数。

除了采用 Logit 模型进行数据分析,还将采用倾向匹配得分法进行数据处理。倾向匹配得分法是一种反事实的计量方法,在一定程度上可以排除变量之间的自选择过程,以减少变量间的内生性所带来的回归偏误,其结果具有一定的稳健性。假设二元离散变量 D_i 的取值为0或者1,当 $D_i=1$ 时,因变量为 y_{1i};当 $D_i=0$ 时,因变量为 y_{0i},称 D_i 为处理变量,同时将"参与者的平均处理效应"记为 ATT,其解析式为:

$$ATT \equiv E(y_{1i} - y_{0i} | D_i = 1) \tag{12.7}$$

从式12.7可以看出 ATT 的含义:当 D_i 发生的时候与 D_i 没发生的时候,同一批参与者的实际被解释变量的差异。在实际中,由于 D_i 已经发生,因此观察不到未发生时 y_{0i} 的值,由此采用反事实方式,对样本进行倾向匹配来计算 ATT。采用不同的倾向匹配函数得到的结果不尽相同,但如果模型没有设定错误,不存在数据问题的话,不同倾向匹配函数所得到的回归结果的显著性和符号应该完全一致。

二、数据说明

本研究的数据来源为上海财经大学千村调查项目数据库中的 2015 年中国农村普惠金融发展调查数据。该数据采用多阶段系统规模成比例的不等概率抽样方法获取,故抽样方法符合随机抽样。调查范围覆盖 20 个省份,包括(省份简称)吉、辽、鲁、冀、浙、苏、皖、粤、晋、豫、赣、鄂、湘、陇、陕、桂、川、渝、滇、黔。总样本量为 15 590 个样本,剔除无效回答,经过清洗,得到有效样本数为 13 211 个。

表 12-1　　　　　　　　　　　　　变量说明与处理

变量	说明	处理
固定资产投资(非金融) 银行理财(金融) 证券投资(金融)	被解释变量 二元离散变量	参与该类型投资为 1,未参与该投资为 0
金融渗透	到最近银行所需时间和办理业务等待时间之和	单位:分钟 连续变量
从正规金融获得服务(金融可获得性)	包括从银行或信用社借款、村镇银行或者小额信贷公司以及互联网金融平台获得的服务	获得服务为 1,未获得为 0
从非正规金融获得服务(金融可获得性)	包括亲友、民间借贷(高利贷、地下钱庄等)	获得服务为 1,未获得为 0
金融排斥	近一年是否获得贷款	获得为 1,否则为 0
年龄	连续变量	剔除小于 16 岁大于 70 岁的
性别	虚拟变量	男性为 1,女性为 0
学历	小学到大学	虚拟变量
工作	是否从事农业活动	是为 1,否为 0
收入	年收入,分为 5 个等级	按照连续变量处理

注:(1)收入分为 5 个等级,第一等是 5 000 元以下,第二等是 5 000~2 万元,第三等是 2 万到 5 万元,第四等是 5 万~10 万元,第五等是 10 万元以上,按照连续变量处理,因为本报告考察随着收入的增加对投资的影响,而不是某一收入阶段对投资的选择情况,因此将其作为连续变量;(2)学历分为小学及以下、初中、高中、大学及以上学历,分别将小学、初中、高中设为虚拟变量,满足相应等级为 1,其余为 0,当这三个虚拟变量都为 0 时,代表大学以上学历;(3)当正规金融和非正规金融都为 0 时,表示其他,如从未遇到这种情况。

根据问题导向,选择因变量为农民选择的投资类型,分为两大类:非金融投资和金融投资。其中非金融投资为固定资产投资,包括住房、生产用具(汽车、船、农业机械等);金融投资分为银行理财和证券投资两类,银行理财包括定期存款、购买理财产品等,证券投资包括购买股票、债券、基金等。三个因变量分别为二元离散变量,取值为 0 或者 1,当取值为 1 时表示参与该项投资，当取值为 0 时表示未参与该项投资。

解释变量主要从普惠金融的三个维度选择。金融渗透这个维度用到距离最近的银行所需要的时间以及在银行办理业务的等待时间之和来表示。金融可获得性用从正规金融机构获得服务和非正规金融机构获得服务和其他情况来进行表示，其中正规金融机构包括银行、信用社、小额信贷公司和互联网金融机构，非正规金融机构包括亲友、民间借贷（高利贷、地下钱庄等），其他情况包括没有机构提供服务等。这三个变量共设定两个虚拟变量，包括正规金融和非正规金融，如果不属于前两者，也就是正规金融和非正规金融的值都为 0 时，表示其他。金融排斥选择农民是否可以获得贷款这个变量，如果农民在近一年内获得了贷款则记为 1，否则记为 0。控制变量主要为农民的个体特征，包括收入、年龄、学历、性别、职业这个几个变量。具体变量说明与处理如表 12－2 所示。

第四节　实证分析与稳健性检验

一、基本模型回归结果

本报告采用 Logit 模型和倾向匹配得分法对数据进行回归，其中 Logit 模型计算了概率比，倾向匹配得分法采用了 K 临近匹配、半径匹配、核匹配三种不同的匹配函数来进行验证。需要指出的是，由于获得贷款这个变量和从正规金融服务处获得服务具有一定的共线性，因此 Logit 模型并没有将金融排斥这个变量放到模型中回归，而是作为倾向匹配得分法的处理变量来进行处理。表 12－2 为 Logit 模型的回归结果，从回归结果看，普惠金融的三个维度对于农民的金融投资和非金融投资的作用是不同的。以下进行逐个维度分析。

表 12－2　　　　　　　　　　　　　　Logit 模型回归结果

	非金融投资	金融投资	
	固定资产投资	银行理财	证券投资
金融渗透	$-0.000\ 282$ $1.00(0.002\ 79)$	$-0.000\ 130$ 1.00 $(0.000\ 469)$	$-0.002\ 15^{*}$ 0.99 $(0.00\ 118)$
正规金融服务	1.264^{**} 3.54 (0.546)	-0.201^{**} 0.82 $(0.080\ 2)$	$-0.032\ 9$ 0.97 (0.127)
非正规金融服务	0.437 1.55 (0.338)	-0.104 0.90 $(0.068\ 2)$	-0.375^{***} 0.69 (0.111)
年龄	$-0.010\ 0$ 0.99 $(0.010\ 7)$	$0.005\ 12^{***}$ 1.01 $(0.001\ 79)$	$0.014\ 8^{***}$ 1.01 $(0.003\ 51)$

	非金融投资	金融投资	
	固定资产投资	银行理财	证券投资
性别	-0.431^{*} 0.65 (0.258)	$-0.046\ 5$ 0.95 (0.040 3)	-0.337^{***} 0.71 (0.078 2)
小学	0.389 1.48 (0.428)	-0.344^{***} 0.71 (0.081 3)	-2.156^{***} 0.12 (0.179)
初中	1.142^{***} 3.13 (0.388)	$-0.073\ 3$ 0.93 (0.070 7)	-1.265^{***} 0.28 (0.099 3)
高中	0.678 1.97 (0.419)	$0.019\ 8$ 1.02 (0.079 7)	-0.859^{***} 0.42 (0.110)
工作	1.082^{***} 2.95 (0.292)	-0.206^{***} 0.81 (0.046 7)	-1.060^{***} 0.35 (0.104)
收入	0.847^{***} 2.33 (0.128)	0.474^{***} 1.61 (0.020 1)	0.755^{***} 2.13 (0.042 4)
样本量	13 211	13 211	13 211
pseudo R^2	0.086	0.221	0.221
LR($x2$)	75.46^{***}	918.57^{***}	$1\ 409.22^{***}$

注:第一行数字是回归系数;第二行系数是概率比;括号内为标准差;符号 *、** 和 *** 分别表示在 10%、5% 和 1% 的统计显著性水平。

　　首先,对于金融渗透这个维度,采用到最近的银行所需要的平均步行时间和在银行办理业务的等待时间之和来表示,这个时间越长,相对可以认为金融渗透度越低。从回归结果来看,金融渗透这个维度在 10% 的显著性水平下,对于农民的固定资产投资和银行理财不显著,而对于证券投资负向显著。一种可能的解释是,到银行的时间越长、在金融机构办理业务所需等待时间越长,越降低农民去金融机构办理业务的积极性,从而降低农民参与金融投资的意愿。而对于固定资产投资,由于较少涉及去金融机构办理手续,因此对于农民的固定资产投资影响不大,而银行理财类投资,农民大多去银行办理定期存款等,虽然渗透度低带来些不方便,但办理这种业务只是在需要的时候去,因此也影响不大。

　　其次,对于金融可获得性中的从正规金融机构获得服务和非正规金融机构获得服务两个变量,他们对于农民的金融投资和非金融投资的作用也是不同的。具体地,对于从正规金融机构获得金融服务的农民,在 5% 的显著性水平下,他们更倾向选择固定资产投资,更不倾向选择银行理财类投资,而证券投资则不显著。对于从非正规金融机构获得金融服务的农民,在5%的显著性水平下,固定资产投资和银行理财类投资不显著,而证券类投资则是负向显著。从回归结果来看,很好地证明了第一个研究假说。农民如果可以从正规金融机构获得金融服务,那么他有机会可以获得更多的融资机会。在三类投资中,银行理财虽然风险较小,但是收益最低,而证券投资的风险对于金融知识程度不高的农民来说风险又相对偏大,因此农民更加倾向于固定资产投资,比如用于农业生产等。从概率比的结果来看,从正规金融机构获得服务的农民投资固定资产的概率高出2.5倍多。农民如果从非正规金融机构获得服务,说明他可能受到金融排斥无法从正规金融机构获得服务,只好寻求非正规金融机构。一般地,他们寻求非正规金融机构往往都是短时间内急需大量资金,因此不会再将资金购买理财或者高风险的证券产品,但是对于固定资产投资,虽然他们不一定投资固定资产,但也可能将资金用来短时间的周转。从概率看,从正规金融机构获得服务的农民投资固定资产概率高出55%,而从非正规金融机构获得服务的农民,购买银行理财的概率低了10%,投资证券类产品的概率低了31%。

最后,从控制变量的角度看,农民个体的特征确实对投资选择具有影响。从回归结果来看,随着年龄的增加,对于金融类的投资在5%的显著性水平下是正向影响的,对于非金融投资则不显著,这说明随着年龄的增加,农民的投资选择更加趋向多元化,期望参与到金融体系内,可以获得更多的投资收益。性别对于农民的投资选择的影响为在10%(证券投资为5%,银行理财不显著)的显著性水平下,女性更不倾向投资,在农村普遍男性为劳动力的情况下,女性的投资意愿必然没有男性的投资意愿强烈。学历对于农民投资的决策各有差异,结合着本报告的实际调查数据,我国农民的普遍学历为初中学历,占比达到了45%以上,其次是小学学历,占比为25%,高中学历为16%,其余为高中以上学历。从学历的分布,结合着回归结果来看,初中学历的农民,在5%的显著性水平下,更加倾向于非金融类投资,而不倾向于金融类投资,对于其他学历,虽然非金融类投资不显著,但是金融类投资仍然是负向显著。可能的解释是,由于我国农民受学历等因素制约,金融知识普及程度不高,因此不倾向于金融类型投资,固定资产投资由于是其基本的谋生途径,因而体现出无差异状态。对于农民是否从事农业生产,在5%的显著性水平下,仅从事农业生产的农民更倾向于非金融类投资而不倾向于金融类型投资,因为这类农民的主要收入来源就是农业生产性活动所带来的投资收益,因此显著性为正向影响,他们更不倾向于参与到风险更大的金融投资活动中,相比于从事非农业工作的农民,他们没有更多的收入来源来抵御金融投资所带来的风险。收入对于三种类型的投资在5%的显著性水平下都是正向影响的,收入越多,越有能力参与到更多的投资活动中,期望获得更多的收益。

对于金融排斥这个变量,本研究将其作为倾向匹配得分法的处理变量进行数据处理,除了上文说的共线之外,也因为存在着自选择过程,即没有获得贷款的农民本身可能就根本没有贷款需求,所以为了尽可能减小这种情况所带来的选择偏误,使用三种不同的倾向匹配函数:K临近匹配、半径匹配、核匹配来进行匹配,验证本报告回归结果。其中K临近匹配中的k=4,半径匹配先机算了倾向匹配得分为0.026,因此取半径为0.03,核匹配使用默认核函数和带宽。具体回归结果如表 12—3 所示。表中回归结果第一行为计算出的 ATT,括号中的 t 为统计量,off support 和 on support 分别为不在共同取值范围和在共同取值范围内,U 代表控制组,T 代表处理组。从回归结果来看,没有受到金融排斥的农民,更加不倾向把资金购买银行理财产品,而对于固定资产投资和证券投资则不显著,表明对这两类投资无差异。因为没有受到金融排斥的农民可以获得更多的融资机会,如果他们只是将资金购买理财产品,那么所得到的回报还不够偿还贷款利息的,因此他们可能就会将资金投入有更多回报收益的固定资产投资或者证券投资,以期获得更多的收益。这一回归结果与前文回归结论大体一致。

表 12—3   倾向匹配得分法回归结果

ATT	非金融投资	金融投资	
	固定资产投资	银行理财	证券投资
K 临近匹配($k=4$)	0.000 3 (−0.14)	−0.07*** (−4.93)	−0.01 (−1.72)
半径匹配(0.03)	−0.002 (−1.15)	−0.06*** (−4.93)	−0.04 (−0.59)
核匹配	−0.002 (−1.10)	−0.06*** (−4.73)	−0.002 (−0.32)
Off support	U18 T1	U18 T1	U18 T1
On support	U11 200 T1 992	U11 200 T1 992	U11 200 T1 992
Obs	13 211	13 211	13 211

注:上表处理变量为是否获得贷款;括号内为 t 值。符号 *、** 和 *** 分别表示在 10%、5% 和 1% 的统计显著性水平。

二、稳健性检验

本研究采用了如下方式对模型进行稳健性检验:其一,采用 Logit 模型的文件标准差重新计算 Logit 模型回归结果,在 Logit 模型回归中,如果模型设定准确,则回归结果与表 12—2 结果应该一致,如果不一致,则说明模型设定有误。通过计算稳健标准差的回归结果(表 12—4)发现,回归结果与表 12—2 高度一致,说明回归结果较为稳健。其二,使用最小二乘法作为对比,回归结果(表 12—5)发现显著性和系数的符号一致,同样说明本报告回归结果较为稳健。其三,使用三种不同的倾向匹配函数来互相验证,因为倾向匹配得分法本身具有较高的稳健性,如果回归结果正确,使用不同的倾向匹配函数所得结果不会相差太多,因此也说明回归结果具有稳健性。

表 12—4　　　　　　　　　　　　　　稳健标准差 Logit 回归结果

	固定资产投资	银行理财	证券投资
金融渗透	−0.000 282 (0.002 58)	−0.000 130 (0.000 460)	−0.00 215* (0.001 12)
正规金融	1.264** (0.539)	−0.201** (0.080 5)	−0.032 9 (0.126)
非正规金融	0.437 (0.338)	−0.104 (0.068 2)	−0.375*** (0.110)
年龄	−0.010 0 (0.009 90)	0.005 12*** (0.001 82)	0.014 8*** (0.003 31)
性别	−0.431 (0.263)	−0.046 5 (0.040 4)	−0.337*** (0.078 1)
小学	0.389 (0.421)	−0.344*** (0.081 6)	−2.156*** (0.173)
初中	1.142*** (0.415)	−0.073 3 (0.070 8)	−1.265*** (0.100)
高中	0.678 (0.437)	0.019 8 (0.080 1)	−0.859*** (0.110)
工作	1.082*** (0.283)	−0.206*** (0.104)	−1.060*** (0.104)
收入	0.847*** (0.133)	0.474*** (0.019 9)	0.755*** (0.044 5)
N	13 211	13 211	13 211
R^2			

注：第一行数字是回归系数；第二行系数是概率比；括号内为标准差；符号 *、** 和 *** 分别表示在 10%、5% 和 1% 的统计显著性水平。

表 12—5　　　　　　　　　　　　　　稳健标准差 Logit 回归结果

	固定资产投资	银行理财	证券投资
金融渗透	−0.000 001 69 (0.000 015 6)	−0.000 036 9 (0.000 097 7)	−0.000 042 6 (0.000 039 0)
正规金融服务	0.005 91** (0.002 64)	−0.038 4** (0.015 2)	−0.001 56 (0.009 73)
非正规金融	0.003 13 (0.002 61)	−0.016 5 (0.012 7)	−0.027 6*** (0.007 99)
年龄	−0.000 044 6 (0.000 056 6)	0.000 987*** (0.000 367)	0.001 00*** (0.000 179)
性别	−0.002 14 (0.001 33)	−0.010 1	−0.018 0*** (0.004 31)

	固定资产投资	银行理财	证券投资
小学	0.002 25 (0.003 02)	−0.071 6*** (0.015 6)	−0.153*** (0.010 5)
初中	0.006 08** (0.002 65)	−0.011 1 (0.012 7)	−0.136*** (0.010 3)
高中	0.004 13 (0.002 92)	0.005 90 (0.014 3)	−0.114*** (0.011 4)
工作	0.005 64*** (0.001 60)	−0.039 6*** (0.009 26)	−0.047 1*** (0.004 68)
收入	0.004 30*** (0.000 791)	0.095 4*** (0.003 76)	0.038 4*** (0.002 17)
N	13 211	13 211	13 211
R^2	0.006	0.067	0.112

注:上表处理变量为是否获得贷款;括号内为 t 值。符号*、**和***分别表示在10%、5%和1%的统计显著性水平。

第五节 结论与启示

研究结论:第一,总体而言,普惠金融的三个维度对于农民的金融投资和非金融投资的激励作用是不同的,从回归结果看,三个维度对于金融投资中的两类投资的显著性和符号大体一致,但对于非金融投资则差异较大;第二,金融渗透对于农民投资多样化具有影响,金融渗透度越高,越激励农民参与金融投资,尤其是证券投资活动中;第三,提高正规金融服务普及具有促进农民投资的作用,引导农民将资金投入到收益更高的固定资产投资中,而不是将资金仅仅存放在银行,而非正规金融服务则抑制农民参与投资活动;第四,发展普惠金融消除金融排斥有助于农民的投资多元化,可以使农民获得更多的投融资渠道,参与到投资收益更高的投资项目中去。

从研究结论中得到的政策启示是:第一,进一步大力发展普惠金融。研究表明,发展普惠金融对于促进农民正确投资,并且促进农民投资多元化具有重要作用。第二,提高金融渗透度,金融分支机构应尽可能地渗透到农村地区,不仅可以使农民有机会接触到更多的金融服务,而且可以进一步普及金融知识,使农民具有正确的投资意识,激励农民参与更多的投资活动中。第三,发展普惠金融要大力发展正规金融,引导消除非正规金融,虽然在刚刚起步阶段,非正规金融可以在一定程度上填补正规金融机构渗透度不高的问题,但是长远来看,非正规金融具有抑制农民投资,甚至是普及错误的金融知识,使农民参与到错误的投资活动中去。在发展普惠金融的同时给予农民正确的投资引导,才能使普惠金融朝着正确的方向快速发展,并且让全社会享受到普惠金融体系完善所带来的福利。

第十三章

正规金融投资和非金融投资

　　本章基于上海财经大学千村调查项目数据库,继续考察普惠金融视角下农民投资选择的问题:正规金融投资和非正规金融投资。通过二值选择模型和倾向匹配得分法对数据进行分析,研究发现:普惠金融对于农民正规金融投资和非正规金融投资所起到的作用是不同的,正规金融机构和非正规金融机构对农民选择不同类型的金融投资的作用也是不一致的。此外,研究还发现"涓滴效应"在我国农民金融投资中不成立。为此,在发展普惠金融的同时,需要对不同资源禀赋的农民提供不同的服务,建立相应的监管机制,普及金融知识,使得普惠金融福利惠及全民。

第一节　普惠金融下金融市场的发展

　　根据千村调查关于农村金融调查数据显示,我国农村按县域范围计算,在金融机构数量、保险产业增加值、金融机构网点数量(每万人)等指标的分布上,西部地区与东部地区的差距十分明显,西部地区要远远落后于东部地区。同时经济欠发达地区和发达地区也出现了相同的状况。具体如表13—1所示。

表 13-1 　　　　　　　　　　　　农村县域普惠金融发展状况

	东部	中部	西部	发达地区	一般地区	欠发达地区
金融机构数量	27	26	16	25.9	28	17.2
保险业增加值	2	0.92	0.92	2.62	1.02	0.68
金融机构网点数(每万人)	1.62	1.16	1.1	2.42	0.95	1.22
存款账户数(每百人)	163	152	188	188	182	141

数据来源:上海财经大学千村调查项目数据库。

从表 13-1 的数据可以看出,西部地区的机构入驻数量远不及中东部地区,但是东部和中部的数量相差不大,这说明我国普惠金融发展逐步渗透到了中部地区,还需进一步加大对西部地区的渗透。此外,从保险增加值、机构网点数量的分布来看,基本呈现发达地区高于欠发达地区、东部地区高于西部地区的形势,这说明金融的发展与经济的发展有着密切的关系。

信贷市场的渗透度调查显示,在被调查的对象中,有 16% 的人近一年未去过银行,去银行的次数随着家庭收入的增加而增加。东部地区的农民距离银行网点的平均步行时间为25.2 分钟,低于全国平均水平(32.42 分钟),而西部地区距离银行网点平均步行时间为 40分钟,远高于东部地区,这在一定程度上反映了东部地区普惠金融发展进度相对完善。对于在银行窗口办理业务的等待时间,仍然是西部地区最长,为 17.7 分钟,而中部为 13.7 分钟。

此外,对于农民非正规金融投资的问题,根据被调查者的回答,只有 2.2% 的被调查者参加过互助会,但是有 87.8% 的人愿意将手中的闲钱借给亲友。这说明随着普惠金融体系的不断完善,正规金融服务逐步替代非正规金融服务在农村金融中的作用。

第二节　理论分析与研究假说

一、理论分析

本章的理论传导路径与第十二章的传导路径分析基本一致,分为门限效应、减贫效应、排除效应,同时在此基础上增加一个涓滴效应分析。综合理论概念界定,可以得到如下函数关系式:

$$\text{Personal Invest} = f(CN, PB, EL, X) \tag{13.1}$$

综合现有文献研究,选择金融的渗透度(CN)、可获得性(PB)以及金融的排斥性(EL)三个维度对普惠金融进行描述。不同类型的金融投资(Personal Invest)受普惠金融和其他控制变量(X)的影响,这种影响是通过金融发展理论中的三大效应假说来实现的。具体地,根据农民金融投资的风险从低到高,将农民金融投资(Personal Invest)分成三种类型:预防性储蓄、正规金融投资、非正规金融投资。将其作为被解释变量说明农民选择参与不同类型的金融投资活动。

在式 13.1 中,金融渗透度(CN)体现为扩大金融服务的覆盖面,通过降低贫困效应增加农民的投资；金融的可获得性(PB)分为从正规金融机构获得的服务和非正规金融机构获得的服务，正规金融机构的服务往往具有较高的门限值，这就使得达不到门限水平的农民往往寻求非正规金融机构；金融排斥性(EL)是金融排除效应的直接体现。对于控制变量(X)，包括个体的特征变量，有农民的年龄、性别、学历、是否从事农业活动，还包括关键的收入变量，这一变量是农民所含有的资源禀赋的直接体现，往往也与门限效应挂钩，而且可以来验证"涓滴效应"是否成立。具体的变量选择和说明参见数据描述部分和表12—2。

二、研究假说

首先，从总体上分析，金融发展理论中的三大效应对农民正规金融投资和非正规金融投资的影响是不同的，金融的门限和排除效应将会导致资源禀赋高的农民可以有更多的投资渠道和更专业的金融服务，这导致他们可能投资风险相对较高的金融产品，以期获得较高的回报率。而资源禀赋低的农民受到较大的金融排斥，他们被排除在金融体系之外，或者只能获得基础的金融服务，因此他们的投资渠道相对狭窄，所获得的回报率较低。但是金融的降低贫困效应说明普惠金融的发展极大地减少了农民需要为获得的金融服务所付出的成本，这使得农民所获得金融服务趋于公平。在我国大力发展普惠金融的进程中，金融排斥逐步消失，那么农民在面对不同风险类型的金融投资，普惠金融所起到的作用是否一致呢？为此提出第一个研究假说：

假说一：普惠金融对农民所选择的正规金融和非正规金融投资所起到的作用是不一致的。

其次，普惠金融的发展主要是大力发展正规金融体系，使得它们可以为更加广泛的群体提供服务，是受到法律保护的金融体系。但是已有文献研究也指出非正规金融机构在一定程度上可以弥补正规金融机构所无法提供的金融服务，有的研究甚至建议将非正规金融机构纳入普惠金融体系，那么在农民选择不同类型的金融投资时，非正规金融机构和正规金融机构是否起到了同样的作用，为此提出第二个研究假说：

假说二：正规金融机构和非正规金融机构在农民选择不同类型的金融投资中所起到的作用是不一致的。

最后，"涓滴效应"是不是真实情况的反映，因为资源禀赋低的人受到的金融排斥更大，他们往往是需要借钱的人而不是去放贷的人。与此相反，资源禀赋较高的人因为拥有更多的资源，他们有可能为了更高的收益去放高利贷，获得暴利。为此提出第三个假说：

假说三："涓滴效应"在我国农民选择不同类型的金融投资的作用中并不成立。

第三节　研究设计

一、模型设定

为了对上述假说进行验证，将通过实证模型进行实证分析。首先是对各变量进行细化。

对金融渗透度的描述,结合调查问卷,选择"到银行网点等金融机构的平均步行时间(walk)和在银行的平均排队时间(wait)"之和来金融描述。对金融的可获得性的描述,结合着调查问卷及假说,选择"从正规金融处获得金融服务(formal)和从非正规金融处获得金融服务(info)"两个指标进行定量分析,其函数表达式为:

$$PB = g(formal, info) \tag{13.2}$$

对金融排除性的描述,结合着调查问卷,本报告选择"是否获得过贷款(EL)"这个指标来进行定量分析,需要指出的是,这一变量与金融的可获得性具有共线性(比如从金融机构获得的服务包含贷款服务),因此本报告不将这一变量放入基本回归方程中,而是利用这一变量作为处理变量进行倾向匹配得分的检验。

对于控制变量(X),主要包括农民的个体特征:性别、年龄、学历、收入、是否从事农业生产。这些控制变量在学术研究中使用的较为广泛,而且对于本报告的研究目标,这些控制变量在一定程度上确实影响个体的投资选择活动。

对(13.1)和(13.2)式分别进行全微分,再将其中(13.1)、(13.2)式全微分后的方程代入(13.1)式的全微分结果,化简后得(13.3)式:

$$d\text{Invest} = \frac{\partial f}{\partial CN}dCN + \frac{\partial f}{\partial formal}d formal + \frac{\partial f}{\partial info}dwinfo + \frac{\partial f}{\partial EL}dEL + \frac{\partial f}{\partial X}dX \tag{13.3}$$

对式 13.3 等号两边同时积分并简化就得到了本报告回归的基本模型:

$$\text{Invest} = \beta_1 walk + \beta_2 wait + \beta_3 formal + \beta_4 info + \beta_5 EL + \beta_6 X + C + \mu \tag{13.4}$$

其中 C 为常数项,μ 为误差项。

根据所使用的调查数据,采用 Logit 模型对数据进行回归分析。因为相较于 Probit 模型,Logit 模型的累积分布函数有解析表达式,可以求出概率比,其对回归结果的解释更加具有实际含义。假设被解释变量为二元变量,即 y 的取值为 0 和 1,解释变量为 z,其系数为 β,则 Logit 模型的累积分部函数表达式为:

$$P(y=1|z) \equiv \frac{\exp(z'\beta)}{1+\exp(z'\beta)} \tag{13.5}$$

假设 $p \equiv P(y=1|z)$,则 $1-p \equiv P(y=0|z)$。联合式(13.5)可以得到:

$$\frac{p}{1-p} = \exp(z'\beta) \tag{13.6}$$

其中 $\exp\hat{\beta}_j$ 被称为概率比,它表示当 $\hat{\beta}_j$ 变化 1 单位时,$y=1$ 的概率是 $y=0$ 的概率的倍数。

同时,将采用倾向匹配得分法对数据进行分析。假设虚拟变量 D_i 取值为 0 或者 1。当 $D_i=1$ 时,被解释变量为 y_{1i};当 $D_i=0$ 时,被解释变量为 y_{0i}。在倾向匹配法中,将 D_i 称之为处理变量,而平均处理效应为记为 ATT,它的表达式为:

$$\text{ATT} \equiv E(y_{1i} - y_{0i} | D_i = 1) \tag{13.7}$$

而实际中 y_{0i} 并不能观测到,为此就需要在样本中进行匹配找出最接近的 y_{0i} 来算 ATT。ATT 表示 D_i 实际发生时与 D_i 未发生时被解释变量的差异。倾向匹配法是通过倾向匹配函数完成的,本章将运用三种倾向匹配函数进行匹配,分别是 k 临近匹配、半径匹配以及核匹配。

二、数据说明

本章数据来源依然为上海财经大学千村调查项目数据库中 2015 年中国农村普惠金融发展的调查数据。该数据采用"多阶段系统规模成比例的不等概率抽样方法",因此抽样方法符合随机抽样方法。数据的调查范围覆盖 20 个省份,包括吉、辽、鲁、冀、浙、苏、皖、粤、晋、豫、赣、鄂、湘、陇、陕、桂、川、渝、滇、黔。数据总样本量为 15 590 个,剔除无效回答,经过样本清洗,得到有效样本数为 13 835 个。选择的被解释变量为"农民选择的金融投资类型",根据被调查者的回答,将回答的结果分为三种类型的金融投资。

表 13—2   **变量说明与处理**

变量	说明	处理
预防性储蓄 正规金融投资 非正规金融投资	被解释变量 二元离散变量	参与该类型投资为 1,未参与该投资为 0
金融渗透	到最近银行所需时间和办理业务等待时间之和	单位:分钟 连续变量
从正规金融获得服务 (金融可获得性)	包括从银行或信用社借款、村镇银行或者小额信贷公司以及互联网金融平台获得的服务	获得服务为 1,未获得为 0
从非正规金融机构获得服务 (金融可获得性)	包括亲友、民间借贷(高利贷、地下钱庄等)	获得服务为 1,未获得为 0
金融排斥	近一年是否获得贷款	获得为 1,否则为 0
年龄	连续变量	剔除小于 16 岁大于 70 岁的
性别	虚拟变量	男性为 1,女性为 0
学历	小学到大学	虚拟变量
工作	是否从事农业活动	是为 1,否为 0
收入	年收入,分为 5 个等级	按照连续变量处理

注:(1)收入分为 5 个等级,第一等是 5 000 元以下,第二等是 5 000~2 万元,第三等是 2 万~5 万元,第四等是 5 万~10 万元,第五等是 10 万元以上,按照连续变量处理,因为本报告考察随着收入的增加对投资的影响,而不是某一收入阶段对投资的选择情况,因此将其作为连续变量。(2)学历分为小学及以下、初中、高中、大学及以上学历,分别将小学、初中、高中设为虚拟变量,满足相应等级为 1,其余为 0,当这三个虚拟变量都为 0 时,代表大学以上学历。(3)当正规金融和非正规金融都为 0 时,表示其他,如从未遇到这种情况。

第一类为"将资金放在家中或存入银行",定义为预防性储蓄或者基本金融投资;第二类为"购买理财产品、基金或股票",定义为正规金融投资;第三类为"民间借贷、高利贷或集资",定义为非正规金融投资。可以看出,这三类投资的风险是逐渐增高的,第一类属于最基本的传统金融范畴;第二类属于正规金融中参与资本市场的投资;而第三类属于非正规金融,它不受法律保护。解释变量中对于金融的可获得性的描述是根据调查问题"当需要一笔资金时从什么渠道获得"来进行分析的。根据农户的回答,将"从银行或信用社借款、村镇银行或者小额信贷公司贷款以及互联网金融平台(P2P)借款"归入从正规金融机构获得金融服务,将"亲友求助、民间借贷(钱庄)和高利贷"归入从非正规金融机构获得服务,剩下的如从未遇到这种状况等归入其他之中。对于金融排斥这一变量,选择"过去是否获得过贷款"这一变量来进行衡量,但是这一问题存在内生性问题,即在没有获得贷款的人当中,可能有人根本没有贷款需求,为此本报告将通过倾向匹配得分法(Propensity Score Matching)对其进行分析,来排除内生性问题。具体地,对变量的选择和处理如表13-2所示。

第四节 实证分析与稳健性检验

一、基本模型回归结果

本章采用Logit模型和倾向匹配得分法对数据进行回归,其中Logit模型计算了概率比,倾向匹配得分法采用了K临近匹配、半径匹配、核匹配三种不同的匹配函数来进行验证。需要指出,由于获得贷款这个变量和从正规金融服务处获得服务具有一定的共线性,因此Logit模型并没有将金融排斥这个变量放到模型中回归,而是作为倾向匹配得分法的处理变量来进行处理。表13-3为Logit模型的回归结果,从回归结果的总体上看,三种不同类型的金融投资,其回归结果存在显著的差异。这就证明了第一个假说,即普惠金融对农民所选择的正规金融投资和非正规金融投资所起到的作用是不一致。具体地,对比预防性储蓄和正规金融投资,可以发现普惠金融对两者的作用几乎完全相反。

从表13-3的回归结果可以看出,首先,金融渗透度这个维度对于农民的预防性储蓄和正规金融投资的作用是不同的。

表 13-3   Logit 模型回归结果

	预防性储蓄	正规金融投资	非正规金融投资
金融渗透	0.001 8 1.002 (0.001)	−0.002 2* 1.00 (0.001 3)	−0.001 0.99 (0.002)
正规金融服务	−0.06 0.94 (0.122)	0.114 1.12 (0.134)	−0.201 0.82 (0.272)
非正规金融服务	0.543*** 1.72 (0.11)	−0.63*** 0.53 (0.123)	−0.22 0.80 (0.23)

	预防性储蓄	正规金融投资	非正规金融投资
年龄	0.003 1.003 (0.003)	0.002 1.001 (0.004)	−0.02*** 0.98 (0.006)
性别	0.097 1.10 (0.077)	−0.19** 0.83 (0.088)	0.21 1.23 (0.15)
小学	1.36*** 3.90 (0.16)	−1.83*** 0.16 (0.20)	0.067 1.07 (0.296)
初中	0.87*** 2.39 (0.11)	−1.15*** 0.32 (0.123)	0.235 1.27 (0.232)
高中	0.40*** 1.49 (0.10)	−0.46*** 0.63 (0.11)	0.062 1.06 (0.243)
工作	0.68*** 1.97 (0.095)	−0.84*** 0.43 (0.115)	−0.257 0.77 (0.174)
收入	−0.455*** 0.63 (0.038)	0.495*** 1.64 (0.045)	0.296*** 1.34 (0.074)
样本量	13 835	13 835	13 835
pseudo R^2	0.125 8	0.162 3	0.022 4
LR($x2$)	776.67***	824.62***	44.54***

注：第一行数字是回归系数；第二行系数是概率比；括号内为标准差；符号*、**和***分别表示在10％、5％和1％的统计显著性水平。

对于预防性储蓄在10％的显著性水平下不显著，对于正规金融投资在10％的显著性水平下负向显著。就正规金融投资而言，去银行等机构的时间越长，办理业务的等待时间越长，越不倾向于这种投资。一种可能的解释是，因为对于农民参与正规金融投资是需要一定的专业知识并且在某些情况下可能要经常去金融机构进行咨询等，如果金融渗透度不高，农民获得相关的金融知识和金融服务受限，这就不利于他们参与到正规金融投资活动中。其实，仔细观察可以发现，金融渗透度对于正规金融投资的回归结果中的概率比非常接近于1，这说明渗透度对不同类型的投资有显著的影响，但对于它们之间的实际差别区分不大，这主要是由于现代信息技术的发展，使得农民和金融机构都摆脱了网点的束缚，实现了线上交流，极大地提高了资源的利用率，从网络上提高了金融渗透度。

其次，对比金融可获得性两个变量在预防性储蓄和正规金融投资的回归结果，可以看出，对于从正规金融机构获得的服务，两组结果均不显著。而对于非正规金融机构获得的服务,两者呈现截然相反的结果。在5%的显著性水平下,从非正规金融机构获得金融服务的农民,对预防性储蓄正向显著,对正规金融投资负向显著。从概率比的角度来看,获得非正规金融机构服务的农民倾向于增加预防性储蓄。在对资本市场进行投资时,从非正规金融机构获得服务的农民比从其他渠道获得服务的农民的正规金融投资概率低了50%左右。这就证明了本章的第二个假说,即正规金融机构和非正规金融机构在农民选择不同类型的金融投资中所起到的作用是不一致的。对于这一结果的可能的解释是,可以获得正规金融服务的农民,往往将借来的资金从事生产性投资,因为正规金融机构会监督他们的资金用途,一般不容许他们用来进行风险性相对较高的金融投资。而从非正规金融获得资金的农民,因为本身借款的风险已经很高,所以他们大都不会倾向于将资金投入风险较高的资本市场。

再次,从控制变量的角度看,对比预防性储蓄和正规金融投资的回归结果,可以看出,收入作为决定投资的重要变量,对预防性储蓄和正规金融投资所起到的作用也是完全相反的。收入高的农民越倾向于正规金融投资,而低收入的农民倾向于预防性储蓄。年龄对于两种投资的差别不大,因为概率比接近于1,而且在回归结果不显著。性别因素主要体现在正规金融投资,男性投资正规金融市场的概率低了17%。学历对于两种类型的投资,也是完全不一致的,随着学历的升高,选择预防性储蓄的农民的概率逐渐降低,而选择正规金融投资的农民的概率逐渐升高,但总体上还是没有对预防性储蓄的影响大。而以从事农业活动生产为主的农民,更倾向于预防性储蓄而不是正规金融投资。对于这些现象的解释,可能的原因是,收入高的农民想要获得更高的收益,倾向于将资金投入回报率高但风险也高的资本市场,而收入低的农民不愿意承担高风险或者没有能力承担高风险而倾向于将资金存入银行作为预防性储蓄。而对于性别因素,可能是农村家庭妇女往往掌握着家中的经济,由此造成其对资金更具有支配权,因此他们更偏向于收益相对较高的正规金融投资。造成农民更不倾向资本市场投资的原因可能是:农民获得金融知识的渠道有限,信息的不对称使得农民更倾向于风险较小的基本金融投资。

最后,将非正规金融投资和预防性储蓄以及正规金融投资作对比,可以发现,在选择非正规金融投资中,显著的只有收入和年龄。其中收入越高、年龄越低越倾向于从事非正规金融投资,如高利贷和集资等。这就证明了第三个假说,即"涓滴效应"在我国农民选择不同类型的金融投资的作用中并不成立。对于这一结果可能的解释是,由于非正规金融机构不受法律保护,导致其投资风险较高,此外,正规金融机构不可能支持这种投资行为,它们会监督其资金使用者的资金用途。本身具有较高收入的农民有能力将资金借贷出去来获得更高的收益,年龄越小,相对越能接受较高的风险投资,但是他们的行为不足以提高整个市场的利率。而低收入的农民并没有资金借贷出去,或者即使有资金能够借贷出去,因为市场利率并没有提高,并不会使他们的情况变好。恰恰相反,这种情况往往使得低收入的农民陷入恶性循环之中。

为了排除本章模型中所产生的自选择过程,本章利用倾向匹配得分法(PSM)对其进行处理,具体地,将过去是否获得贷款作为处理变量,对三种不同类型的金融投资进行回归,其中控制变量和基本回归模型中的变量一致。这在一定程度上可以作为表13－3结果的稳健性检验。表13－4展示了PSM模型的回归结果,从表13－4可以看出,获得贷款的人确实更倾向于投资于正规金融市场而非倾向于增加预防性储蓄,非正规金融投资的结果不显著。对于这一结果的可能的解释是,可以在正规金融机构获得贷款的农民,其经济条件相对良好,达到了金融机构的"财富门限",相较于那些没有达到"财富门限"的农民,他们可以得到更好更专业的金融服务,因此,他们更倾向于将资金投入收益相对较高的资本市场。这一结果从一个侧面检验了表13－3结果的稳健性。

表13－4　　　　　　　　　　　　　倾向匹配得分法回归结果

ATT	预防性储蓄	正规金融投资	非正规金融投资
K 临近匹配($k=4$)	-0.018^{**} (-2.82)	0.015^{**} (2.61)	0.003 (1.00)
半径匹配(0.03)	-0.017^{**} (-2.45)	0.014^{**} 2.26	0.003 (0.88)
核匹配	-0.020^{**} (-2.89)	0.015^{**} (2.40)	0.005 (1.57)
Off support	U35 T2	U35 T2	U35 T2
On support	U11 766 T2 032	U11 766 T2 032	U11 766 T2 032
Obs	13 835	13 835	13 835

注:上表处理变量为是否获得贷款;括号内为 t 值。符号 $*$、$**$ 和 $***$ 分别表示在10%、5%和1%的统计显著性水平。

二、稳健性检验

除了上述的表13－3和表13－4可以作为互为稳健性检验以外,这里还采用了Logit模型的稳健标准差和最小二乘法对本报告回归模型进行稳健性检验。在二值选择模型中,如果模型设定不正确,Logit模型并不能得到系数 β 的一致估计,使用稳健标准差就没有太大的意义。如果模型设定正确,则稳健标准差就是普通标准差。另一方面,如果稳健标准差和普通标准差相差很大,则可大致诊断模型设定不正确。通过求出稳健标准差和表13－3进行对比发现,其结果几乎一致,说明回归结果较为稳健。此外,采用最小二乘法作为对比,进行回归,发现显著性和系数的符号高度一致,这也说明回归结果较为稳健。倾向匹配得分法是在排除自选择过程后得到的结果,其结果本身就具有较高的稳健性,而且采用三种不同类型的倾向匹配函数进行匹配,得到的结果高度一致,这也说明回归结果较为稳健。

	(1) lrisk	(2) mrisk	(3) hrisk
金融渗透	0.001 81* (0.001 07)	−0.002 21* (0.001 31)	−0.000 926 (0.001 76)
正规金融服务	−0.061 0 (0.123)	0.114 (0.135)	−0.201 (0.273)
非正规金融服务	0.544*** (0.110)	−0.630*** (0.123)	−0.222 (0.232)
年龄	0.003 02 (0.003 00)	0.001 92 (0.003 37)	−0.018 3*** (0.005 85)
性别	0.096 8 (0.077 9)	−0.190** (0.088 4)	0.207 (0.156)
小学	1.360*** (0.157)	−1.829*** (0.196)	0.067 1 (0.296)
初中	0.870*** (0.106)	−1.147*** (0.122)	0.235 (0.231)
高中	0.402*** (0.102)	−0.465*** (0.111)	0.061 6 (0.243)
工作	0.676*** (0.095 7)	−0.842*** (0.116)	−0.257 (0.182)
收入	−0.455*** (0.042 1)	0.495*** (0.048 4)	0.296*** (0.084 1)
_Cons	2.808*** (0.233)	−3.187*** (0.266)	−4.345*** (0.486)
N	13 835	13 835	13 835
R^2			

注:上表处理变量为是否获得贷款;括号内为 t 值。符号*、**和***分别表示在10%、5%和1%的统计显著性水平。

表 13－6　　　　　　　　　　　　　　　　最小二乘法回归结果

	(1) lrisk	(2) mrisk	(3) hrisk
金融渗透	0.000 057 5 (0.000 046 3)	−0.000 047 6 (0.000 040 8)	−0.000 009 88 (0.000 023 5)
正规金融服务	−0.006 18 (0.007 77)	0.009 40 (0.006 84)	−0.003 22 (0.003 94)
非正规金融服务	0.033 0*** (0.006 52)	−0.029 6*** (0.005 75)	−0.003 45 (0.003 31)

中国投资发展报告 2024：中国农民创业投资

	(1) lrisk	(2) mrisk	(3) hrisk
年龄	0.000 026 4 (0.000 177)	0.000 213 (0.000 155)	−0.000 239*** (0.000 089 6)
性别	0.005 62 (0.004 02)	−0.008 42** (0.003 54)	0.002 80 (0.002 04)
小学	0.090 4*** (0.007 99)	−0.091 8*** (0.007 03)	0.001 41 (0.004 05)
初中	0.081 8*** (0.006 92)	−0.084 6*** (0.006 10)	0.002 77 (0.003 51)
高中	0.055 1*** (0.007 20)	−0.055 6*** (0.006 34)	0.000 501 (0.003 66)
工作	0.032 2*** (0.004 66)	−0.028 5*** (0.004 10)	−0.003 72 (0.002 36)
收入	−0.023 4*** (0.001 92)	0.019 4*** (0.001 69)	0.003 91*** (0.000 974)
_Cons	0.89 7*** (0.012 4)	0.088 6*** (0.011 0)	0.014 8** (0.006 31)
N	13 835	13 835	13 835
R^2	0.059	0.064	0.003

注：上表处理变量为是否获得贷款；括号内为 t 值。符号 *、** 和 *** 分别表示在 10%、5% 和 1% 的统计显著性水平。

第五节　结论与启示

本章采用千村调查项目数据，基于理论，实证分析了普惠金融下我国农民对不同类型金融投资的选择问题，从而验证了三个假说。

第一，普惠金融对农民所选择的不同类型的金融投资所起到的作用是不一致。对于高收入的农民，他们比较容易达到"财富门限"，从而获得较为专业的金融服务，因此他们倾向于投资风险较高但收益也较高的资本市场，而对于低收入的农民，他们不容易达到"财富门限"，因此他们只能选择传统的基础金融投资。

第二，正规金融机构和非正规金融机构在农民选择不同类型的金融投资中所起到的作用是不一致的。正规金融机构会监督农民的资金用途，一般不容许他们用来进行风险性相对较高的金融投资。而从非正规金融机构获得资金的农民，因为本身借款的风险已经很高，所以他们大多不会倾向于将资金投入风险较高的资本市场。

第三，"涓滴效应"在我国农民选择不同类型的金融投资的作用中并不成立。在我国往往是资源禀赋较高的农民去放贷,而不是资源禀赋较低的农民放贷,并且这些农民放贷也不会引起市场利率的变动,他们在法律上也不受到保护,不仅不会提高农民的投资收益,反而会使资源禀赋较低的农民陷入恶性循环之中。

研究结论的启示是:

第一,需要继续大力发展普惠金融,但是需要对不同资源禀赋的农民提供不同的金融服务,不能一味降低"财富门限"或者单纯地增加金融机构的网点数量,这样不仅不利于农民自身投资意识的提高,反而会增加金融机构的经营风险和成本。

第二,不支持发展非正规金融,虽然不否认它们在一定程度上可以弥补正规金融所触及不到的领域。但是非正规金融毕竟不受法律保护,在监督和管理方面严重不足,而且往往会导致农民的经济状况更加糟糕。一个行之有效的方法是,发展普惠金融,将一些非正规金融的可行业务纳入正规金融体系,建立健全的法律法规进行监督管理。

第三,普及金融知识,提高农民的投资意识和风险认知,让信息更加公开化,给予农民更加符合其自身特点的投资方式。这样的话,普惠金融才能有的放矢的发展,而不是盲目地去降低"财富门限"以及单纯扩大网点,才能在保证数量的同时保证质量,使得全民可以享受普惠金融所带来的福利。

第十四章

商业保险与投资

本章基于上海财经大学千村调查项目数据库,继续考察普惠金融视角下农民投资选择的影响:商业保险与投资。研究发现:农民商业保险消费的提高显著促进了农民参与到金融投资活动的意愿,对于非金融投资不显著,并且在控制了自选择过程所产生的内生性之后,这种促进作用依然显著。同时,本项研究进一步分析了农民购买商业保险与参与金融投资中的正规金融投资和非正规金融投资的影响,研究发现,普惠金融中商业保险的普及有助于提高农民参与正规金融投资活动,对非正规金融投资不显著,同时保险知识的普及对于农民参与正规投资也具有显著的正向影响。这说明普惠金融体系中保险的普及对于引导农民形成正确的投资观、参与正规的投资活动具有显著的正向指引作用,应进一步完善普惠金融体系,发展农村保险,为农民生产、投资活动提供保障。

第一节 普惠金融下保险市场的发展

我国保险市场的发展与其他金融机构的发展有很多不同之处,尤其是在农村等边远地区。随着经济的发展,消费结构的不断优化,我国居民对于保险消费的意识在不断增强,但总体水平依然较低,而且农村居民的保险意识整体上远低于城市居民。由于缺乏保险意识,造成了农村保险市场的消费需求远低于保险市场的供给,造成了市场失灵。为了提高农村居民的保险意识,政府对农民的保险进行了保费补贴政策。但是财政资源毕竟有限,而通过补贴可以唤醒农民主动参与保险的意识,构建一个有效的农村保险市场。在这一背景下,发展普惠金融,推进农村保险市场体系的完善便成了我国未来农村保险市场的发展要求。

因此,研究普惠金融视角下农民的保险和投资,对于提高农民的保险意识,实现家庭资产结构的优化,激励农民参与多元化的投资活动,促进农村保险市场的完善,推进普惠金融进程的加快,实现农村居民的"精准扶贫"具有现实意义。

本章主要针对商业保险开展研究,这是因为:第一,对于政府的生产性保险研究已有很多文献分析过,但对于农民商业保险消费的行为研究不是很多;第二,由于普惠金融的目的是完善农村保险市场,用商业保险逐步取得政府的生产性保费补贴,引导农民自主选择购买保险,提升农民的风险意识,逐步实现农村保险市场化。

根据央行2017年度发布的普惠金融报告显示,全国保险密度为2 631.58元/人,同比增长17.53%,保险深度为4.42%,相较于2016年提高了0.26个百分点;到2018年,全国保险密度为2 724.49元/人,增长了3.53%,保险深度为4.22%;2022年,全国保险密度为3 326.16元/人,同比增长4.64%,保险深度为3.88%,比上年降低了0.05个百分点。

总体来看,我国普惠金融中保险市场发展状况不断完善,虽然增速略微下滑,但是保险密度和保险深度不断增强。同时,虽然全国保险市场结构在优化,但是聚焦农村保险市场的不多,不够乐观。

截至2023年9月1日,中国境内保险机构(总公司)共有248家。其中,保险集团12家,保险控股公司1家,财产险公司85家,人身险公司94家,再保险机构14家,保险资产管理公司33家,其他类型保险公司9家,保险市场得到了快速发展。但农村保险市场发展比较缓慢:开展农业保险业务的公司数量为25家,专业农险机构为5家,比较而言,我国农业保险总体还处于初级阶段,总体发展水平不够高,与农民保险需求不对应,这就导致了农村商业保险市场供给严重不足。此外,根据刘妍(2018)的调查数据显示,在被调查的260户村民中,仅有17户主动参与购买商业保险。因此农村地区普遍缺乏保险意识。因此,研究我国商业保险与农民投资之间的关系,对于完善我国农村地区的商业保险模式、为农民提供风险保障、促进农民稳健投资具有十分重要的现实意义。

第二节　理论分析与研究假说

一、理论分析

由于保险市场不同于信贷市场,因此对于普惠金融中保险市场的维度选择会与信贷市场略有差异。依据普惠金融三维度理论,结合本章的研究目标,从保险市场视角选择普惠金融视角下关于保险市场的三个维度:第一个维度是普惠金融的使用效用,这个维度指的是普惠金融的服务对象是否可以获得适当的金融服务或者参与普惠金融活动中的情况。农村的保险市场不同于信贷市场,主要是因为农民的保险需求低而造成的保险市场失灵,因此在这一维度选择的是农民保险的参与度作为分析视角,而选择的解释变量为农民保险消费量,农民购买保险消费越多,相对的农民保险参与度越高。第二个维度是普惠金融的渗透度,它是指金融服务对于社会各阶层的渗透度,包括分支机构在地理上的分布、金融知识的传播是否到位等。这一维度选择的解释变量为农民获取保险知识的途径。第三个维度是金融排斥,它是衡量普惠金融服务对象受到金融排斥的情况,由于农村保险市场是农民购买保险的需求不足,因此造成的金融排斥往往不是金融机构采取措施将他们排斥在金融服务外,而是一种农民不主动参与到保险活动中而产生的金融排斥,因此这一维度选择的解释变量为农民是否主动购买保险。如果用 Invest 表示农民的投资偏好,prt 代表农民保险参与度,inf 代表普惠金融渗透度,exl 代表普惠金融下保险市场的金融排斥,X 代表控制变量,则以上理论分析可以用式(14.1)的函数表达式进行表示：

$$\text{Invest} = f(prt, inf, exl, X) \tag{14.1}$$

二、保险消费和投资消费的收入替代效应

农民购买保险是如何影响投资偏好的,从理论上分析是通过收入效应(Income Effect)和替代效应(Substitution Effect)来实现的。为了便于分析,将农民的消费定义为广义上的消费,即把农民保险消费支出和投资支出包含在农民的消费范畴中。假设将农民的收入看作预算约束的话,那么在预算约束一定的情况下,随着保险消费支出的增多,必然会降低其可支配收入,在这种情况下,如果农民因为自我约束型储蓄(Thaler,1990)或者目标型储蓄(Carroll,1997;Samwick,1998)等原因不愿意降低储蓄来扩展其预算约束线的话,那么这时保险消费支出必然挤占农民投资消费的支出,表现为替代效应占主导地位。

此外,保险消费的支出在一定程度上可以降低由于未来的不确定性而带来的风险,从而使得农民会降低现期的预防性储蓄(Hubbard,1995),收入的预算约束线向外扩张,最终农民会增加投资消费的支出,表现为保险消费支出对投资消费支出的收入效应。可以看出,保险对投资的替代效应和收入效应是相反的两种效应,在一定程度上可以相互抵消,同时由于不同国家或地区的存在着差异,因此经济学理论无法对于哪种效应占主导地位给出明确的回答,所以通过实证分析普惠金融视角下农民保险消费对投资的影响就显得十分重要了。

三、研究假说

理论分析表明,我国农民保险消费和投资消费的收入效应与替代效应哪个占主导地位需要进一步进行定量分析才能把握。同时,目前政府补助的政策性保险主要涉及农民的生产端,其中种植业保险补贴是占政府保费补贴份额最大的部分(粟芳,2017),因此政府的保费补贴对农民的生产性投资更具有影响。但是普惠金融在保险市场的最终目标是建立起完善的保险市场体系,提升农民的保险意识,促进农村保险市场的需求端增长,逐步用商业保险取代政府补助,因此本报告更加关注农民购买商业保险对投资的影响。如果农民主动购买商业保险,往往是其收入本身就不低或者保险意识较强,在这种情况下,农民趋向具有多

元化的投资激励,因此提出第一个研究假说:

假说一:农民保险消费的提高促进了农民参与金融投资活动。

假说一实际上是假设农民购买保险消费支出的增多,最终会导致投资的收入效应大于替代效应,使得农民可以参与到收益与风险更多的金融投资活动中。同时也考察普惠金融体系的保险市场的普及对于农民投资的影响,就已有文献对普惠金融体系中信贷市场的研究说明,普惠金融的普及程度的提高会显著地促进农民参与到投资活动中(马学琳,2018),因此提出第二个研究假说:

假说二:保险知识的普及促进了农民的投资活动。

本项研究选择的普惠金融中保险市场的渗透度的解释变量为保险知识的获取途径,因为农村保险市场是由于农民缺乏保险意识而造成的市场失灵,是不同于信贷市场的金融机构提高服务获得门槛而造成的金融排斥,相对于金融机构的分布密度,农民获得保险知识的渠道更具有代表性,因此选择保险知识的普及程度作为普惠金融中保险渗透度的解释变量。

第三节 研究设计

一、模型设定

为了对以上分析进行验证,本报告通过建立实证模型进行回归分析。选取的保险参与度(prt)的解释变量为农民的保险消费支出。假设农民的保险消费支出为α,农民的收入为I,则农民的保险消费支出为式(14.2):

$$prt = \alpha I \tag{14.2}$$

为了得到本报告的基本回归模型,从普惠金融关于保险市场维度的测度理论得到的式14.1,对式14.1两边进行全微分得到式14.3:

$$\mathrm{d}Invest = \frac{\partial f}{\partial prt}\mathrm{d}prt + \frac{\partial f}{\partial inf}\mathrm{d}inf + \frac{\partial f}{\partial exl}\mathrm{d}exl + \frac{\partial f}{\partial X}\mathrm{d}X \tag{14.3}$$

对式14.3两边同时积分简化后便得到本报告的基本回归模型,如式14.4所示:

$$Invest = \beta_1 prt + \beta_2 inf + \beta_3 exl + \beta_4 X + C + \mu \tag{14.4}$$

其中$\beta_1 \sim \beta_4$为回归系数,C为常数,μ为扰动项。

因为被解释变量为二元离散变量(农民是否参与该项投资),因此采用的回归方法为二值选择模型中的Logit模型进行回归。同时由于购买保险和农民投资之间存在自选择过程所产生的内生性问题,即农民购买保险后更加倾向投资还是投资后为了降低风险而购买保险。为了排斥这种自选择所带来的内生性所产生的回归偏误,采用倾向匹配得分法(Propensity Score Matching,简称PSM)来对回归结果进行进一步的验证。倾向匹配得分法是一种反事实的计量方法,在一定程度上可以排除变量之间的自选择过程,以减少变量间的内生性所带来的回归偏误,其结果具有一定的稳健性。假设二元离散变量D_i的取值为0或者1,当$D_i = 1$时,因变量为y_{1i};当$D_i = 0$时,因变量为y_{0i},我们称D_i为处理变量,同时我们

将"参与者的平均处理效应"记为 ATT,其解析式为:

$$\text{ATT} \equiv E(y_{1i} - y_{0i} | D_i = 1) \tag{14.5}$$

从式(14.5)可以看出 ATT 的含义为:当 D_i 发生与 D_i 没发生的时候,同一批参与者的实际被解释变量的差异。在实际中,由于 D_i 已经发生,因此观察不到未发生时 y_{0i} 的值,所以用反事实的方式,从样本中进行倾向匹配来计算 ATT。采用不同的倾向匹配函数得到的结果不尽相同,但是如果模型没有设定错误,不存在数据问题的话,不同倾向匹配函数所得到的回归结果的显著性和符号应该完全一致。

二、数据说明

本章所采用的数据来源依然为上海财经大学千村调查项目数据库中的中国农村普惠金融发展调查数据。该数据采用"多阶段系统规模成比例的不等概率抽样方法",符合随机抽样方法。数据调查范围覆盖全国 20 个省份,包括"吉、辽、鲁、冀、浙、苏、皖、粤、晋、豫、赣、鄂、湘、陇、陕、桂、川、渝、滇、黔"。数据总样本量为 15 549 个样本,剔除无效回答和前后回答矛盾的样本,经过数据清洗后得到有效样本为 14 676 个样本。

表 14—1 变量说明与处理

变 量	变量说明	变量处理
1.家中投资了哪些资产? (金融投资与非金融投资) 固定资产投资(非金融类) 银行理财(金融类) 证券投资(金融类)	包括住房、生产工具、交通工具 包括定期存款、理财产品 包括股票、基金、债券	参与该投资为 1,否则为 0 参与该投资为 1,否则为 0 参与该投资为 1,否则为 0
2.家中闲钱进行何种投资? (正规金融与非正规金融投资) 预防性储蓄(正规金融类) 资本市场投资(正规金融类) 非正规金融投资(非正规金融类)	活期存款或者资金存放在家中 股票、债券、基金和理财产品 民间借贷、放高利贷或者参与集资	参与该投资为 1,否则为 0 参与该投资为 1,否则为 0 参与该投资为 1,否则为 0

被解释变量为农民投资,具体分为金融投资和非金融投资两类,对于金融投资和非金融投资的分类,根据调查问卷中"家中投资了哪些资产"的回答分为固定资产投资、银行理财、证券投资三种,其中固定资产投资是非金融类投资,银行理财和证券投资属于金融投资。固定资产投资包括住房、生产工具、交通工具等;银行理财包括定期存款、理财产品等;证券投资则包括股票、基金、债券等。根据调查问卷的另一个问题,将金融投资进一步分为正规金融投资和非正规金融投资两类。对于正规金融投资和非正规金融投资的分类,则根据调查问卷中的"家中闲钱将进行何种投资"分为基本金融、资本市场投资和非正规金融投资,其中基本金融和资本市场投资属于正规金融投资。预防性储蓄主要是活期存款或者直接将资金存放在家中;资本市场投资包括股票、债券、基金和理财产品;非正规金融投资则包括民间借贷、放高利贷或者参与集资等。需要说明的是,在金融投资分类时,由于调查问卷的回答分类略有差异,这就导致了对于证券投资和资本市场投资划分并不完全一致,第一个问题中的

证券投资分类里并不包含理财产品投资,而第二个问题中的资本市场投资则包含银行理财产品。对于理财产品的分类,在第一个问题中被分为了银行理财,但是这里不仅包括理财产品,还包括定期存款等,因此为了在分类时加以区分,将第一个问题中关于金融投资的分类名称和第二个问题中金融投资分类的名称分别使用了不同的称呼,但这并不影响最终结论,相反可以在一定程度上互为稳健性检验,具体将在实证分析中进一步说明。被解释变量的说明和处理的具体过程如表14—1所示。

主要解释变量为农民保险消费总量,由式(14.2)可知,在已知农民保险支出比率和农民收入的情况下,农民的保险消费量等于这两者的乘积。农民保险支出比率根据问卷问题"您的保险支出大约占年收入的多大比例"分为6个等级,农民的收入则根据问卷问题"您的年收入大约是多少"分为5个等级,然后对于每一个等级采用赋值的方式,最后将结果相乘代表一个农民大体上的保险消费量的参数。对农民保险消费量所涉及的具体变量划分、赋值方式,参考了粟芳和方蕾(2017)的处理方式,具体变量说明和处理方法如表14—2所示。

表 14—2 解释变量的说明与处理

变 量	变量说明	变量处理
保险消费量中的保费支出比	占年收入比等级1%以下;1%~5%;5%~10%;10%~20%;20%以上	从低到高等级依次赋值1~5,没有购买保险赋值为0
保险消费量中的收入	年收入等级5 000元以下;5 000~2万元;2万~5万元;5万~10万元;10万元以上	从低到高等级依次赋值1~5
保险知识获取途径	包括政府宣传、保险公司宣传、信息媒体、亲朋介绍等渠道	一个途径为1,将所有途径加总
农民是否购买保险	是否购买过商业险	是为1,否则为0
风险经历	过去一年是否发生过灾害	发生过为1,否则为0
风险意识	看到周围受灾是否想过购买保险	想过买保险为1,否则为0
保障作用	认为保险的首要功能为保障作用	认为保障作用为1,否则为0
投资作用	认为保险的首要功能为投资作用	认为投资作用为1,否则为0

其他解释变量还包括了保险知识的获取途径、风险经历、保险意识和保险的作用。保险知识的获取途径代表了普惠金融中保险知识对于农民的普及程度,也就是普惠金融中保险市场渗透度这个维度。保险知识的获取途径越多,代表普惠金融中保险知识对于农民的普及度越好。对于保险知识获取途径这一变量根据调查问题"您知道哪些渠道可以获取保险知识",有一个渠道则赋值1,每多一个渠道加1进行处理。保险意识、风险经历和保险作用则代表了农民对于风险的认知,其中保险意识根据调查问题"看到周围发生大灾是否想到买保险",想到买保险赋值1,否则为0。对于风险经历则根据问题"过去一年是否发生自然灾害",发生过则赋值1,否则为0。对于保险的作用,根据调查问题"您觉得保险的首要功能是什么",按照回答"保障、投资、不知道和没作用"进行虚拟变量设置,认为保障的为1,其他为0,投资的为1,其他为0,这样三个回答就形成了两个虚拟变量。对于保险市场金融排斥这个解释变量,根据上文分

析本章选择的是农民是否购买过商业保险,购买过为 1,否则为 0。在回归中,由于购买保险便会有保险消费,因此存在共线性问题,所以将金融排斥这个维度的解释变量作为处理变量,采用倾向匹配得分法进行处理,不放在基本回归模型中,在一定程度上所得到的回归结果可以作为稳健性检验。具体解释变量的说明和处理如表 14—2 所示。

控制变量主要是农民个体特征的变量,包括农民的收入、教育程度、性别、年龄、职业(是否从事纯农业生产)。对于农民的收入的处理方式如上文所述。教育程度从小学到研究生按照从 1 至 6 逐一赋值。性别变量中男性赋值 1,女性赋值 0。年龄选取 16 周岁(包含)至 70 周岁(包含)的年龄段。对于职业,如果农民主要依靠农业生产活动为生则为 1,依靠其他职业为生则为 0。具体控制变量的说明和处理如表 14—3 所示。

表 14—3　　　　　　　　　　　　　　　控制变量的说明与处理

变 量	变量说明	变量处理
收入	年收入等级 5 000 元以下;5 000~2 万元;2 万~5 万元;5 万~10 万元;10 万元以上	从低到高等级依次赋值 1~5
教育程度	教育等级小学;初中;中专或高中;大专;本科;研究生以上	从低到高等级依次赋值 1~6
职业	是否以农业生产为主要职业	是为 1,否则为 0
性别	受访农民的性别	男性为 1,女性为 0
年龄	受访农民的年龄	选择 16~70 周岁年龄段

第四节　实证分析与稳健性检验

一、金融投资与非金融投资实证结果

采用 Logit 模型实证分析保险消费对农民金融投资和非金融投资的影响,回归结果如表 14—4 所示。在回归中放入了普惠金融下保险市场的参与度和渗透度两个解释变量,由于共线性的问题,将金融排斥这个维度作为处理变量在倾向匹配中使用。

表 14—4　　　　　　　农民保险消费对于金融和非金融投资的 Logit 模型回归结果

	固定资产投资	银行理财投资	证券投资
保险消费	0.023 7 (0.036 6)	0.031 1*** (0.004 82)	0.048 9*** (0.006 66)
保险知识途径	0.555*** (0.144)	0.177*** (0.0202)	0.133*** (0.038 3)
风险经历	−0.202 (0.240)	−0.067 1 (0.042 9)	−0.307*** (0.108)

	固定资产投资	银行理财投资	证券投资
风险意识	−0.210 (0.234)	0.118*** (0.039 6)	0.229** (0.089 3)
保障作用	0.507** (0.246)	0.153*** (0.045 2)	0.333** (0.135)
投资作用	0.145 (0.541)	−0.005 52 (0.095 2)	0.319 (0.213)
收入	0.784*** (0.122)	0.433*** (0.019 8)	0.657*** (0.044 2)
教育	−0.217* (0.117)	0.081 0*** (0.021 3)	0.537*** (0.036 4)
职业	0.938*** (0.248)	−0.210*** (0.044 2)	−1.017*** (0.103)
性别	−0.514** (0.230)	−0.014 5 (0.037 5)	−0.329*** (0.077 6)
年龄	−0.009 54 (0.009 09)	0.004 39*** (0.001 65)	0.016 7*** (0.003 50)
Obs	14 676	14 676	14 676
$LR\chi^2$	102.19***	1 443.02***	1 672.05***

注:第一行数字是回归系数;第二行系数是概率比;括号内为标准差;符号*、**和***分别表示在10%、5%和1%的统计显著性水平。

从回归结果看出,对于普惠金融中保险参与度这个维度,保险消费对农民的银行理财和证券投资这两类金融投资在5%的显著性水平下正向显著,对农民的固定投资不显著,这说明随着保险消费的增加,农民更加倾向增加金融投资。究其原因,如上文分析,本报告主要研究商业保险对农民投资的影响,与政策性保险主要补贴农民的生产端的保费不同,商业保险更侧重农民的财产和健康方面,因此相对来说商业保险对于农民投资的收入效应更强一点,从而农民会更加倾向参与到风险和收益都相对更高一点的金融投资活动中。

对于普惠金融中保险的渗透度这个维度,保险知识获取途径在5%的显著性水平下对农民的金融和非金融投资都显著,这说明随着保险知识获取途径的增加,农民会增加投资支出,即普惠金融中保险渗透度的提高对于农民投资具有正向影响。

对于风险经历,受过灾的农民在5%的显著性水平下更加不倾向参与到金融投资活动中,因为在这三项投资活动中,金融投资的风险最大,受过灾的农民更加不愿意参与到高风险的投资活动中。

风险意识对于农民的金融投资在5%的显著性水平下正向显著,这在一定程度上说明了社会互动对于农民的金融投资具有正向影响,当看到周围的农民受灾后,想到购买保险的农民保险意识更强,相对的收入效应大于替代效应,因此农民更加倾向于参与到风险和收益更高的金融投资活动中。

对于保险作用的理解,可以发现认为保障作用的农民更加倾向参与到投资活动中,因为保险的保障作用是通过上文分析的替代效应和收入效应共同作用下影响农民投资的,而不是将保险当做一种投资品而发生作用的。

此外,如果只是把保险当做投资品的话,那么这实际上是一种投机行为而不是投资行为,甚至在一定程度上会造成所谓的"骗保"现象。控制变量中收入在5%的显著性水平下对农民投资具有显著的正向影响,教育在5%的显著性水平下表现出对于金融投资具有显著的正向影响,对于固定资产投资在10%的显著性水平下具有负向影响。随着教育程度的提高,对于金融知识了解程度也不断增加,更加倾向于投资金融类资产,同时教育程度的提高使得农民更加有机会从事收入更高的职业,从而降低对固定资产类的投资,这与职业变量所得的回归结果一致,从回归结果看,从事农业生产活动的农民相比于从事其他职业的农民在5%的显著性水平下,更加倾向非金融类投资,而更加不倾向参与金融投资活动中。性别变量的回归结果表现为女性更不倾向参与投资活动。对于年龄这个变量,随着年龄的增加,在5%的显著性水平下,农民更加倾向参与到金融投资中去,因为随着年龄的增加,一般情况下农民的财富也会随之增加,对于金融投资的知识了解程度也会有所加深,因此他们会更加有能力参与到金融投资活动中。

二、正规金融投资与非正规金融投资实证结果

进一步地,将农民的金融投资分为正规金融投资和非正规金融投资,其中正规金融投资包括预防性储蓄和资本市场投资两部分,这里的资本市场投资包括银行理财和证券投资。同样采用 Logit 模型对农民保险消费与金融投资的关系进行实证分析,回归结果如表 14—5 所示。总体上表 14—5 的资本市场投资与表 14—4 的证券投资的回归结果相吻合。

表 14—5　　　　农民保险消费对于正规金融和非正规金融投资的 Logit 模型回归结果

	预防性储蓄	资本市场投资	非正规金融投资
保险消费	−0.038 4*** (0.006 87)	0.049 5*** (0.007 58)	−0.012 9 (0.015 2)
保险知识途径	0.027 4 (0.039 2)	0.082 0*** (0.021 6)	−0.082 2 (0.078 5)
风险经历	0.037 2 (0.096 7)	−0.144 (0.114)	0.142 (0.173)
风险意识	−0.145* (0.085 5)	0.229** (0.098 2)	0.226 (0.161)
保障作用	−0.131 (0.117)	0.298** (0.145)	−0.085 5 (0.194)
投资作用	−0.249 (0.189)	0.301 (0.222)	0.041 0 (0.362)

	预防性储蓄	资本市场投资	非正规金融投资
收入	−0.405*** (0.041 0)	0.416*** (0.047 7)	0.346*** (0.075 6)
教育	−0.320*** (0.036 0)	0.428*** (0.040 3)	−0.075 1 (0.076 2)
职业	0.707*** (0.094 1)	−0.869*** (0.113)	−0.348** (0.170)
性别	0.098 6 (0.0761)	−0.176** (0.0864)	0.219 (0.150)
年龄	0.002 92 (0.003 40)	0.003 14 (0.003 88)	−0.018 2*** (0.006 51)
Obs	14 676	14 676	14 676
LRχ^2	775.46***	844.38***	50.95***

注:第一行数字是回归系数;括号内为标准差;符号*、**和***分别表示在10%、5%和1%的统计显著性水平。

具体而言,表14-5的回归结果表明,保险消费的增加在5%的显著性水平下对于资产市场投资呈现正向影响,对于预防性储蓄呈现负向影响,对非正规金融不显著。资本市场投资与表14-4的回归结果一致,而预防性储蓄的负向影响与上文理论分析中保险消费的增加确实会降低农民的预防性储蓄,从而外移农民的预算约束线,表现出农民保险对投资的收入效应。

结合表14-4的回归结果,这就证明了本报告的第一条研究假说。因为购买保险不会对农民的非正规金融投资提供保障,所以这种投资往往是非法的或者不具有法律保障的。从保险知识的获取途径来看,随着保险知识获取途径的增多,在5%的显著性水平下,对于资本市场投资正向显著,对于预防性储蓄和非正规金融投资不显著,这说明保险渗透度的提高会提高农民的资本市场投资倾向,与表14-4的回归结果相结合就证明了本报告的第二条研究假说。对于风险经历则表现为都不显著,这里与上文的证券投资回归有一点差异,但是回归符号是一致的,总的来说,有过风险经历的农民更不倾向参与高风险的资本市场投资。

风险意识在10%的显著性水平下对于预防性储蓄负向显著,对于资本市场投资在5%的显著性水平下正向显著,这与保险渗透度中保险知识途径的回归结果相一致,说明保险意识确实有助于加强农民的资本市场投资,降低农民的预防性储蓄,表现为保险对投资的收入效应大于替代效应。对于保险作用的认知,保障作用在5%的显著性水平下对于农民的参与资本市场投资具有显著的正向影响,投资作用则不显著,这与表14-4的回归结果相一致。从控制变量的回归结果来看,其回归结果也大致与表14-4的结果相吻合,收入的增加在5%的显著性水平会降低预防性储蓄,增加农民的金融投资包括非正规金融投资。教育程度的提高在5%的显著性水平下会降低农民的预防性储蓄,增加资本市场投资,但是对于非正

三、倾向匹配得分法实证结果

农民购买保险和投资之间存在自选择过程所产生的内生性,为了降低这种内生性所带来的回归偏误,采用倾向匹配得分法进一步降低农民保险消费对农民投资的影响。在这里,处理变量为普惠金融下保险市场的金融排斥这个维度,具体变量为农民是否购买过商业保险,上文已论述过农村保险的金融排斥是由农民缺乏保险意识而造成的需求端低于供给端造成的,因此本报告所使用的金融排斥的解释变量选择更具有代表性。根据计算,倾向匹配得分为 0.049 7,为了保险起见,匹配半径为 0.04,并使用 K 临近匹配、半径匹配以及核匹配三种不同的匹配函数计算 ATT,回归结果如表 14－6 和表 14－7 所示。

表 14－6 为农民购买保险对金融投资和非金融投资的倾向匹配回归结果,从回归结果来看,使用不同倾向匹配函数计算出的 ATT 在符号和显著性上都高度一致,所得 ATT 的结果相差也不大,这说明回归结果较为稳健。具体来看,购买保险的农民在剔除自选择过程后确实更加倾向于金融投资(银行理财和证券投资),这与表 14－4 的回归结果一致。

表 14－6　　　　　保险对农民的金融和非金融投资的倾向匹配得分法回归结果

ATT	固定资产投资	银行理财	证券投资
K 临近匹配($k=4$)	0.002 (1.63)	0.06*** (5.86)	0.05*** (9.13)
半径匹配(0.04)	0.002 (1.71)	0.08*** (7.16)	0.05*** (10.27)
核匹配	0.002 (1.76)	0.07*** (7.25)	0.05*** (10.41)
Off support	U15 T0	U15 T0	U15 T0
On support	U8 622 T6 039	U8 622 T6 039	U8 622 T6 039
Obs	14 676	14 676	14 676

注:上表处理变量为是否获得贷款;括号内为 t 值,off support 和 on support 分别为不在共同取值范围和在共同取值范围内,U 代表控制组,T 代表处理组。符号*、**和***分别表示在 10%、5% 和 1% 的统计显著性水平。

表 14－7 为农民购买保险对正规金融投资和非正规金融投资的倾向匹配回归结果,表 14－7 的回归结果也是通过三种不同的倾向匹配函数计算后所得到的 ATT 在符合和显著性上高度一致,所得 ATT 同样差别不大。从回归结果来看,购买保险的农民在剔除自选

择过程后,会减少预防性储蓄,增加资本市场投资,这与表 14-5 的回归结果相一致。

表 14-7　　　　　　　保险对农民的正规金融和非正规金融的倾向匹配得分法回归结果

ATT	预防性储蓄	资本市场投资	非正规金融投资
K 临近匹配($k=4$)	-0.03^{***} (-5.13)	0.03^{***} (6.17)	-0.003 (-1.35)
半径匹配(0.04)	-0.03^{***} (-6.03)	0.03^{***} (7.55)	-0.004 (-1.80)
核匹配	-0.03^{***} (-6.11)	0.03^{***} (7.61)	-0.004 (-1.72)
Off support	U15 T0	U15 T0	U15 T0
On support	U8622 T6039	U8622 T6039	U8622 T6039
Obs	14 676	14 676	14 676

注:上表处理变量为是否获得贷款;括号内为 t 值,off support 和 on support 分别为不在共同取值范围和在共同取值范围内,U 代表控制组,T 代表处理组。符号 *、** 和 *** 分别表示在 10%、5% 和 1% 的统计显著性水平。

四、稳健性检验

由于问卷中农民关于金融投资和非金融投资的问题与正规金融投资和非正规金融投资之间的问答方式略有差异,造成了在关于证券投资和资本市场投资的分类上略有差异,虽然差异不大,但为本报告的稳健性检验提供了条件,从回归结果来看,表 14-4 中关于证券投资的回归结果与表 14-5 的资本市场投资的回归结果相一致,这就从一个方面证明了本报告结果较为稳健。进行采用倾向匹配得分法对农民保险和投资之间的自选择过程产生的内生性问题进一步研究,在剔除这种内生性问题后,所得到的回归结果与 Logit 模型中保险消费对于农民投资的影响的回归结果也高度一致(在这里,处理变量为是否购买保险,Logit 模型中没有购买保险的农民算作保险支出为 0)。这就从另一个侧面证明本回归结果具有较强的稳健性。

第五节　结论与启示

本章采用上海财经大学"千村调查"项目数据,在理论分析的基础上研究普惠金融视角下农民保险消费对于投资的影响。首先在已有理论对于普惠金融的研究提出了本报告对于普惠金融视角下保险市场的研究维度,并通过经济学中的收入效应和替代效应研究保险对农民投资的作用机制,在此基础上提出本报告的研究假说,最后通过建立实证模型进行实证分析。

　　主要研究结论如下：第一，农民保险消费的提高显著促进了农民金融投资的活动意愿。第二，保险渗透度的提高也有助于农民提高参与投资活动的意愿。第三，保险消费的增加确实会降低农民的预防性储蓄，从而使得预算线外移，促进农民金融投资的增加。第四，普惠金融保险市场的完善对于非正规金融投资不支持，从侧面来说保险市场的完善可以促进农民更多地参与到正规金融投资活动中，从而抑制农民的非正规金融投资。

　　研究结论对于完善我国普惠金融体系，提升农民的保险意识和正确投资的投资观念，实现精准扶贫具有一定的借鉴意义：第一，进一步完善普惠金融体系，尤其是保险市场体系，逐步将政府补贴的保险市场用完善的保险市场体系取代，从研究结论可以看到，保险市场可以降低农民的预防性储蓄，使得农民的预算约束增加，从而可以增加农民在其他方面的支持，改善农民的消费结构。第二，进一步提高保险市场的渗透度，尤其是加大保险知识的宣传力度，使得农民正确认识保险，并主动参与到保险市场来，从而提高农民的保险意识，改善农村保险市场需求少于供给的市场失灵现象。第三，引导农民正确的投资观，提升农民关于金融知识的认知水平，从研究结论可以发现农民对于保险的正确认知有助于农民参与到正规金融投资活动中，因此正确的投资观对于农民积极参与到正确的投资活动中具有激励作用，从而降低农民参与非正规金融投资活动的意愿。综上所述，只有进一步完善农村保险市场，给予农民正确的引导，才能使普惠金融朝着正确的方向快速发展，并且让全社会享受到普惠金融体系的完善所带来的福利。

附　录

附录1　中国农民创业投资状况调查问卷①

请调查员填写以下基本信息：

村名：_____

村委会地址：_____（邮编：_____）

村委会电话：_____村长姓名：_____村支书姓名：_____

受访者姓名：_____手机：_____微信：_____

调查员姓名：_____学号：_____调查员手机号码：_____

调查日期：_____年_____月_____日；调查开始时间：_____；调查结束时间：_____

老乡：

您好！

我们是上海财经大学的学生，按照学校的安排，利用暑假深入农村开展"农村创业投资状况调查"，将为相关政府部门制定有关政策决策提供参考。

你的回答对我们的调查非常重要。所有回答不分对错，我们向您郑重承诺，绝不会泄露您提供的任何信息。

感谢您对本次调查的大力支持！

上海财经大学2016年度千村调查项目组
2016年7月

➤ 基本信息

性别	男□　女□
宗教信仰：1.佛教　2.基督教　3.儒教　4.道教　5.伊斯兰教　6.无　7.其他_____	
年龄	

---

① 由于完整问卷内容很多，为节省论文篇幅，只列出与本研究相关的问卷题项，且创业者问卷与非创业者问卷整合在一份问卷中（实际操作中有两份不同的问卷），没有标注的问卷题项即为创业者与非创业者均需要回答的题项。

最高学历	
是不是或曾经是共产党员	是□　否□
是不是或曾经是村干部	是□　否□
是不是或曾经是各级人大代表	是□　否□
是不是或曾经是各级政协委员	是□　否□
是不曾在或正在政府各部门工作	是□　否□
是不曾在或正在国企工作	是□　否□
是不曾在或正在集体所有制企业工作	是□　否□

> 您的社会网络中：正在创业投资的父母或兄弟姐妹有＿＿＿＿人；

　　　　　　　正在创业投资的亲戚朋友有＿＿＿＿人。

> 【注：创业投资者问卷】您在此次创业投资之前，是否发起过创业投资机会（创业投资项目）？ ①是；②否

> 【注：非创业投资者问卷】您是否有过企业管理经历（可多选）。

①央企和国企管理经历；②私营企业管理经历；③外企管理经历；④其他＿＿＿＿

【注：创业投资者问卷】您在此创业投资之前，是否有过企业管理经历：

A. 央企和国企管理经历：①是；②否；B. 私营企业管理经历：①是；②否；C. 外企管理经历：①是；②否

> 【注：非创业投资者问卷】您是否参过军？ ①是；②没有

【注：创业投资者问卷】您创业投资之前是否参过军？ ①是；②没有

> 【注：非创业投资者问卷】您是否有某种手艺、技艺？ ①是；②没有

【注：创业投资者问卷】您创业投资之前是否有某种手艺、技艺？ ①是；②没有

> 【注：非创业投资者问卷】您是否参加过相关培训活动？ ①未参加；②参加过政策培训；③投融资培训；④法律培训；⑤其他＿＿＿＿

【注：创业投资者问卷】您创业投资之前是否参加过相关培训活动？ ①未参加；②参加过政策培训；③投融资培训；④法律培训；⑤其他＿＿＿＿

> 【注：非创业投资者问卷】您是否外出打工过（达到 6 个月以上）？ ①否；②是

【注：创业投资者问卷】您在此创业投资之前，是否外出打工过（达到 6 个月以上）？ ①否；②是

【注：创业投资者问卷】打工时的工作与您创业投资项目的相关性：①无；②有点相关；③紧密相关

> 父母（指亲生父母）的基本信息

（1）您 16 周岁前父亲的职业：①农民；②工人；③单位办事员；④老师；⑤技术人员；⑥军人；⑦公务员；⑧行政领导；⑨其他＿＿＿＿

(2)您16周岁后父亲的职业：①农民；②工人；③单位办事员；④老师；⑤技术人员；⑥军人；⑦公务员；⑧行政领导；⑨其他_____

(3)您16周岁前母亲的职业：①农民；②工人；③单位办事员；④老师；⑤技术人员；⑥军人；⑦公务员；⑧行政领导；⑨其他_____

(4)您16周岁后母亲的职业：①农民；②工人；③单位办事员；④老师；⑤技术人员；⑥军人；⑦公务员；⑧行政领导；⑨其他_____

(5)您的父母曾经创业投资或正在创业投资吗？①是；②否

(6)您16岁以前生活在单亲家庭吗？①是；②否

➤ 小孩与老人情况

(1)如果您有小孩，则小孩数量：_____个；

(2)您家中需要照顾的老人有_____位

➤ 近三年来家庭年均总收入(包括工作、政府补贴、退休金以及其他来源的收入)_____万元；

其中，创业投资收入：_____万元、打工收入：_____万元、务农收入_____万元、工资收入：_____万元、其他收入：_____万元

此收入水平在村里是什么水平：①低于全村平均收入水平；②与村平均水平持平；③高于村平均水平

有多少个家庭成员在经济上要依赖您？_____人

➤ 您家的幸福指数【注：由受访者自己填写】

	很不幸福	不幸福	还可以	有些幸福	幸福	很幸福
总体而言，我家的幸福满意度	0	1	2	3	4	5
我家的生活满意度	0	1	2	3	4	5
我家的就业满意度	0	1	2	3	4	5

➤ 您的性格特点。在每个项目右边的1－7种选一个数字(打√)【注：由受访者自己填写】

	非常不同意	基本不同意	不同意	同意	基本同意	非常同意
我性格细腻，注重细节	1	2	3	4	5	6
我为人谦逊，有亲和力	1	2	3	4	5	6
我富有同情心，对人充满关爱	1	2	3	4	5	6
我善于协同、沟通，注重关系的建立	1	2	3	4	5	6
我谨慎稳健，做事可靠	1	2	3	4	5	6
我坚毅、坚强，敢于承担风险	1	2	3	4	5	6
我做事果断，绝不犹豫	1	2	3	4	5	6

➤ 【注：创业投资者问卷】您从什么时候开始做生意的？_____年_____月

➤ 【注：创业投资者问卷】企业绩效

		①2012年底（如2013年后开始生意，则填写成立当年的数据并比较）	②过去一年	③预计2019年底
员工	人数			
	比较	②比①：1明显减少；2少量减少；3没有变化；4少量增加；5明显增加		
		③比②：1明显减少；2少量减少；3没有变化；4少量增加；5明显增加		

➤ 【注：创业投资者问卷】家庭成员在企业的任职情况。

(1)家庭成员持股比率：_____%；担任管理岗位的人数：_____人；

(2)亲戚持股比率：_____%；担任管理岗位的人数：_____人

➤ 【注：创业投资者问卷】企业当前的产权形式：①个体；②私营；③承包；④租赁；⑤股份制；⑥其他：_____

➤ 【注：创业投资者问卷】企业是否掌握了核心技术，比如秘方？①是；②否

➤ 【注：创业投资者问卷】本企业有没有专门的销售部门？①有；②没有

➤ 【注：创业投资者问卷】顾客覆盖：①本村以内占____%；②本乡镇以内占____%；③本县以内占____%；④本市以内占____%；⑤本省市占____%；⑥外省市占____%；⑦出口海外占____%

➤ 【注：创业投资者问卷】关于品牌，贵企业的情况是以下哪种？请选择代码。

①企业名字就是品牌，也有其他品牌名字；②除企业名字外，产品或服务还有另外的品牌名字；③没有自己的企业名字或品牌名字，用的是加盟的品牌名字或供应商的品牌名字；④以上都不是

➤ 【注：创业投资者问卷】新技术的出现，比如互联网等对您创业投资项目有什么影响？①没有听过互联网；②冲击；③机会；④没有影响；⑤不确定

➤ 【注：创业投资者问卷】为了创业投资您是否已完全放弃了原来的农业、林业、牧业和渔业等。：①放弃了；②没有放弃；③包给其他人做了

➤ 【注：创业投资者问卷】创业投资的原因：①发现了机会；②没有更好的工作选择；③改善生活；④寻求更大的独立；⑤成就一番事业；⑥其他：_____

【注：创业投资者问卷】创业投资项目受谁的启发（可多选）：①家人；②亲戚；③同学；④同乡；⑤政府官员；⑥电视报纸；⑦生活所迫；⑧其他：_____

➤ 【注：创业投资者问卷】您创建本项目时，本地有多少同行创业投资者：①完全没有；②较少；③有一些；④较多；⑤非常多

➤ 【注：创业投资者问卷】您创业投资资金来源渠道，请填写下表。

(1)个人储蓄	_____万元
(2)家人	_____万元
(3)亲戚	_____万元
(4)朋友、同事	_____万元
(5)民间金融组织贷款	_____万元
(6)信用社贷款	_____万元
(7)从银行等金融机构贷款	_____万元
(8)通过互联网金融(阿里小贷、京东白条)等新渠道筹措	_____万元
(9)其他渠道	_____万元

附录 2　国民经济行业分类简表

A　农、林、牧、渔业	**24　文教、工美、体育和娱乐用品制造业**
01　农业	25　石油、煤炭及其他燃料加工业
02　林业	26　化学原料和化学制品制造业
03　畜牧业	27　医药制造业
04　渔业	28　化学纤维制造业
05　农、林、牧、渔专业及辅助性活动	29　橡胶和塑料制品业
B　采矿业	30　非金属矿物制品业
06　煤炭开采与洗选业	31　黑色金属冶炼和压延加工业
07　石油和天然气开采业	32　有色金属冶炼和压延加工业
08　黑色金属矿采选业	33　金属制品业
09　有色金属矿采选业	34　通用设备制造业
10　非金属矿采选业	35　专用设备制造业
11　开采专业及辅助性活动	36　汽车制造业
12　其他采矿业	37　铁路、船舶、航空航天和其他运输设备制造业
C　制造业	38　电气机械和器材制造业
13　农副食品加工业	39　计算机、通信和其他电子设备制造业
14　食品制造业	40　仪器仪表制造业
15　酒、饮料和精制茶制造业	41　其他制造业
16　烟草制品业	42　废弃资源综合利用业
17　纺织业	43　金属制品、机械和设备修理业
18　纺织服装、服饰业	**D　电力、热力、燃气及水生产和供应业**
19　皮革、毛皮、羽毛及其制品和制鞋业	44　电力、热力生产和供应业
20　木材加工和木、竹、藤、棕、草制品业	45　燃气生产和供应业
21　家具制造业	46　水的生产和供应业
22　造纸和纸制品业	**E　建筑业**
23　印刷和记录媒介复制业	47　房屋建筑业

48	土木工程建筑业		M	科学研究和技术服务业
49	建筑安装业		73	研究和试验发展
50	建筑装饰、装修和其他建筑业		74	专业技术服务业
F	批发和零售业		75	科技推广和应用服务业
51	批发业		N	水利、环境和公共设施管理业
52	零售业		76	水利管理业
G	交通运输、仓储和邮政业		77	生态保护和环境治理业
53	铁路运输业		78	公共设施管理业
54	道路运输业		79	土地管理业
55	水上运输业		O	居民服务、修理和其他服务业
56	航空运输业		80	居民服务业
57	管道运输业		81	机动车、电子产品和日用产品修理业
58	多式联运和运输代理业		82	其他服务业
59	装卸搬运和仓储业		P	教育
60	邮政业		83	教育
H	住宿和餐饮业		Q	卫生和社会工作
61	住宿业		84	卫生
62	餐饮业		85	社会工作
I	信息传输、软件和信息技术服务业		R	文化、体育和娱乐业
63	电信、广播电视和卫星传输服务		86	新闻和出版业
64	互联网和相关服务		87	广播、电视、电影和录音制作业
65	软件和信息技术服务业		88	文化艺术业
J	金融业		89	体育
66	货币金融服务		90	娱乐业
67	资本市场服务		S	公共管理、社会保障和社会组织
68	保险业		91	中国共产党机关
69	其他金融业		92	国家机构
K	房地产业		93	人民政协、民主党派
70	房地产业		94	社会保障
L	租赁和商务服务业		95	群众团体、社会团体和其他成员组织
71	租赁业		96	基层群众自治组织
72	商务服务业		T	国际组织
			97	国际组织

资料来源:《国民经济行业分类(GB/T 4754—2017)》。

附录 3　不同家庭背景的创业农民创业投资动机分析稳健的标准误与标准误对照表

变量	精英家庭 模型 2 标准误	精英家庭 模型 2 稳健标准误	模型 3 标准误	模型 3 稳健标准误	普通家庭 模型 4 标准误	模型 4 稳健标准误	模型 5 标准误	模型 5 稳健标准误	模型 6 标准误	模型 6 稳健标准误
东部地区					0.118 6	0.117 4	0.117 9	0.118 3	0.210 8	0.210 6
中部地区					0.134 7	0.134 3	0.134 7	0.134 3	0.217 1	0.216 5
西部地区									0.215 5	0.213 0
东北地区					0.217 1	0.216 5	0.215 5	0.213 0		
地区差异	0.070 9	0.070 4	0.050 1	0.050 7						
性别	0.162 6	0.161 1	0.112 8	0.113 7	0.113 0	0.113 9	0.113 0	0.113 9	0.113 0	0.113 9
年龄	0.035 5	0.034 9	0.030 4	0.031 2	0.030 5	0.031 2	0.030 5	0.031 2	0.030 5	0.031 2
年龄平方	0.000 4	0.000 4	0.000 3	0.000 3	0.000 3	0.000 3	0.000 3	0.000 3	0.000 3	0.000 3
民族	0.234 0	0.230 0	0.176 7	0.177 3	0.178 5	0.178 2	0.178 5	0.178 2	0.178 5	0.178 2
学历水平	0.051 7	0.051 7	0.056 2	0.057 2	0.056 6	0.057 2	0.056 6	0.057 2	0.056 6	0.057 2
健康状况	0.090 3	0.090 6	0.062 4	0.060 4	0.062 5	0.060 5	0.062 5	0.060 5	0.062 5	0.060 5
单亲家庭	0.426 7	0.415 8	0.298 8	0.300 7	0.298 7	0.297 8	0.298 7	0.297 8	0.298 7	0.297 8
中共党员	0.134 0	0.134 0	0.126 8	0.126 8	0.127 1	0.127 3	0.127 1	0.127 3	0.127 1	0.127 3
手艺	0.122 4	0.122 3	0.092 2	0.092 1	0.092 4	0.092 3	0.092 4	0.092 3	0.092 4	0.092 3
打工经历	0.128 4	0.127 6	0.093 9	0.093 6	0.094 2	0.093 8	0.094 2	0.093 8	0.094 2	0.093 8
退伍军人	0.240 5	0.241 3	0.192 8	0.190 2	0.193 2	0.191 6	0.193 2	0.191 6	0.193 2	0.191 6
省（直辖市）	0.006 7	0.006 7	0.005 0	0.005 1	0.005 4	0.005 4	0.005 4	0.005 4	0.005 4	0.005 4
常数项	0.844 7	0.834 4	0.766 3	0.776 2	0.758 9	0.765 8	0.748 1	0.755 1	0.779 6	0.782 1

附录 4 不同家庭背景的创业农民创业投资模式分析稳健的标准误与标准误对照表

变量	精英家庭				普通家庭					
	模型 2		模型 3		模型 4		模型 5		模型 6	
	标准误	稳健标准误	标准误	稳健标准误	标准误	稳健标准误	标准误	稳健标准误	标准误	稳健标准误
性别	0.271 0	0.268 7	0.160 0	0.159 6	0.160 5	0.160 2	0.160 5	0.160 2	0.160 5	0.160 2
年龄	0.073 3	0.073 1	0.066 0	0.065 1	0.066 2	0.065 2	0.066 2	0.065 2	0.066 2	0.065 2
年龄平方	0.000 9	0.000 9	0.000 8	0.000 7	0.000 8	0.000 8	0.000 8	0.000 8	0.000 8	0.000 8
学历水平	0.293 7	0.300 2	0.318 8	0.303 2	0.320 0	0.304 5	0.320 0	0.304 5	0.320 0	0.304 5
学历平方	0.045 9	0.046 9	0.071 6	0.067 5	0.071 8	0.067 7	0.071 8	0.067 7	0.071 8	0.067 7
风险偏好	0.102 0	0.105 1	0.072 1	0.072 2	0.072 6	0.072 9	0.072 6	0.072 9	0.072 6	0.072 9
打工经历	0.187 8	0.188 5	0.143 7	0.144 5	0.144 3	0.145 2	0.144 3	0.145 2	0.144 3	0.145 2
核心技术	0.197 3	0.202 0	0.175 8	0.175 0	0.176 3	0.175 9	0.176 3	0.175 9	0.176 3	0.175 9
创业投资年数	0.015 7	0.015 8	0.010 4	0.010 8	0.010 4	0.010 7	0.010 4	0.010 7	0.010 4	0.010 7
地区差异	0.100 0	0.095 1	0.072 3	0.068 2						
东部地区					0.181 2	0.179 9	0.181 5	0.179 7	0.295 5	0.293 0
中部地区					0.176 9	0.175 0	0.176 9	0.175 0	0.294 7	0.294 4
西部地区					0.294 7	0.294 4			0.294 1	0.292 8
东北地区							0.294 1	0.292 8		
常数项	1.568 6	1.586 1	1.494 8	1.476 9	1.497 7	1.473 6	1.482 1	1.466 9	1.516 2	1.502 8

附录 5 农民创业致富效应分析标准误与稳健的标准误对照表

变量	模型 1		模型 2	
	标准误	稳健的标准误	标准误	稳健的标准误
创业投资与否	0.054 1	0.053 6		
创业投资产业			0.087 3	0.087 6
性别	0.061 4	0.061 9	0.094 7	0.094 5
年龄	0.014 9	0.015 1	0.025 1	0.025 6
年龄平方	0.000 2	0.000 2	0.000 3	0.000 3
健康状况	0.037 2	0.034 3	0.053 4	0.051 4
学历水平	0.025 1	0.025 9	0.036 4	0.036 9
体制内精英	0.103 2	0.104 5	0.144 5	0.144 4
手艺	0.055 0	0.055 2	0.076 0	0.076 2
父母职业	0.060 0	0.060 2	0.085 1	0.084 8
常数项	0.359 7	0.367 2	0.602 4	0.607 3

参考文献

[1]费孝通. 中国城乡发展的道路——我一生的研究课题[J]. 社会,1993(01):4—14.

[2]蔡永飞. "三农"问题的由来、现状及对策[J]. 团结,2004(04):18—23.

[3]陈浩. 中国农村劳动力外流与农村发展[J]. 人口研究,1996,20(04):1—11.

[4]郭正林. 卷入民主化的农村精英:案例研究[J]. 中国农村观察,2003(01):66—74.

[5]程名望,黄甜甜. 农村劳动力外流对粮食生产的影响:来自中国的证据[J]. 中国农村观察,2015(06):15—21.

[6]林毅夫. "三农"问题与我国农村的未来发展[J]. 农业经济问题,2004(1):19—24.

[7]危旭芳,罗必良. 农业创业研究:一个文献综述[J]. 中大管理研究,2014(03):187—208.

[8]伍德里奇. 计量经济学导论[M]. 北京:中国人民大学出版社,2010.

[9]陈强. 高级计量经济学及 Stata 应用(第二版)[M]. 北京:高等教育出版社,2014.

[10]刘鸿儒. 经济大辞典:金融卷[M]. 上海:上海辞书出版社,1987.

[11]史蒂文·N. 杜尔劳夫和劳伦斯·E. 布卢姆. 新帕尔格雷夫经济学大辞典(第二版)[M]. 北京:经济科学出版社,2016.

[12]方芳,陈康幼. 投资经济学[M]. 上海:上海财经大学出版社,2010.

[13]胡萍. 国内外创业理论研究综述[J]. 浙江树人大学学报(人文社会科学版),2008(06):52—56.

[14]木志荣. 国外创业研究综述及分析[J]. 中国经济问题,2007(06):53—62.

[15]危旭芳. 我国农民创业的历史变迁及其群体特征[J]. 岭南学刊,2013(01):82—87.

[16]赵鹤. 再论创业的定义与内涵:从词源考古到现代释义[J]. 教育教学论坛,2015(01):84—86.

[17]理查德·堪提龙. 商业性质概论[M]. 北京:商务印书馆,1986.

[18]约瑟夫·熊彼特. 经济发展理论[M]. 北京:商务印书馆,1990.

[19]朱仁宏. 创业研究前沿理论探讨——定义、概念框架与研究边界[J]. 管理科学,2004,17(04):71—77.

[20]宋克勤. 创业成功学[M]. 北京:经济管理出版社,2002.

[21]郁义鸿，李志能，Robert D. Hisrich. 创业学[M]. 上海：复旦大学出版社，2000.

[22]王延荣. 创业动力及其机制分析[J]. 中国流通经济，2004(07)：50—53.

[23]雷家骕，冯宛玲. 高新技术创业管理[M]. 北京：机械工业出版社，2001.

[24]陈震红，刘国新，董俊武. 国外创业研究的历程、动态与新趋势[J]. 国外社会科学，2004(01)：21—27.

[25]郭军盈. 中国农民创业问题研究[D]. 南京农业大学博士学位论文，2006.

[26]蒋剑勇. 基于社会嵌入视角的农村地区农民创业机理研究[D]. 浙江大学博士学位论文，2014.

[27]《辞海》编委会. 辞海(第七版)[M]. 上海：上海辞书出版社，2019.

[28]中国社会科学院语言研究所词典编辑室. 现代汉语词典(第 7 版)[M]. 北京：商务印书馆，2016.

[29]霍恩比. 牛津高阶英汉双解词典(第 7 版)[M]. 北京：商务印书馆，2018.

[30]郭军盈，张蕴. 农民创业与企业家精神[J]. 连云港职业技术学院学报，2010，23(4)：22—24.

[31]初明达. 农民创业可选择类型研究[J]. 调研世界，2008(03)：22—23.

[32]吴昌华，邓仁根，戴天放，叶淑芳，刘玉秀. 基于微观视角的农民创业模式选择[J]. 农村经济，2008(06)：90—92.

[33]程郁，罗丹. 信贷约束下农户的创业选择——基于中国农户调查的实证分析[J]. 中国农村经济，2009(11)：25—38.

[34]丁高洁. 社会资本、机会识别对农民创业绩效的影响研究[D]. 浙江大学，2012.

[35]郭红东，丁高洁. 关系网络、机会创新性与农民创业绩效[J]. 中国农村经济，2013(08)：78—87.

[36]朱红根，康兰媛. 金融环境、政策支持与农民创业意愿[J]. 中国农村观察，2013(05)：24—33.

[37]罗明忠，陈明. 人格特质、创业学习与农民创业绩效[J]. 中国农村经济，2014(10)：62—75.

[38]危旭芳. 农民创业：理论概述与研究展望[J]. 广东行政学院学报，2013(06)：81—86.

[39]石智雷，谭宇，吴海涛. 返乡农民工家庭收入结构与创业意愿研究[J]. 农业技术经济，2010(11)：13—23.

[40]刘苓玲，徐雷. 中西部地区农民工返乡创业问题研究——基于河南、山西、重庆的调查问卷[J]. 人口与经济，2012(06)：36—41.

[41]危旭芳. 资源要素与中国农民创业模式探析——基于典型案例的考察[J]. 广东行政学院学报，2012(06)：80—86.

[42]刘美玉. 基于扎根理论的新生代农民工创业机理研究[J]. 农业经济问题，2013

（03）：63—68.

[43]陈聪,庄晋财,程李梅.网络能力对农民工创业成长影响的实证研究[J].农业经济问题,2013（07）：17—24.

[44]刘云刚,燕婷婷.地方城市的人口回流与移民战略——基于深圳—驻马店的调查研究[J].地理研究,2013,32（07）：1280—1290.

[45]陈文超,陈雯,江立华.农民工返乡创业的影响因素分析[J].中国人口科学,2014（02）：96—105.

[46]庄晋财,芮正云,曾纪芬.双重网络嵌入、创业资源获取对农民工创业能力的影响——基于赣、皖、苏183个农民工创业样本的实证分析[J].中国农村观察,2014（03）：29—41.

[47]董保宝,葛宝山.经典创业模型回顾与比较[J].外国经济与管理,2008(3)：19—28.

[48]陈奇勇.1956年出现的第一次包产到户[J].教学与研究,1994(3)：59—63.

[49]农业部乡镇企业局.中国乡镇企业统计资料[M].北京:中国农业出版社,2003.

[50]林红.从乡镇企业的发展看农民创业的积极性[J].中国农村经济,1985(05)：23—25.

[51]刘志荣,姜长云.关于农民创业发展的文献综述——以西部地区农民创业为重点[J].经济研究参考,2008(66)：37—47.

[52]孙红霞,孙梁,李美青.农民创业研究前沿探析与我国转型时期研究框架构建[J].外国经济与管理,2010(6)：31—37.

[53]罗明忠,邹佳瑜,卢颖霞.农民的创业动机、需求及其扶持[J].农业经济问题,2012(02)：14—19.

[54]刘美玉,陈晓红,辛松林.创业路径的理论模型——基于新生代农民工创业者的多案例研究[J].财经问题研究,2015(3)：96—103.

[55]邓婉婷,岳胜男,沙小晃.新生代农民工创业意向调查实践报告[J].学理论,2011(18)：115—120.

[56]张秀娥,张峥,刘洋.返乡农民工创业动机及激励因素分析[J].经济纵横,2010（06）：50—53.

[57]林斐.对安徽省百名"打工"农民回乡创办企业的问卷调查及分析[J].中国农村经济,2002（03）：73—77.

[58]徐超,吴玲萍,孙文平.外出务工经历、社会资本与返乡农民工创业——来自CHIPS数据的证据[J].财经研究,2017（12）：30—44.

[59]周广肃,谭华清,李力行.外出务工经历有益于返乡农民工创业吗?[J].经济学（季刊）,2017(02)：357—378.

[60]石智雷,谭宇,吴海涛.返乡农民工创业行为与创业意愿分析[J].中国农村观察,

2010(05)：27—39.

[61]程广帅，谭宇. 返乡农民工创业决策影响因素研究[J]. 中国人口资源与环境，2013(01)：119—125.

[62]郑风田，孙谨. 从生存到发展——论我国失地农民创业支持体系的构建[J]. 经济学家，2006(01)：55—62.

[63]赵清军，张非凡，阙春萍，周毕芬. 失地农民创业意愿及其影响因素分析——基于福建省 A 市的调查数据[J]. 湖南农业大学学报(社会科学版)，2018，19(01)：67—72.

[64]孙光林，李庆海，杨玉梅. 金融知识对被动失地农民创业行为的影响——基于Ⅳ-Heckman 模型的实证[J]. 中国农村观察，2019(3)：124—144.

[65]刘美玉. 创业动机、创业资源与创业模式：基于新生代农民工创业的实证研究[J]. 宏观经济研究，2013(05)：62—70.

[66]张广胜，柳延恒. 人力资本、社会资本对新生代农民工创业型就业的影响研究——基于辽宁省三类城市的考察[J]. 农业技术经济，2014(06)：4—13.

[67]张秀娥，张梦琪，王丽洋. 社会网络对新生代农民工创业意向的影响机理研究[J]. 华东经济管理，2015(06)：10—16.

[68]李长生，黄季焜. 信贷约束和新生代农民工创业[J]. 农业技术经济，2020(1)：4—16.

[69]罗明忠，邹佳瑜. 影响农民创业因素的研究述评[J]. 经济学动态，2011(08)：133—136.

[70]刘建华，夏祖国，唐慧娟. 农民创业的影响因素分析[J]. 中国市场，2019(06)：177—178.

[71]罗明忠. 个体特征、资源获取与农民创业——基于广东部分地区问卷调查数据的实证分析[J]. 中国农村观察，2012(02)：11—19.

[72]朱红根，康兰媛. 农民创业代际传递的理论与实证分析——来自江西 35 县(市) 1716 份样本证据[J]. 财贸研究，2014(04)：48—56.

[73]墨媛媛，王振华，唐远雄，宋妍萱. 甘肃省农民工创业群体特征分析[J]. 人口与经济，2012(01)：43—48.

[74]刘小元，林嵩. 社会情境、职业地位与社会个体的创业倾向[J]. 管理评论，2015(10)：138—149.

[75]万君宝，查君，徐婉渔. 政治精英身份是农村创业的"动力"还是"牵绊"？——"千村调查(2016)"的实证分析[J]. 经济管理，2019(07)：53—70.

[76]夏公喜，湛中林，李明水，翁传勇. 大城市郊区农民创业的影响因素分析——基于南京市郊区(县)的实证分析[J]. 现代经济探讨，2009(11)：71—74.

[77]高静，张应良. 农户创业：初始社会资本影响创业者机会识别行为研究——基于518 份农户创业调查的实证分析[J]. 农业技术经济，2013(01)：32—39.

[78]朱明芬. 农民创业行为影响因素分析——以浙江杭州为例[J]. 中国农村经济，2010(03)：25—34.

[79]谭华清，赵廷辰，谭之博. 教育会促进农民自主创业吗？[J]. 经济科学，2015(03)：103—113.

[80]吕惠明. 返乡农民工创业模式选择研究——基于浙江省的实地调查[J]. 农业技术经济，2016(10)：12—19.

[81]辛愿，茆健，赵崇钧. 教育水平对农民自主创业影响的实证分析[J]. 市场周刊(理论研究)，2018(03)：94—96.

[82]苏岚岚，孔荣. 金融素养、创业培训与农民创业决策[J]. 华南农业大学学报(社会科学版)，2019(03)：53—66.

[83]蒋剑勇，钱文荣，郭红东. 社会网络、社会技能与农民创业资源获取[J]. 浙江大学学报(人文社会科学版)，2013(01)：85—100.

[84]郭云南，张琳弋，姚洋. 宗族网络、融资与农民自主创业[J]. 金融研究，2013(09)：136—149.

[85]孙健，周欣，王冬妮. 社会网络对农民创业的影响[J]. 技术经济，2016(09)：78—83.

[86]董静，赵策. 不同社会网络关系对农民创业意愿的影响[J]. 求索，2019，312(02)：58—67.

[87]罗明忠，张雪丽. 社会资本、风险容忍与农民创业组织形式选择：基于广东省的数据[J]. 广东财经大学学报，2017(03)：76—84.

[88]蒋剑勇，郭红东. 创业氛围、社会网络和农民创业意向[J]. 中国农村观察，2012(02)：20—27.

[89]卜长莉. "差序格局"的理论诠释及现代内涵[J]. 社会学研究，2003(01)：21—29.

[90]费孝通. 乡土中国[M]. 上海：上海人民出版社，2013.

[91]杨婵，贺小刚，李征宇. 家庭结构与农民创业——基于中国千村调查的数据分析[J]. 中国工业经济，2017(12)：170—188.

[92]罗明忠，黄莎莎，邹佳瑜. 农民创业的代际传承因素实证分析——基于广东部分地区农民创业者的问卷调查[J]. 广东商学院学报，2013，28(5)：11—18.

[93]郝朝艳，平新乔，张海洋，等. 农户的创业选择及其影响因素——来自"农村金融调查"的证据[J]. 中国农村经济，2012(04)：59—67.

[94]杨军，张龙耀，姜岩. 社区金融资源、家庭融资与农户创业——基于CHARLS调查数据[J]. 农业技术经济，2013(11)：71—79.

[95]盖庆恩，朱喜，史清华. 财富对创业的异质性影响——基于三省农户的实证分析[J]. 财经研究，2013，39(05)：134—144.

[96]陈习定，张芳芳，黄庆华，段玲玲. 基础设施对农户创业的影响研究[J]. 农业技

术经济，2018(4)：80—89.

[97]刘新智，刘雨松．创业环境对农户创业行为选择的影响[J]．西南大学学报(自然科学版)，2015，37(4)：1—8.

[98]周广肃，李力行．养老保险是否促进了农村创业[J]．世界经济，2016(11)：174—194.

[99]郭云南，王春飞．新型农村合作医疗保险与自主创业[J]．经济学(季刊)，2016(3)：1463—1482.

[100]卢亚娟，张龙耀，许玉韫．金融可得性与农村家庭创业——基于 CHARLS 数据的实证研究[J]．经济理论与经济管理，2014 (10)：89—99.

[101]翁辰，张兵．信贷约束对中国农村家庭创业选择的影响——基于 CHFS 调查数据[J]．经济科学，2015(06)：93—102.

[102]张应良，高静，张建峰．创业农户正规金融信贷约束研究——基于 939 份农户创业调查的实证分析[J]．农业技术经济，2015(1)：64—74.

[103]刘新智，刘雨姗，刘雨松．金融支持对农户创业的影响及其空间差异分析——基于 CFPS2014 数据的研究[J]．宏观经济研究，2017(11)：139—149.

[104]苏岚岚，孔荣．农地抵押贷款促进农户创业决策了吗？——农地抵押贷款政策预期与执行效果的偏差检验[J]．中国软科学，2018(12)：140—156.

[105]项质略，张德元．金融可得性与异质性农户创业[J]．华南农业大学学报(社会科学版)，2019(4)：80—90.

[106]刘杰，郑风田．流动性约束对农户创业选择行为的影响——基于晋、甘、浙三省 894 户农民家庭的调查[J]．财贸研究，2011(03)：34—41.

[107]张三峰，王非，贾愚．信用评级对农户融资渠道选择意愿的影响——基于 10 省(区)农户信贷调查数据的分析[J]．中国农村经济，2013 (07)：72—84.

[108]王金杰，李启航．电子商务环境下的多维教育与农村居民创业选择——基于 CFPS2014 和 CHIPS2013 农村居民数据的实证分析[J]．南开经济研究，2017(06)：75—92.

[109]赵羚雅．乡村振兴背景下互联网使用对农民创业的影响及机制研究[J]．南方经济，2019(8)：85—99.

[110]李静，谢靖屿，林嵩．榜样会触发个体创业吗？基于农民样本的创业事件研究[J]．管理评论，2017 (03)：27—39.

[111]许昆鹏，任国章．农村创业榜样如何带动创业——基于扎根理论的关键维度识别[J]．农村经济，2017(11)：97—101.

[112]张青，张瑶．农村非生产性公共品对农户创业行为选择的影响——基于微观视角的经验分析[J]．财政研究，2017 (06)：84—97.

[113]李后建．自然灾害冲击对农民创业行为的影响[J]．中国人口科学，2016(02)：105—128.

[114]林嵩,刘青,李培馨.拆迁事件会提升农民的创业倾向吗?基于289个样本的实证研究[J].管理评论,2016(12):63—74.

[115]周菁华,谢洲.农民创业能力及其与创业绩效的关系研究——基于重庆市366个创业农民的调查数据[J].农业技术经济,2012(05):123—128.

[116]张应良,汤莉.农民创业绩效影响因素的研究——基于对东部地区284个创业农民的调查[J].华中农业大学学报(社会科学版),2013(04):25—30.

[117]张鑫,谢家智,张明.打工经历、社会资本与农民初创企业绩效[J].软科学,2015,29(4):140—144.

[118]薛永基,卢雪麒.社会资本影响林区农户创业绩效的实证研究——知识溢出的中介效应[J].农业技术经济,2015(12):69—77.

[119]郭铖,何安华.社会资本、创业环境与农民涉农创业绩效[J].上海财经大学学报(哲学社会科学版),2017(2):76—85.

[120]李后建,刘维维.家庭的嵌入对贫困地区农民创业绩效的影响——基于拼凑理论的实证检验[J].农业技术经济,2018(7):132—142.

[121]易朝辉,罗志辉.农民创业研究回顾与未来展望[J].农业经济,2018(10):75—77.

[122]韦吉飞,李录堂.农民创业、分工演进与农村经济增长——基于中国农村统计数据的时间系列分析[J].大连理工大学学报(社会科学版),2010(04):28—34.

[123]高静,张应良,贺昌政.基于分工理论的农民创业促进农村经济增长的内在机理探析[J].华中农业大学学报(社会科学版),2013(4):30—35.

[124]芮正云,庄晋财.农户创业与农村经济增长相互促进吗——基于VAR模型的实证分析[J].华东经济管理,2014(10):60—64.

[125]苏岚岚,彭艳玲,孔荣.农民创业能力对创业获得感的影响研究——基于创业绩效中介效应与创业动机调节效应的分析[J].农业技术经济,2016(12):63—75.

[126]孙红霞,郭霜飞,陈浩义.创业自我效能感、创业资源与农民创业动机[J].科学学研究,2013,31(12):1879—1888.

[127]董静,赵策.家庭支持对农民创业动机的影响研究——兼论人缘关系的替代作用[J].中国人口科学,2019,19(01):63—77.

[128]杨婵,贺小刚.村长权威与村落发展——基于中国千村调查的数据分析[J].管理世界,2019,35(04):90—108.

[129]吴昌华,戴天放,魏建美,周海波,郭玉珍.江西省农民创业调查分析及对策研究[J].江西农业大学学报,2006(02):29—32.

[130]曾照英,王重鸣.关于我国创业者创业动机的调查分析[J].科技管理研究,2009(09):285—287.

[131]王玉帅,尹继东.江西地区创业者创业动机实证分析[J].当代财经,2008(05):

80—84.

[132]肖建忠，付宏，胡家勇.转型经济条件下的创业精神——"机会拉动"与"贫穷推动"解释的扩展研究[J].经济理论与经济管理，2005(11)：45—51.

[133]张英魁，李兆祥，孙迪亮.重视乡村精英在新农村建设中的作用[N].光明日报，2008—01—26.

[134]贺雪峰.新乡土中国[M].北京：北京大学出版社，2013.

[135]仝志辉，贺雪峰.村庄权力结构的三层分析——兼论选举后村级权力的合法性[J].中国社会科学，2002(01)：158—167.

[136]吴愈晓.家庭背景、体制转型与中国农村精英的代际传承(1978—1996)[J].社会学研究，2010(2)：125—150.

[137]贺海波.选择性合作治理：国家与农村精英的关系变迁[J].社会主义研究，2014(03)：99—106.

[138]陆学艺.内发的村庄[M].社会科学文献出版社，2001.

[139]吴文锋，吴冲锋，刘晓薇.中国民营上市公司高管的政府背景与公司价值[J].经济研究，2008(7)：130—141.

[140]罗党论，刘晓龙.行业壁垒、政治关系与企业绩效[J].管理世界，2009(05)：97—106.

[141]冉光和，李敬，熊德平.中国金融发展与经济增长关系的区域差异——基于东部和西部面板数据的检验和分析[J].中国软科学，2006(2)：102—110.

[142]严汉平，白永秀.中国区域差异成因的文献综述[J].西北大学学报(哲学社会科学版)，2007，37(05)：52—57.

[143][日]中兼和津次.中国地区差异的结构及其机制[J].管理世界，1994(05)：171—176.

[144]杨晔，朱晨，谈毅.方言能力、语言环境与城市移民创业行为[J].社会，2019，39(01)：218—243.

[145]杨梅，肖静，蔡辉.多元分析中的多重共线性及其处理方法[J].中国卫生统计，2012，29(4)：620—624.

[146]陈希儒，王松桂.近代回归分析[M].合肥：安徽教育出版社，1987.

[147]刘佳，李新春.模仿还是创新：创业机会开发与创业绩效的实证研究[J].南方经济，2013(10)：20—32.

[148]尹苗苗，马艳丽，董碧松，齐晓云.模仿创业研究综述与未来展望[J].南方经济，2016，35(09)：1—15.

[149]罗琦，罗明忠，刘恺.模仿还是原生？——农民创业选择中的羊群效应[J].农村经济，2016(10)：99—105.

[150]高凌江.支持女性创新创业的财税政策探讨[J].税务研究，2015(12)：25—28.

[151]靳卫东,刘敬富,何丽. 创新创业的心理动因:理论机制与经验证据[J]. 上海财经大学学报,2018,20(06):45—63.

[152]刘忠艳. ISM 框架下女性创业绩效影响因素分析——一个创业失败的案例研究[J]. 科学学研究,2017(02):115—124.

[153]陈友华. 关于人口老龄化几点认识的反思[J]. 国际经济评论,2012(6):110—123.

[154]陈德智,吴迪,李钧. 企业技术战略与研发投入结构和创新绩效关系研究[J]. 研究与发展管理,2014,26(4):67—81.

[155]陈刚. 管制与创业——来自中国的微观证据[J]. 管理世界,2015(5):89—99.

[156]古家军,谢凤华. 农民创业活跃度影响农民收入的区域差异分析——基于1997—2009 年的省际面板数据的实证研究[J]. 农业经济问题,2012(02):19—23.

[157]袁方,叶兵,史清华. 中国农民创业与农村多维减贫——基于"目标导向型"多维贫困模型的探讨[J]. 农业技术经济,2019(01):71—87.

[158]彭克强,刘锡良. 农民增收、正规信贷可得性与非农创业[J]. 管理世界,2016(07):88—97.

[159]刘鹏程,刘永安,孟夏. 创业者是否幸福?——基于 CGSS 数据的分析[J]. 人口与发展,2019(02):108—116.

[160]魏江,权予衡. "创二代"创业动机、环境与创业幸福感的实证研究[J]. 管理学报,2014,11(9):13—49.

[161]王慕文,卢二坡. 创业提高了劳动者的幸福感吗?——基于倾向得分匹配的实证研究[J]. 兰州财经大学学报,2017(05):30—40.

[162]陈福中,卢景新. 基于中国家庭金融调查数据的创业与居民幸福感实证研究[J]. 长安大学学报(社会科学版),2019(02):78—89.

[163]叶文平,杨学儒,朱沆. 创业活动影响幸福感吗——基于国家文化与制度环境的比较研究[J]. 南开管理评论,2018(04):4—14.

[164]汪圣国,杜素珍. 夫妻一方创业对幸福感影响的性别差异——基于社会规范的解释[J]. 经济管理,2019(12):73—87.

[165]陈和午,李斌,刘志阳. 农户创业、村庄社会地位与农户幸福感——基于中国千村调查数据的实证分析[J]. 农业技术经济,2018(10):57—65.

[166]李实,宋锦,刘小川. 中国城镇职工性别工资差距的演变[J]. 管理世界,2014(3):53—65.

[167]孔令文. 性别收入差距问题研究新进展[J]. 经济学动态,2018(02):117—129.

[168]黄嘉文. 教育程度、收入水平与中国城市居民幸福感 —— 一项基于 CGSS2005 的实证分析[J]. 社会,2013(5):181—203.

[169]江求川. 中国福利不平等的演化及分解[J]. 经济学(季刊),2015(04):211—

238.

[170]李实,丁赛. 中国城镇教育收益率的长期变动趋势[J]. 中国社会科学,2003(06)：58－72.

[171]韩俊,郭建鑫. 中国农村教育收益率的实证研究[J]. 农业技术经济,2007(04)：6－12.

[172]乐君杰. 农村劳动力收入与就业时间的决定及性别差异——基于浙江省岱山县的调查数据[J]. 中国农村经济,2008(11)：38－47.

[173]张峰,黄玖立,禹航. 体制内关系与创业[J]. 管理世界,2017(04)：92－105.

[174]亓寿伟. 中国代际收入传递趋势及教育在传递中的作用[J]. 统计研究,2016(05)：79－88.

[175]方杰,张敏强,邱皓政. 中介效应的检验方法和效果量测量：回顾与展望[J]. 心理发展与教育,2012(01)：105－111.

[176]张龙耀,江春. 中国农村金融市场中非价格信贷配给的理论和实证分析[J]. 金融研究,2011(07)：98－113.

[177]刘红云,骆方,张玉,等. 因变量为等级变量的中介效应分析[J]. 心理学报,2013,45(12)：1431－1442.

[178]温忠麟,叶宝娟. 中介效应分析：方法和模型发展[J]. 心理科学进展,2014,22(5)：731－745.

[179]闵耀良. 农村市场体系建设的回顾与思考[J]. 农业经济问题,2001(6)：18－23.

[180]杨森,高继宏. 美国经验对优化我国农村创业融资环境的启示[J]. 安徽商贸职业技术学院学报(社会科学版),2017,16(03)：30－33.

[181]乔晶. 农业结构调整与市场支持体系[J]. 农村经济,2004(06)：40－43.

[182]陈鹏联,王桃清. 中国城乡社会保障制度差异及解决路径探析[J]. 经济研究导刊,2011(19)：80－81.

[183]范波文,应望江. 农民创业动机的实证分析及其转型路径探索[J]. 现代经济探讨,2020(07)：123－132.

[184]范波文,应望江. 家庭背景对农民创业模式的影响研究——基于"千村调查"的数据分析[J]. 江西财经大学学报,2020(03)：73－86.

[185]马学琳,夏李莹,应望江.普惠金融视角下农民商业保险消费与投资倾向——基于"千村调查"调研样本数据分析[J].西北农林科技大学学报(社会科学版),2021(5)：85－94.

[186]马学琳,夏李莹,应望江.普惠金融视角下农民金融投资的选择问题研究——基于"千村调查"项目数据分析[J].农业技术经济.2018(11)：80－91.

[187]夏李莹,马学琳.农村家庭创业投资周期管理研究:创业动机、家庭照料与创业获得感——基于"千村调查"数据分析[J].东北农业大学学报(社会科学版),2021(1)：45－53.

[188]范波文. 中国农村地区农民创业研究:动机、模式与效果[D]. 上海财经大学,

2021.

[189]马学琳.普惠金融视角下中国农民投资的选择问题研究——基于千村调查数据分析[D].上海财经大学，2021.

[190]上海财经大学千村调查项目组.千村调查十年回眸——教师成果篇[M].上海：上海财经大学出版社，2017.

[191]上海财经大学千村调查项目组.千村调查项目十五周年专题文集:学位论文及著作篇[Z]，2022.

[192]上海财经大学千村调查项目组.千村调查项目十五周年专题文集:期刊论文篇（2009—2016)[Z]，2022.

[193]上海财经大学千村调查项目组.千村调查项目十五周年专题文集:期刊论文篇（2017—2019)[Z]，2022.

[194]上海财经大学千村调查项目组.千村调查项目十五周年专题文集:期刊论文篇（2020—2022)[Z]，2022.

[195]Banerjee A. V. and Newman A. F. Occupational Choice and The Process of Development. Journal of Political Economy[J]. *Journal of Political Economy*，1993，101（02）：274—298.

[196] De Mel S.，McKenzie D. and Woodruff C. Returns to Capital in Microenterprises：Evidence from a Field Experiment[J]. *Quarterly Journal of Economics*，2008，123(04)：1329—1372.

[197]Akgün A. A.，Nijkamp P.，Baycan T. and Brons M. Embeddedness of Entrepreneurs in Rural Areas：A Comparative Rough Set Data Analysis[J]. *Tijds Chrift voor Economische en Sociale Geografie*，2010，101(05)：538—553.

[198]Scott L. A. Supporting Rural Entrepreneurship[J]. *Economic Development Journal*，2012，11(04)：19—25.

[199]Hébert R. F. and Link A. N. In search of the meaning of entrepreneurship[J]. *Small Business Economics*，1989，01(01)：39—49.

[200]Schumpeter J. A. *The Theory of Economic Development：An Inquiry into Profits，Capital，Credit，Interest，and the Business Cycle*[M]. Cambridge，MA：Harvard University Press，1934.

[201]Kirzner I. M. *Competition and entrepreneurship*[M]. Chicago：University of Chicago Press，1973.

[202]Drucker P. F. *Innovation and Entrepreneurship：Practice and Principles*[M]. New York：Harper Business，1985.

[203]Greene P. G. and Brown T. E. Resource Needs and the Dynamic Capitalism Typology[J]. *Journal of Business Venturing*，1997，12 (03)：161—174.

[204]Brockhaus R. and Horwitz P. *The Psychology of the Entrepreneur*[M]. Cambridge, MA: Ballinger, 1986.

[205]Sexton D. L. and Smilor R. W. *The Art and Science of Entrepreneurship*[M]. Cambridge, MA: Ballinger, 1986.

[206]Gartner W. B. "Who is an entrepreneur?" is the wrong question[J]. *American Journal of Small Business*, 1988, 11—32.

[207]Say J. B. *A Treatise on Political Economy*[M]. Philadelphia, Lippincott Grambo, 1803.

[208]Gartner W. B. What are we talking about when we talk about entrepreneurship? [J]. *Social Science Electronic Publishing*, 1990, 05(01): 15—28.

[209]Mcelwee G. and Henry C. *Defining and Conceptualising Rural Enterprise* [M]. Emerald Group Publishing Limited, 2014.

[210] Maslow A. H. A theory of human motivation[J]. *Psychological Review*, 1943, 50 (04): 370—396.

[211] Maslow A. H. *Motivation and personality*[M]. New York: Harper and Row, 1954.

[212]Mehrabian A. and Russell J. A. *An Approach to Environmental Psychology* [M]. Cambridge: MIT Press, 1974.

[213]Gartner W. B. A conceptual framework for describing the phenomenon of new venture creation[J]. *Academy of Management review*, 1985, 10(04): 696—705.

[214]Wickham P. A. *Strategic Entrepreneurship*[M]. New York: Pitman Publishing, 1998.

[215]Sahlman W. A. *Some Thoughts on Business Plans*[M]. The entrepreneurial venture: reading selected, Boston: Harvard Business School Press, 1999.

[216]Timmons J. A. *New Venture Creation*[M]. India: McGraw-Hill Education Pvt Limited, 1999.

[217]Bruyat C. and Julien P. A. Defining the field of research in entrepreneurship[J]. *Journal of Business Venturing*, 2001, 16(02): 165—180.

[218]Wortman J. M. S. Rural Entrepreneurship Research: An Integration into the Entrepreneurship Field[J]. *Agribusiness*, 1990, 06(04): 329—344.

[219]Gladwin C. H. , Long B. F. , Babb E. M. , Beaulieu L. J. , Moseley A. , Mulkey D. and Zimet D. J. Rural Entrepreneurship: One Key to Rural Revitalization[J]. *American Journal of Agricultural Economics*, 1989, 71(05): 1305—1314.

[220]Folmer H. , Dutta S. and Oud H. Determinants of Rural Industrial Entrepreneurship of Farmers in West Bengal: A Structural Equations Approach[J]. *International*

Regional Science Review, 2010, 33(04): 367—396.

[221]Cooper A. C. and Dunkelberg W. C. Entrepreneurship and Paths to Business Ownership[J]. *Strategic Management Journal*, 1986, 07(01): 53—68.

[222]Marcel F. and Quisumbing A. R. Social roles, human capital, and the intrahousehold division of labor: evidence from Pakistan[J]. *Oxford Economic Papers*, 2003, 55(01): 36—80.

[223]Surendra K. K., Shorav K. and Shobha K. How Higher Education in Rural India Helps Human Rights and Entrepreneurship[J]. *Journal of Asian Economics*, 2006, 17(01): 29—34.

[224]Granovetter M. Economic Action and Social Structure: The Problem of Embeddedness [J]. *American Journal of Sociology*, 1985, 91(03): 481—510.

[225]Freire-Gibb L. C. and Nielsen K. Entrepreneurship Within Urban and Rural Areas: Creative People and Social Networks[J]. *Regional Studies*, 2014, 48(01): 139—153.

[226]Ma Z. Social-capital mobilization and income returns to entrepreneurship: the case of return migration in rural China[J]. *Environment and Planning A*, 2002, 34(10): 1763—1784.

[227]Fuller-Love N., Midmore P., Thormas D. and Henley A. Entrepreneurship and rural economic development: a scenario analysis approach[J]. *International Journal of Entrepreneurial Behavior and Research*, 2006, 12(01): 289—305.

[228]Martin B. C., McNally J. J. and Kay M. J. Examining the Formation of Human Capital in Entrepreneurship: A Meta-analysis of Entrepreneurship Education Outcomes [J]. *Journal of Business Venturing*, 2013, 28(02): 211—224.

[229]Yoon H., Yun S., Lee J. and Phillips F. Entrepreneurship in East Asian Regional Innovation Systems: Role of social capital[J]. *Technological Forecasting and Social Change*, 2015(11): 83—95.

[230]Paulson A. L. and Townsend R. Entrepreneurship and financial constraints in Thailand[J]. *Journal of Corporate Finance*, 2004, 10(02): 229—262.

[231]Nee, V. and Young, F. W. Peasant Entrepreneurs in China's Second Economy: An Institutional Analysis [J]. *Economic Development and Cultural Change*, 1991, 39(02): 293—310.

[232]Frisch R. *Statistical confluence analysis by means of complete regres- sion systems*[M]. Oslo: University Institute of Economics, 1934.

[233]Chatterjee S. and Price B. *Regression analysis by example*[M]. New-York: Wiley, 1977.

［234］Weiner B. An Attributional Theory of Achievement Motivation and Emotion ［J］. *Psychological Review*，1985，92（04）：548—573.

［235］Kuratko D. F.，Hornsby J. S. and Naffziger D. W. An Examination of Owner' Goals in Sustaining Entrepreneurship［J］. *Journal of Small Business Management*，1997，35（01）：24—33.

［236］Amit R. and Muller E. "Push" and "Pull" Entrepreneurship［J］. *Journal of Small Business and Entrepreneurship*，1995，12（04）：64—80.

［237］Li H.，Liu P.，Zhang J. and Ma N. Economic Returns to Communist Party Membership：Evidence from Urban Chinese Twins［J］. *Economic Journal*，2007，523（117）：1504—1520.

［238］Knight J. B. and Yueh L. Y. The Role of Social Capital in the Labor Market in China［J］. *Economics of Transition*，2008，16（03）：389—414.

［239］Lévesque M. and Shepherd D. A. Entrepreneurs' Choice of Entry Strategy in E-merging and Developed Markets［J］. *Journal of Business Venturing*，2004，19（01）：29—54.

［240］Koellinger P. Why are Some Entrepreneurs More Innovative Than Others［J］. *Small Business Economics*，2008，31（01）：21—37.

［241］Zott C. and Amit R. Business Model Design and the Performance of Entrepreneurial Firms［J］. *Organization Science*，2007，18（02）：181—199.

［242］Calantone R. J.，Cavusgil S. T. and Zhao Y. Learning Orientation，Firm Innovation Capability，and Firm Performance［J］. *Industrial Marketing Management*，2002，31（06）：515—524.

［243］Baum J. A. C.，Li S. X. and Usher J. M. Making the Next Move：How Experiential and Vicarious Learning Shape the Locations of Chains' Acquisitions［J］. *Administrative Science Quarterly*，2000，45（04）：766—801.

［244］Román C.，Congregado E. and Millán J. M. Start-up Incentives：Entrepreneurship Policy or Active Labor Market Programme［J］. *Journal of Business Venturing*，2013，28（01）：151—175.

［245］Caggese A. Entrepreneurial risk，investment，and innovation［J］. *Journal of financial economics*，2012，106（02）：287—307.

［246］Holmstrom B. Agency costs and innovation［J］. *Journal of Economic Behavior and Organization*，1989，12（03）：305—327.

［247］Rosenbaum P. and Rubin D. The Central Role of the Propensity Score in Observational Studies for Causal Effects［J］. *Biometrika*，1983，70（01）：41—55.

［248］Kirzner I. Entrepreneurial Discovery and the Competitive Market Process：An

Austrian Approach[J]. *Journal of Economic Literature*, 1997, 35(02): 60—85.

[249]Diener E. Subjective well-being. The science of happiness and a proposal for a national index[J]. *American Psychologist*, 2000, 55(01): 34—43.

[250]Shmotkin D. Subjective well-being as a function of age and gender: A multivariate look for differentiated trends[J]. *Social Indicators Research*, 1990, 23(03): 201—230.

[251]Frey B. S. and Stutzer A. What Can Economists Learn from Happiness Research[J]. *Journal of Economic Literature*, 2002, 40(02): 402—435.

[252]Blanchflower D. G. and Oswald A. J. Well-being Over Time in Britain and the USA[J]. *Journal of Public Economics*, 2004, 88(07): 1359—1386.

[253]Clark A. Unemployment as a Social Norm: Psychological Evidence from Panel Data[J]. *Journal of Labor Economics*, 2003, 21(02): 323—351.

[254]Démurger S., Li S. and Yang J. Earnings differentials between the public and private sectors in China: Exploring changes for urban local residents in the 2000s[J]. *China Economic Review*, 2012, 23(01): 138—153.

[255]Becker G. S. and Tomes N. An Equilibrium Theory of Distribution of Income and Intergenerational Mobility[J]. *Journal of Political Economy*, 1979, 87(06): 1153—1189.

[256]Easterlin R. A. *Does economic growth improve the human lot? Some empirical evidence*[M]. Nations and households in economic growth, New York: Academic Press, 1974.

[257]Baron R. M. and Kenny D. A. The moderator-mediator variable distinction in social psychological research: Conceptual, strategic, and statistical considerations[J]. *Journal of Personality and Social Psychology*, 1986, 51(06): 1173—1182.

[258]Hausman J. and McFadden D. Specification Tests for the Multinomial Logit Model[J]. *Econometrica*, 1984, 52(05): 1219—1240.